Kohlhammer

Zu der Autorin und den Autoren

Dr. Marion Menke ist Professorin für »Gesundheitswissenschaften für soziale und pflegerische Berufe« am Fachbereich Sozialwesen der Katholischen Hochschule Münster. Die Autorin arbeitet u. a. mit ihrem Hund Henessy im Pädagogik-/Therapiebegleithundeteam (zertifiziert nach den Richtlinien des TBD e. V.) mit Studierenden der Heilpädagogik und der Sozialen Arbeit.

Guido Huck ist Pferdewirt und Motopädagoge. 1996 gründete er das Münsteraner Institut für therapeutische Fortbildung und Tiergestützte Therapie (M.I.T.T.T.), das er bis heute leitet. Er entwickelte die Fortbildungen des M.I.T.T.T., ist Gründungsmitglied des TBD e. V. und bis heute Vorstandsmitglied.

Das erste Kapitel, Betrachtung der Mensch-Tier-Beziehung aus der Perspektive der Theologischen Zoologie, ist verfasst worden von Dr. Rainer Hagencord. Er leitet seit 2009 das Institut für Theologische Zoologie in Münster, das er gemeinsam mit Anton Rotzetter gegründet hat. Er ist Priester im Bistum Münster, Verhaltensbiologe und Gestaltpädagoge und -trainer (IIGS).

Marion Menke
Guido Huck
Rainer Hagencord

Mensch und Tier im Team

Therapiebegleitung mit Hunden

Verlag W. Kohlhammer

Dieses Werk einschließlich aller seiner Teile ist urheberrechtlich geschützt. Jede Verwendung außerhalb der engen Grenzen des Urheberrechts ist ohne Zustimmung des Verlags unzulässig und strafbar. Das gilt insbesondere für Vervielfältigungen, Übersetzungen, Mikroverfilmungen und für die Einspeicherung und Verarbeitung in elektronischen Systemen.

1. Auflage 2018

Alle Rechte vorbehalten
© W. Kohlhammer GmbH, Stuttgart
Gesamtherstellung: W. Kohlhammer GmbH, Stuttgart

Print:
ISBN 978-3-17-033052-8

E-Book-Formate:
pdf: ISBN 978-3-17-033053-5
epub: ISBN 978-3-17-033054-2
mobi: ISBN 978-3-17-033055-9

Für den Inhalt abgedruckter oder verlinkter Websites ist ausschließlich der jeweilige Betreiber verantwortlich. Die W. Kohlhammer GmbH hat keinen Einfluss auf die verknüpften Seiten und übernimmt hierfür keinerlei Haftung.

Vorwort zur Reihe Basiswissen Helfende Berufe

Die Buchreihe »Basiswissen Helfende Berufe« widmet sich Querschnittsthemen, die für mehrere konkrete Berufsgruppen gleichermaßen von Bedeutung sind. Gemeint sind hier Professionen aus den Bereichen Gesundheit(-swissenschaften), Sozial(-wissenschaften und Soziale Arbeit), Heil-(Pädagogik) und Erziehungswissenschaften sowie Therapie- und Pflege(-wissenschaft). Die Themen werden in wissenschaftlich fundierter, handlungsorientierter und damit praxisrelevanter Art und Weise dargestellt. Querschnittsthemen sind im Hinblick auf eine immer stärkere Vernetzung der Strukturen und Angebote in den Handlungsfeldern der Gesundheits- und Pflegeberufe, der Sozialen Arbeit und Heilpädagogik sowie angrenzender Berufe von zunehmendem Interesse. Es erscheint uns sinnvoll und notwendig, die verbindenden Themen der Handlungsfelder und unterschiedlichen Professionen im Kontext der jeweiligen Relevanz darzustellen. Eine interprofessionelle Zusammenarbeit ist in den meisten Handlungsfeldern unerlässlich, oftmals arbeiten Vertreter/innen unterschiedlicher Berufsgruppen mit einer einzigen Klientin, einem einzigen Klienten an sozialen, gesundheitsbezogenen und/oder pädagogischen Problemlagen. Die professionelle Gestaltung eines solchen Netzwerkes zwischen und mit diesen Strukturen, Angeboten und Berufen erfordert ausgeprägte Kenntnisse, um das Verbindende zugunsten und zum Wohle der Klientel bzw. Patienten/innen, bzw. des gesamten professionellen Handlungsgsystems nutzbar zu machen.

Dabei soll diese Reihe einerseits grundsätzliche, eher metatheoretische Erwägungen und Begründungen wie z. B. diejenigen zur Gesundheitsförderung und -prävention, zur Lebenswelt der Menschen und zu den Leitideen der Teilhabe, der Selbstbestimmung, der Partizipation und der Inklusion in Betracht ziehen. Anderseits sollen auch konzeptionelle Konkretisierungen (wie z. B. zur Beratung, zur kultursensiblen Arbeit, zur Qualitätsentwicklung und zur Biografiearbeit) im Fokus stehen. Die konkrete Arbeit mit den Betroffenen (Patienten/innen, Klienten/innen etc.) wird auf diesem methodologischen Fundament deutlich weniger Reibungsverluste aufweisen und folglich intensivere Ressourcen bereitstellen, als dieses zurzeit – in den eher nicht aufeinander bezogenen Strukturen und Handlungsmustern der Organisationen des Gesundheits- und Sozialwesens – der Fall ist. Eine solchermaßen grundgelegte und verstandene Netzwerkarbeit bzw.

Zusammenarbeit in der Praxis führt also zu einer ausgeprägten Wahrnehmung der Belange der Betroffenen sowie zu einer Intensivierung der professionellen Kompetenz der beruflich Handelnden und deren Organisationen.

Ein zentraler sozialpolitischer und methodologischer Baustein dieser Buchreihe stellt im Weiteren das »Übereinkommen über die Rechte von Menschen mit Behinderungen« dar. Hierin und hierdurch werden zentrale Aussagen zur Umsetzung der Inklusion benannt und folglich für die geplanten Publikationen (ebenfalls als Querschnittsthema) bedeutsam:

Auf dem theoretischen Hintergrund einer – vor allem auch soziologisch und sozialwissenschaftlich zu verstehenden – Inklusion positioniert sich diese Studienbuchreihe eindeutig zum Thema der Inklusion und der Teilhabe. Hierzu wird in den einzelnen Texten immer wieder auf die unterschiedlichen theoretischen und methodologischen Begründungskontexte zu Inklusion und Teilhabe sowie auf allfällige Dilemmata und Widersprüche des Theoriediskurses eingegangen. Grundlegend werden hierbei immer wieder die Begriffe und konzeptionellen Begründungen der Inklusion und der Teilhabe als unhintergehbare Zielperspektiven des professionellen Handelns in den Handlungsfeldern der Sozialen Arbeit, der Heilpädagogik, der gesundheits- und pflegebezogenen Professionen fokussiert und differenziert. Hierbei wird Inklusion als ein international bekannter und anerkannter Begriff wahrgenommen, welcher die Tendenz darstellt, bislang vorgenommene integrative Maßnahmen im Hinblick auf inklusive Maßnahmen zu modifizieren. Inklusion erfordert hierbei zudem eine Konkretisierung auf institutioneller und organisatorischer Ebene, um die vielfältigen Planungs- und Gestaltungsmöglichkeiten umsetzen zu können.

Die Strukturmomente der Vernetzung, der Netzwerkarbeit, der Professionalisierung, der Inklusion und Teilhabe bilden somit die zentralen Meilensteine als berufs- und handlungsfeldübergreifende Querschnittsthemen im Rahmen aller Veröffentlichungen dieser Buchreihe. In allen Bänden sind diese – sicher in unterschiedlichen Gewichtungen – konturiert und realisiert.

Münster, im Januar 2018
Marion Menke und Heinrich Greving

Inhalt

Vorwort zur Reihe Basiswissen Helfende Berufe		5
Dank		9
Einleitung		11
1	Betrachtung der Mensch-Tier-Beziehung aus der Perspektive der Theologischen Zoologie	15
2	Einführung in die Fortbildung zum Pädagogik-/ Therapiebegleithundeteam	25
2.1	Entstehungsgeschichte	27
2.2	Ziele der Fortbildung des M.I.T.T.T. zum Pädagogik-/ Therapiebegleithundeteam	28
2.3	Ausbildungs- und Prüfungsordnung für den Einsatz von Therapiebegleithunden in Therapie und Pädagogik nach den Richtlinien des Berufsverbandes »Therapiebegleithunde Deutschland e. V.«	29
2.4	Der Hund als Teil des pädagogischen bzw. therapeutischen Teams	37
2.5	Erste Hilfe für den Hund im Notfall	65
3	Der praktische Einsatz eines Pädagogik-/ Therapiebegleithundeteams	94
3.1	Der Hund im Einsatz in pädagogischen und therapeutischen Settings	96
3.2	Tiergestützte Interventionen	104

3.3	Die Bedeutung der professionellen Haltung im Beziehungsdreieck	112
3.4	Ausgewählte Zielgruppen und Handlungsfelder	116
4	**Wissenschaftliche Erklärungsansätze und Wirkungen der Mensch-Tier-Beziehung**	**196**
5	**Methodische Reflexionen**	**207**
6	**Qualitätssicherung und -entwicklung**	**217**
7	**Literaturverzeichnis**	**222**
8	**Nützliche Adressen**	**228**

Dank

Wir als Autorenteam danken allen, die ihre Gedanken mit uns geteilt haben, die über die Jahre hinweg an der Fortbildung und in den Instituten bzw. an der Hochschule mitgearbeitet haben, die Fotos zur Verfügung gestellt haben, die unsere Texte gelesen und kritisch hinterfragt bzw. korrigiert haben. Wir danken dem Kohlhammer Verlag für die Möglichkeit, dieses Buch auf den Weg bringen zu können. Und nicht zuletzt danken wir all unseren Vierbeinern, die unsere Leben und unsere Arbeit bereichert und begleitet haben bzw. begleiten und uns letztlich auch zu denen gemacht haben, die wir heute sind.

Marion Menke mit Henessy   Guido Huck mit Amy   Rainer Hagencord mit Fridolin

Einleitung

Das vorliegende Buch beinhaltet erstmals die Veröffentlichung des Fortbildungskonzepts des Münsteraner Instituts für therapeutische Fortbildung und tiergestützte Therapie (M.I.T.T.T.) zum Pädagogik-/Therapiebegleithundeteam. Damit soll Transparenz hinsichtlich der Inhalte und Vorgehensweise, der wissenschaftlichen Fundierung und vielfältigen Einsatzmöglichkeiten geschaffen werden. Die Veränderungen im Gesundheits- und Sozialwesen bedürfen mit Blick auf die Klientel in pädagogischen, pflegerischen und therapeutischen Settings nicht nur qualifizierte Mitarbeiter/innen, sondern vor allem eine deutliche Steigerung der Vernetzung sowie der interdisziplinären Zusammenarbeit. Auch neue Therapieansätze und pädagogische Konzepte, die zu einer qualitativen Verbesserung mit gleichzeitiger Zeitersparnis führen sollen, sind wichtiger denn je.

Das M.I.T.T.T. hat sich dieser Herausforderung gestellt. Indem die Seminare der Fortbildung fachübergreifend für verschiedene Berufe im Gesundheits- und Sozialwesen angeboten werden, wird der interdisziplinäre Austausch gefördert. Somit dient die Fortbildung nicht nur der Qualifizierung von Hund und Halter/in, sondern ermöglicht in einer besonderen Weise eine spannende Zusammenarbeit mit angrenzenden Berufsgruppen und unterschiedlichen Methoden und Übungen, die für die Klientel zielführend sein sollen. Die Fortbildung zum Pädagogik-/Therapiebegleithundeteam bietet die Möglichkeit einer professionellen Fortbildung für Berufstätige im Gesundheits- und Sozialwesen. Damit soll eine deutliche Abgrenzung zu Besuchs- bzw. Streichelhunden erfolgen, die nicht in professionelle Settings eingebunden werden und eben nicht ausgebildet sind. Profi und Hund können nach der abgeschlossenen Fortbildung als Team ergänzend und unterstützend in Pädagogik, Pflege und Therapie sowie der Förderung von Menschen mit unterschiedlichen gesundheitsbezogenen und sozialen Problemlagen, Entwicklungsstörungen und Behinderungen eingesetzt werden. Je nach Qualifikation des Halters/der Halterin werden die Übungen in das praktische Handeln für die jeweilige Zielgruppe integriert. Hierbei werden hohe Anforderungen sowohl an den Hund als auch an den/die Begleiter/in im pädagogischen, pflegerischen bzw. therapeutischen Prozess gestellt. Grundlage der Fortbildung ist der Teamgedanke, eine wertschätzende Haltung, eine enge Bindung und eine gelingende Zusammenarbeit von Mensch und Tier im Team.

Einleitung

Einführend wird in Kapitel 1 zunächst eine Betrachtung der Mensch-Tier-Beziehung aus der Perspektive der Theologischen Zoologie dargestellt, um nicht zuletzt die Würde der Tiere eingehend zu verdeutlichen, eine gedankliche Basis für die wissenschaftlichen Bezüge, ethische Überlegungen und die Naturverbundenheit darzulegen sowie auf manch unerklärliche Phänomene hinzuweisen, die wir in der Zusammenarbeit mit den Tieren erleben dürfen.

Ab dem Kapitel 2 erfolgt die Darlegung der Fortbildung des M.I.T.T.T., wobei zunächst die Entstehungsgeschichte des Instituts und die Ziele der Fortbildung beschrieben werden. Weiterhin wird die Ausbildungs- und Prüfungsordnung vorgestellt, die nach den Richtlinien des Berufsverbandes »Therapiebegleithunde Deutschland e. V.« strukturiert ist und eine wesentliche Grundlage für die Fortbildung darstellt. Danach folgen die prüfungsrelevanten Inhalte der Fortbildung, die bis einschließlich Kapitel 6 fortgeführt werden. Dazu wird erst einmal auf den Hund als Teil des pädagogischen bzw. therapeutischen Teams eingegangen. Es werden u. a. Kenntnisse der Anatomie, Physiologie und Psychologie des Hundes und deren Bedeutung für einen Einsatz im professionellen Kontext aufgezeigt. Darüber hinaus werden die Entwicklungsphasen des Hundes und deren spezifische Besonderheiten beschrieben. Diese dienen dem besseren Verständnis des Verhaltens von Hunden, ihren Bedürfnissen und Möglichkeiten. Daran anschließend folgen ausgewählte Grundlagen mit Blick auf die Erziehung des Hundes. Ein weiteres Unterkapitel befasst sich mit der gesundheitlichen Versorgung des Hundes, wobei es dabei sowohl um die Erste Hilfe am Hund geht, aber auch um notwendige Medikamente und deren Verabreichungsformen. Ferner spielen die Kontrolle der Vitalzeichen und konkrete Erste-Hilfe-Maßnahmen für verschiedene Notfall-Szenarien eine wichtige Rolle. Abschließend werden einige wichtige Hinweise zum Schutz des Hundes in der praktischen Arbeit als Grundvoraussetzungen für die Zusammenarbeit in der Berufspraxis gegeben.

Im nachfolgenden Kapitel 3 geht es dann um den praktischen Einsatz des Pädagogik-/Therapiebegleithundeteams. Vorweg werden Tiergestützte Interventionen im Allgemeinen dargestellt, anschließend unterschiedliche Formen sowie verschiedene Funktionen und Interaktionsformen beschrieben. Des Weiteren wird die Bedeutung des Beziehungsdreiecks zwischen der professionell tätigen Person, der zu begleitenden Person und dem Hund dargelegt, wobei insbesondere die professionelle Haltung in der Berufspraxis bedeutsam ist. Außerdem werden Fähigkeiten des Hundes beschrieben, die für einen Einsatz erforderlich sind bzw. sein können. Im Anschluss daran sind beispielhaft die unterschiedlichen Handlungsfelder,

Zielgruppen und Einsatzmöglichkeiten für ein Pädagogik-/Therapiebegleithundeteam dargelegt. Die einzelnen Bereiche werden jeweils mit Blick auf die Zielgruppen, die Unterstützungsmöglichkeiten und konkreten Übungen gemeinsam mit dem Hund erläutert. Größtenteils sind Fallbeispiele aus den jeweiligen Handlungsfeldern dargestellt, die mit Zielsetzungen und praktischen Übungen versehen sind. Zu den ausgewählten Zielgruppen und Handlungsfeldern zählen ältere Menschen in Einrichtungen der Altenhilfe, Geriatrie bzw. Gerontopsychiatrie, Menschen mit ausgewählten psychischen bzw. sozialen Problemlagen, Menschen mit Abhängigkeitserkrankungen in Bereichen der Suchthilfe sowie Kinder, Jugendliche und Erwachsene in pädagogischen Einrichtungen bzw. Handlungsfeldern. Darüber hinaus werden Einsatzmöglichkeiten in der Arztpraxis und im häuslichen Bereich erläutert. Abschließend werden spezielle Unterstützungsoptionen für Menschen mit einem Parkinson-Syndrom und Menschen mit einem Apallischen Syndrom (Wachkoma) aufgezeigt.

In Kapitel 4 folgen wissenschaftliche Erklärungsansätze zur Mensch-Tier-Beziehung und eine Erläuterung der Wirkungsweisen von Tieren auf den Menschen, um die praktische Arbeit wissenschaftlich zu erklären und zu fundieren. Das Kapitel 5 beinhaltet einige methodische Reflexionen mit dem Versuch, die Arbeit des Pädagogik-/Therapiebegleithundeteams hinsichtlich der jeweils spezifischen Berufsgruppen, Zielgruppen und Handlungsfelder einzuordnen. Die Bedeutung einer Methode wird begrifflich erläutert, wobei die hundegestützte Pädagogik, Pflege und Therapie ein Bestandteil des methodischen Handelns der jeweils professionell tätigen Person darstellt. Die Arbeit sollte in das Konzept der entsprechenden Einrichtung bzw. Institution Eingang finden. Darüber hinaus werden unterschiedliche Klassifikationssysteme, Arbeitsmodelle und Grundlagen verschiedener Berufsgruppen im Gesundheits- und Sozialwesen dargelegt, die wiederum ein entsprechend methodisches (z. B. ergotherapeutisches, heilpädagogisches) Handeln grundlegen und der Zielformulierung, Planung, Durchführung und Evaluation dienlich sind. Zuletzt wird in Kapitel 6 auf die zunehmende Bedeutung einer qualitativ hochwertigen Arbeit und damit der Qualitätssicherung bzw. Qualitätsentwicklung hingewiesen, um tiergestützte Arbeit in der Berufspraxis professionell zu etablieren und weiterzuentwickeln.

1

Betrachtung der Mensch-Tier-Beziehung aus der Perspektive der Theologischen Zoologie

Es handelt sich vielleicht um die historisch älteste Dokumentation einer Tiergestützten Intervention. Zugleich erscheinen darin – wie in einem Brennglas – alle Facetten des Gott-Mensch-Tier-Verhältnisses, von denen die Bibel erzählt.

Im vierten Buch Mose Numeri (Num 22,21–34) wird Bileam, der Seher, von den Moabitern bestellt, um das Volk Israel zu verfluchen. Schließlich erhält er von Gott tatsächlich die Erlaubnis loszuziehen, aber nur um dem Volk Israel das zu sagen, was der Herr dann befehlen werde. Bileam befindet sich offensichtlich in einem Gewissenskonflikt als er seine Eselin sattelt und fortzieht. Unterwegs tritt ihnen ein Bote Gottes mit gezücktem Schwert in den Weg, den nur die Eselin wahrnimmt, der Prophet jedoch nicht. Es heißt weiter:

> *Die Eselin sah den Engel JHWHs (des Gottes Israels), wie er auf dem Wege stand und sein Schwert gezückt in seiner Hand hatte. Da bog die Eselin vom Wege ab und ging auf dem Ackerfeld weiter. Bileam aber schlug die Eselin, um sie wieder auf den Weg zu bringen.*

> *Darauf trat der Engel JHWHs auf den Pfad zwischen den Weinbergen mit einer Mauer auf der einen und einer Mauer auf der anderen Seite.*
> *Die Eselin sah den Engel JHWHs und drückte sich an die Wand und drückte den Fuß Bileams an die Wand; da schlug er sie wiederum.*
> *Darauf ging der Engel JHWHs noch einmal vorbei und trat an eine enge Stelle, wo es keine Ausweichmöglichkeit nach rechts und links gab.*
> *Die Eselin sah den Engel JHWHs und legte sich hin unter Bileam. Da entbrannte der Zorn Bileams, und er schlug die Eselin mit der Rute.*
> *Darauf öffnete JHWH den Mund der Eselin, und sie sagte zu Bileam: ›Was habe ich dir angetan, daß du mich geschlagen hast, nun schon dreimal?‹ Bileam sagte zu der Eselin: ›Weil du deinen Mutwillen mit mir getrieben hast. Hätte ich nur ein Schwert in der Hand, ich hätte dich wahrlich schon getötet!‹*
> *Da sagte die Eselin zu Bileam: ›Bin ich nicht deine Eselin, auf der du geritten bist, zeitlebens bis zum heutigen Tage? Habe ich wirklich die Gewohnheit gehabt, solches dir anzutun?‹ Er sagte: ›Nein.‹*
> *Da enthüllte JHWH die Augen Bileams, so daß er den Engel JHWHs sah, wie er auf dem Wege stand und sein Schwert gezückt in seiner Hand hatte. Und er beugte sich und fiel nieder auf sein Angesicht.*
> *Der Engel JHWHs aber sagte zu ihm: ›Warum hast du deine Eselin nun schon dreimal geschlagen? Ich selbst bin doch ausgezogen als Gegner ›für dich‹, weil dein Weg in meinen Augen ›übel‹ ist (...). Die Eselin aber hat mich gesehen und ist vor mir ausgewichen, nun schon dreimal.*
> *›Wäre sie nicht‹ ausgewichen vor mir, ich hätte wahrlich dich bereits getötet und sie am Leben gelassen!‹*
> *Da sagte Bileam zum Engel JHWHs: ›Ich habe mich verfehlt darin, daß ich nicht erkannt habe, daß du selbst auf dem Wege mir entgegengestanden hast. Wenn nun also die Sache in deinen Augen übel ist, will ich wieder zurückkehren‹« (Übersetzung nach Noth, M.).*

Am Ende mündet die Bileamgeschichte in den Orakelspruch des Propheten:

> »Ich sehe ihn, aber nicht jetzt, ich erblicke ihn, aber nicht in der Nähe: Ein Stern geht in Jakob auf, ein Zepter erhebt sich in Israel« (Num 24,17).

Der Prophet erblickt also nach dieser Erfahrung den Messias, der in den neutestamentlichen Erzählungen auf einem Esel in Jerusalem einreitet.

In den ersten juden-christlichen Gemeinden waren sicher alle Geschichten des Alten Testamentes bekannt; sie bilden eine Art Kulisse, vor der sich die Erzählungen des Neuen Testamentes abspielen.

Vor diesem Hintergrund erscheinen die verhältnismäßig langen Textpassagen im Matthäusevangelium (Mt 21,1–8) und Markusevangelium (Mk 11,1–7), in denen es um den »jungen Esel, auf dem noch nie ein Mensch geritten ist« geht, in einem besonderen Licht:

Bei seinem Einzug in Jerusalem, der seine letzten Tage einleitet, vertraut er sich ganz diesem Tier an, wissend, dass es den Engel sehen würde, wenn er sich denn wieder in den Weg stellte. Zugleich spielt die christologische Konzeption des Markusevangeliums bewusst an die Tier-Friedens-Vision des Jesaja an, worin der Wolf beim Lamm wohnt und ein Knabe Kalb und Löwe hüten kann (Jes 11,6), sodass der Menschensohn auch gekommen ist, die ursprüngliche Ordnung, das Paradies, innerhalb der Geschöpfe zu erneuern. Dem Bild des auf einem Esel reitenden Erlösers kommt somit eine hoch symbolische Bedeutung zu.

Eine Hommage an die Eselin

Alle Legenden der Bibel sind keine Berichte, sondern Gedichte. Und das heißt in Bezug auf ihren Wahrheitsgehalt, dass sie jenseits aller wissenschaftlicher Überprüfbarkeit Menschheitswissen sammeln und verdichtet tradieren. Oftmals zeigt sich ihre tiefe Wahrheit tausende (!) von Jahren nach ihrer Verschriftlichung.

Die Bileamerzählung bündelt so Erfahrungen einer agrarischen Kultur auf ihrem Weg zu einer schöpfungsbezogenen Gott-Suche:

Darin sind Mensch und Tier als Weggefährten aufeinander angewiesen; der Mensch »auf dem Rücken der Tiere«. Dieses Vertrauensverhältnis hätte dem Reiter nahelegen müssen, dass das Tier ihn auf irgendetwas aufmerksam machen will, was er nicht merkt. Der Eselin, die den Engel sofort erkennt, kommt somit ein wunderbares Wissen zu, das in eine Dimension reicht, die der menschlichen Vernunft, dem reinen Intellekt, nicht zugänglich ist.

Der Mensch im Alten Testament konnte das Tier problemlos als realen Ausdruck göttlicher Willensäußerungen ansehen. Nicht zuletzt klingt in der Frage »Warum schlägst du mich…?« eine ethische Dimension des Themas an.

Schauen wir in heutige Erfahrungsräume Tiergestützter Intervention kann uns die gleiche Trias begegnen:

1. Klientinnen und Klienten erleben einen Hund, ein Kaninchen, ein Pferd oder einen Esel als fühlendes Wesen mit ausgeprägter Persönlichkeit und müssen sich der Frage stellen, ob sie ihr Tier »schlagen« wollen oder dürfen, d.h. wie sie mit diesem Lebewesen umgehen.
2. Sie machen zudem die Erfahrung, dass sie sich auf das Tier verlassen können, sich ihm anvertrauen dürfen. Und über das Erleben einer individuellen Verwiesenheit auf den Vierbeiner kann die gesamte ökologische Dimension ins Spiel kommen, also die Einsicht in die globale Dimension: Denn die gesamte Menschheit ist angewiesen auf die Arten-

vielfalt und das Zusammenspiel aller Lebewesen in den Ökosystemen der Welt.
3. Und nicht zuletzt leuchtet eine Wahrheit auf, von denen mystische Traditionen erzählen und von denen die Bibel an anderen Stellen in Bildern und Metaphern spricht: Die Tiere sind die Zuerst-Gesegneten der Schöpfung, sie sind Bündnispartner Gottes nach der großen Flut und Lehrerinnen und Lehrer für Jesus.

Zum Erinnerungspotenzial biblischer Texte

Für Bibelwissenschaftler ist erstens das Thema Schöpfung nicht etwa nur das erste Thema des Ersten Testamentes, sondern zugleich der »Wahrnehmungshorizont des Folgenden«. Das Schöpfungsthema ist also grundlegend für alles Weitere.

Für die ersten fünf Bücher der Bibel, die Fünf Bücher Mose oder den Pentateuch, gilt somit, dass die Schöpfungs- und Urgeschichte nicht etwa einen »Vorbau« darstellt; vielmehr sind diese fünf Bücher als Ganzes eine Urgeschichte: Sie stellen den Entwurf einer bedeutungsvollen, identitätsstiftenden und handlungsleitenden Vergangenheit für eine bestimmte Gruppe dar, die in der Begegnung mit diesem Text nicht in eine ferne Vergangenheit zurück, sondern in die Gegenwart einer Beziehung hineinversetzt werden soll. Für viele Exegeten gilt diese Form der Bibelauslegung über den Pentateuch hinaus für die Bibel insgesamt.

Somit gilt zweitens, dass die Heilige Schrift ganz im Dienst der »Verheutigung« der Gottesbotschaft steht. In diesem Kontext ist die Erinnerung das durchgängige Motiv jüdisch-christlicher Theologie. Schließlich gilt – auch wenn es banal klingt, muss es ausgesprochen werden –, dass die Bibel für den Menschen, nicht etwa für die Tiere geschrieben ist und somit dessen Stellung als Geschöpf beleuchtet: Wer ist der Mensch vor Gott? Für die biblischen Autoren ist es selbstverständlich, die Mitgeschöpfe in diesen existentiellen Fragehorizont hineinzunehmen.

Ansätze für eine biblische Zoologie

Wer eine neuere »Theologie des Alten Testamentes« oder eine »Religionsgeschichte Israels« aufschlägt, um im Register das Stichwort »Tier« oder »Tierwelt« o. ä. zu suchen, wird dennoch enttäuscht. Ganz selten wird dem Tier bzw. der Gott-Mensch-Tier-Beziehung ein eigener Abschnitt gewidmet. Das Tier stellt ein theologisches Randthema dar und ist nur gelegentlich einer Erwähnung wert. Und das, so bemerkt O. Keel zutreffend, obwohl es in der hebräischen Bibel genügend Stoff gibt:

Es dürfte etwas überspitzt formuliert auf ihren rund 1.000 Seiten kaum eine geben, auf der nicht in irgendeinem Zusammenhang Tiere erwähnt werden, als Vorbild (»Gehe hin zur Ameise, du Fauler; siehe ihre Weise an und lerne!« Sprüche 6), als ein Zeichen von Schutz, Kraft oder als Weggefährte. Die Geburt Jesu in einem Stall ohne die vielen ihn umgebenden Tiere wäre beispielsweise befremdlich. Das gilt auch in Bezug auf das Gott-Tier-Verhältnis, für das nicht nur Schöpfungstexte, sondern ebenso Texte über tiergestaltige Götterbilder (das »Goldene Kalb« etwa) oder die zahlreichen Tiervergleiche und Metaphern ergiebig sind.

Diese »Abwesenheit des Tieres« wundert aus verschiedenen Gründen allerdings nicht: Zum einen spielt der sowohl die Philosophie als auch die Theologie beherrschende Anthropozentrismus eine entscheidende Rolle, in der sich der Mensch als Mittelpunkt, als »Krone der Schöpfung«, versteht, dem alle anderen Lebewesen auf der Erde untergeordnet werden. Zum anderen hat selbst das größere Thema »Schöpfungstheologie« innerhalb der ersttestamentlichen Glaubenswelt im Grunde kein theologisches Eigengewicht erhalten.

Der bedeutende Exeget W. Zimmerli erklärt die Tatsache, dass in seinem »Grundriß der alttestamentlichen Theologie« das Thema »Schöpfung« erst im vierten Abschnitt zur Sprache kommt, damit, dass im Gesamt des Alten Testamentes die in der Mitte der Geschichte geschehene »Herausführung Israels aus Ägypten« – der Exodus – der primäre Orientierungspunkt ist. Die daraus resultierende Relativierung der biblischen Schöpfungstheologie führt letztlich zum Verlust der universalen Dimension der biblischen Botschaft. Dies kann mit Recht als tragisch bezeichnet werden, zumal gerade die weisheitlichen Texte der heiligen Schrift die Grundüberzeugung vermitteln, die G. von Rad klassisch formuliert: »Die Schöpfung hat nicht nur ein Sein, sie entläßt auch Wahrheit.« D. h. die Welt als Schöpfung Gottes lädt geradezu dazu ein, diese Schöpfungsbotschaft als Lebensweise zu hören und anzunehmen.

Der biblische Mensch hatte keine Hemmungen, sich innerhalb dieses theologischen Rahmens auf die jeweils konkreten Repräsentanten dieser Weisheit einzulassen, nämlich die Tiere; denn ihre Welt ist ein herrlicher Kosmos von Gestalten, Gebärden, Lauten, Verhaltensweisen, Farben, Bildern und Geschichten, an dem der Mensch seit jeher auch zum Bewusstsein seiner selbst gekommen ist. Die großen Tiertexte der Bibel haben diesen Schatz sorgsam gehütet und um immer neue Varianten bereichert.

1 Betrachtung der Mensch-Tier-Beziehung aus der Perspektive der Theologischen Zoologie

In der Begegnung mit dem Tier erfuhr Israel das Rätsel des Lebens nicht nur in seiner schillernden Buntheit, sondern auch in seiner zwingenden Mächtigkeit. Dieser Faszination hat es sich beobachtend, erkennend und deutend ausgeliefert und davon auch sein theologisches Nachdenken inspirieren lassen. Für den biblischen Menschen war es wesentlich, in den geheimnisvollen Bannkreis fremden, dem eigenen seltsam fernen und doch so nah vertrauten Lebens zu treten; hat er aus dieser Berührung mit dem ganz Anderen, Nichtmenschlichen starke Impulse zur Entfaltung religiöser Kräfte und theologischer Reflexionen empfangen.

Nach jüdisch-christlicher Überzeugung wird das Wesen des Menschen zwar nicht in Bezug auf das Tier bestimmt und hat sich Gott auch nicht wie in Ägypten in der Gestalt eines Tieres offenbart; dennoch kann der Mensch laut Auskunft der biblischen Überlieferungen im Blick auf seine Mitgeschöpfe zu einem profunderen – auch theologischen – Selbst-Verständnis finden.

Für O. Keel, dessen Verdienst es ist, die Bilderwelt des Ersten Testamentes u. a. vom Alten Ägypten und dessen Gottes- und Menschenbild her tiefer zu verstehen, ist »Numinosität« ein Schlüsselbegriff: Dies ist ein moderner, ethymologisch der römischen Antike entliehener Begriff. Das Wortfeld, das im Hebräischen dem gemeinten Phänomen am nächsten steht, ist mit der Wurzel barak (segnen, mit heilvoller Kraft begaben) verbunden. Während wir im so genannten Abendland aufgrund einer extrem wortzentrierten religiösen Tradition Segen und Segnen allzu rasch mit gesprochenen Worten verbinden und uns vor allem dafür interessieren, was beim Segnen genau passiert, gingen die Menschen im Alten Israel ganz selbstverständlich davon aus, dass Segen (berakah) in vielem Geschaffenen einfach ist und erfahren werden kann. Bei Jesaja wird ein Sprichwort überliefert:

> »Wie man sagt, wenn Saft in der Traube sich findet:
> Verdirb sie nicht, es ist ein Segen darin« (Jes 65,8).

In deutlicher Abgrenzung zur Religion Ägyptens formuliert das jüdische Credo programmatisch, dass keine innerweltliche Größe verabsolutiert werden darf. Für Israel kommt eine Resakralisierung oder Divinisierung der Schöpfung im engeren Sinn nicht infrage. Aber geht es auch nicht an, das Kind, in diesem Fall die Numinosität der Schöpfung, mit dem Bade auszukippen. Vielmehr ist es Zeit, der Schöpfung ihre Seele, ihre Würde zurückzugeben, sie aus ihrer Demütigung zu befreien, in die sie als gänzlich Gottloses Gegenüber des Schöpfers, als reines Produkt eines überbetont souveränen und transzendenten Gottes und als Objekt menschlicher Wissenschaft und Ausbeutung geraten ist.

Laut Auskunft der aktuellen, für unsere Fragestellung relevanten exegetischen Literatur lassen sich innerhalb der biblischen Überlieferung zwei Stränge erkennen:

1. Mensch und Tier sind dezidiert aufeinander bezogene und voneinander abhängige Geschöpfe des einen Gottes und Teilhaber des einen Bundes.
2. Mensch und Tier haben darin eine je eigene Valenz und Beziehung zum Schöpfer und somit ihren je eigenen Ort im Gesamt der Schöpfung. Jedes Lebewesen hat einen Eigenwert (vgl. hierzu auch die Enzyklika von Papst Franziskus Laudato si', Abs. 16 und 33).

Mensch-Tier-Gott-Verhältnisbestimmungen:
Ethisch – partnerschaftlich –mystisch

»Wie die Hausfrau, die die Stube gescheuert hat, Sorge trägt, daß die Tür zu ist, damit ja nicht der Hund hereinkomme und das getane Werk durch die Spuren seiner Pfoten entstelle, also wachen die europäischen Denker darüber, daß ihnen keine Tiere in der Ethik herumlaufen« (Precht 1996, S.44).

So markiert Albert Schweizer die Situation in der Mitte des vergangenen Jahrhunderts, die sich nicht nur durch Peter Singers extreme Positionen seit den 1990er Jahren grundsätzlich verändert hat. In der Verhältnisbestimmung zwischen Mensch und Tier kommt dem tierethischen Diskurs eine zentrale Rolle zu; denn dieser ist biblisch tief verwurzelt (vgl. hierzu Schroer: »Du sollst dem Rind beim Dreschen das Maul nicht zubinden« (Dtn 25,4). In: Hagencord 2010, S. 38ff.).

Doch den biblischen Autoren geht es nicht nur um den verantwortungsvollen Umgang des Menschen mit den Tieren. Im Tier schaut den Menschen das ganz Andere und das ganz Vertraute an und verlangt nach einer Antwort. Diese kann die Weise des Mitleidens annehmen, von der eine Ethik und Anthropologie geprägt sein muss und die wesentlicher Bestandteil eines von Johann Baptist Metz formulierten »emphatischen Monotheismus« (Metz 1996, S.9) sein kann. (»Der Gerechte weiß, was sein Vieh braucht, doch das Herz der Frevler ist hart« Spr 12,10).[1] Der fragen-

---

1 Diese Argumentationsfigur findet sich auch in nichtchristlichen, sprich nicht monotheistischen Traditionen (vielleicht sogar noch stärker, allerdings anders begründet). Mahatma Gandhi sagt: »Die Größe einer Nation kann man nicht daran ermessen, wie viel sie besitzt, sondern wie sie ihre Tiere behandelt.« In: Eurich 2000, S. 88.

de Blick des Tieres konfrontiert den Menschen darüber hinaus mit der Frage nach dem Eigenen.

In Martin Bubers Konzept, wonach das Ich nur durch das Du zum Ich wird und jedes echte Leben Begegnung ist, gehören die Tiere konstitutionell in die »Du-Welt«, innerhalb derer der Mensch – anders als in der »Es-Welt« – menschlich bleibt (Hagencord 2005, Kap VII).

Für den großen jüdischen Religionsphilosophen ist alles wirkliche Leben Begegnung und: »Der Mensch wird am Du zum Ich«. Für ihn ist es selbstverständlich, dass es zum Zustandekommen einer Beziehung nicht des dezidiert menschlichen Bewusstseins bedarf. Damit eine echte Begegnung des Menschen auch mit einem Tier zustande kommt, geht es nicht darum, das Gegenüber zunächst vermenschlichen zu müssen. Im Geschöpf als solchem begegnet uns ein Du. Es kommt zu einer Begegnung, die einer rationalistischen Verkürzung entgegenwirken kann, was In-Beziehung-Sein in seiner Tiefendimension meint und ausmacht.

Dezidiert menschlich ist für Buber eine andere Qualität, und deren Eigenart macht der jüdische Philosoph überraschenderweise an Jesus fest:

> »Das Gefühl Jesu zum Besessenen ist ein andres als das Gefühl zum Lieblingsjünger; aber die Liebe ist eine. Gefühle werden ›gehabt‹; die Liebe geschieht. Gefühle wohnen im Menschen; aber der Mensch wohnt in seiner Liebe. Das ist keine Metapher, sondern die Wirklichkeit: die Liebe haftet dem Ich nicht an, so daß sie das Du nur zum ›Inhalt‹, zum Gegenstand hätte, sie ist *zwischen* Ich und Du. (...) Liebe ist ein welthaftes Wirken. Wer in ihr steht, in ihr schaut, dem lösen sich Menschen aus ihrer Verflochtenheit ins Getriebe; Gute und Böse, Kluge und Törichte, Schöne und Häßliche, einer um den andern wird ihm wirklich und zum Du, das ist, losgemacht, herausgetreten, einzig und gegenüber wesend. (...) Liebe ist Verantwortung eines Ich für ein Du: hierin besteht, die in keinerlei Gefühl bestehen kann, die Gleichheit aller Liebenden.«

Daraus leitet er ab: »Beziehung ist Gegenseitigkeit. Mein Du wirkt an mir, wie ich an ihm wirke.«

Und innerhalb seiner »christologischen Erwägungen« fährt Buber fort und stellt in guter jesuanischer Manier althergebrachte (hier: pädagogische) Dogmen auf den Kopf:

> »Wie werden wir von Kindern, wie von Tieren erzogen!«

Diese Art von Pädagogik ist ein immer wieder vorkommendes Thema; denn Kindern und Tieren ist es zueigen, »das schicksalhafte Eswerden alles geeinzelten Du« immer wieder zu unterbrechen. Mit dem »Erschlaffen« der Beziehungskraft nämlich wird jedes »Du« zu einem »Es«, das nun in die Gegenstandswelt eingeordnet wird und so das Leben »erleichtert«.

1 Betrachtung der Mensch-Tier-Beziehung aus der Perspektive der Theologischen Zoologie

> »Nur Es kann geordnet werden. Erst indem die Dinge aus unsrem Du zu unsrem Es werden, werden sie koordinierbar. Das Du kennt kein Koordinatensystem (...) Geordnete Welt ist nicht die Weltordnung.«

Und es sind immer wieder Begegnungen mit Tieren, in denen die »Duwelt« für einen Moment die alles und alle umgebende »Eswelt« überstrahlt. So beschreibt Buber, wie er sich immer wieder dem Blick einer Hauskatze stellt:

> »Die Augen des Tiers haben das Vermögen einer großen Sprache. Selbständig, ohne einer Mitwirkung von Lauten und Gebärden zu bedürfen, am wortmächtigsten, wenn sie ganz in ihrem Blick ruhen, sprechen sie das Geheimnis in seiner naturhaften Einriegelung, das ist in der Bangigkeit des Werdens aus. Diesen Stand des Geheimnisses kennt nur das Tier, nur es kann ihn uns eröffnen.«

Mit der gleichen Selbstverständlichkeit, in der sich die Tiere in der Bibel tummeln, haben sie in der Religionsphilosophie Martin Bubers ihren Platz. Und auch Buber sieht die Tiere nicht nur in ihrer selbstverständlichen Beziehung zu ihrem Schöpfer, sondern auch in ihrer Relevanz für den Menschen:

Sie sprechen uns an; diese Sprache des Tieres – als »Stammeln der Natur unter dem ersten Griff des Geistes« – erreicht, so wie in der eingangs beschriebenen Begegnung, den Menschen, der als das »kosmische Wagnis« definiert wird. »Aber kein Reden wird je wiederholen, was das Stammeln mitzuteilen weiß.«

Das Tier stellt Fragen, seine Augen stellen den in den Blick Genommenen existentiell infrage: Diese Katze begann ihren Blick unbestreitbar damit, mich »mit dem unter dem Anhauch meines Blicks aufglimmenden« zu fragen: »Kann das sein, daß du mich meinst? Willst du wirklich nicht bloß, daß ich dir Späße vormache? Gehe ich dich an? Bin ich dir da? Bin ich da? Was ist das da von dir her? Was ist das da um mich her? Was ist das an mir? Was ist das?!«

Diese Begegnung gehört zu jenen, die den Menschen mit der Härte eines Unbedingtheitsanspruches erschüttern; es ist eine ihn im Innersten treffende und betroffen machende Wirklichkeit, die als solche erst einmal so ist, wie sie ist, und die nicht danach fragt, ob diese dem Menschen angenehm oder unangenehm ist.

Dies wiederum steht in großer Nähe zur deutschen Mystik um Meister Eckart, Heinrich Seuse und Johannes Tauler. Für den »Lebe- und Lesemeister« Eckart ist die Kraft der Seele nichts anderes als das im konkret seienden Geschöpf anwesende »esse virtuale«, das »archetypische Sein«, wo noch ungeschieden alles Geschaffene – das Glühwürmchen wie die

Mücke und der Mensch – als »Gott in Gott ruht«. Dass das Tier gleichsam als »Prototyp« für eine Existenzweise in der Unmittelbarkeit Gottes fungiert und dem Menschen somit als Korrektiv und »Lehrmeister« auf seinem Weg seines Erwachsen-Werdens zur Seite gestellt ist, wäre für Meister Eckart wahrscheinlich eine Selbstverständlichkeit – ohne für diese Argumentationsfigur die fernöstlichen Heilslehren heranziehen zu müssen, wie es in der esoterischen Literatur unserer Tage gang und gäbe ist.

Die drei Weisen der Natur-, Selbst- und Gottesmystik sind ursprünglich und wesentlich in einer biblisch fundierten Spiritualität verwurzelt; innerhalb dieses »Urgesteins«, das die Kraft hat naturwissenschaftliche Erkenntnisse und theologische Aussagen über das Wesen des Menschen in der Natur zu verbinden, sind die Tiere unverzichtbar. Als die Geschöpfe, die das Paradies nie haben verlassen müssen, verkörpern sie für den Menschen eine Existenzweise in der Unmittelbarkeit Gottes, die durch denkerische Leistungen weniger als durch ein schlichtes, waches und letztlich selbstloses Leben im Hier und Jetzt erfahrbar werden kann.

Bei der Frage nach der Relevanz des Tieres für den Menschen, dessen Spiritualität und Selbstverständnis geht es auch darum, auf »irrige« und somit zu verändernde Haltungsbedingungen hinzuweisen, und dies im doppelten Sinn: Es geht um Argumente, die für die tatsächliche Haltung der Tiere in menschlicher Obhut immer relevanter werden; denn das System der industriellen Tierhaltung hat sich inmitten des christlichen Europas etabliert; zugleich geht es um die Begründung einer angemessenen Einstellung ihnen gegenüber, die nicht nur der Würde des Menschen, sondern auch der ihren gerecht wird. Nicht zuletzt könnte dies der Forderung Karl Rahners gerecht werden, wonach die Theologie immer der Spiritualität zu dienen hat (Rahner 1984, S.10). Für die Schöpfung als Ganzes und darin je anders für Mensch und Tier gilt:

> »Wir erklingen als die Symphonie, die Gott heißt. Theologie unterhält sich über die Partitur, über Noten, Pausen, Kontrapunkt und Instrumente. Uns als Klang dieser Symphonie zu erfahren, das ist das Ziel der Mystik« (Jäger 2003, S.43).

Das 2009 von dem Theologen und Biologen Dr. Rainer Hagencord und dem Kapuziner, Philosoph und Autor Dr. Anton Rotzetter gegründete Institut für Theologische Zoologie in Münster steht für einen neuen, theologisch fundierten Blick auf die Tiere als unsere Mitgeschöpfe. Sie als Bündnispartner Gottes, als Weggefährten und heilsame Lehrer des Menschen zu begreifen, fordert vom Menschen achtsame Fürsorge und lehrt ihn Respekt vor der Würde des Tieres.

2

Einführung in die Fortbildung zum Pädagogik-/Therapiebegleithundeteam

Das Kapitel führt zunächst in die Entstehungsgeschichte des Münsteraner Instituts für therapeutische Fortbildung und tiergestützte Therapie (M.I.T.T.T.) ein. Anschließend werden die übergreifenden Ziele dieser Fortbildung zum Pädagogik-/Therapiebegleithundeteam erläutert und die Ausbildungs- und Prüfungsordnung dargelegt. Diese stellt die Grundlage für die inhaltlichen bzw. theoretischen und praktischen Bestandteile sowie die Regelungen zur Abschlussprüfung dar. Im Anschluss daran steht zunächst der Hund als Teil des pädagogischen bzw. therapeutischen Teams im Mittelpunkt. Anatomische und physiologische Kenntnisse sowie das Verhalten des Hundes bzw. wesentliche Grundlagen zur Hundepsychologie und deren Bedeutung für einen Einsatz im Pädagogik-/Therapiebegleithundeteam sind ein wesentlicher Bestandteil der Fortbildung. Darüber hinaus werden die Entwicklungsphasen des Hundes erklärt und einige ausgewählte Grundlagen der Hundeerziehung zusammengefasst. Im folgenden Unterkapitel geht es um die Notfallversorgung des Hundes bei Krankheit, Verletzungen, Unfällen etc. Diese Kenntnisse sind für jede/n Hundehalter/in von zentraler Bedeutung, obgleich die Hundeschulen diese kaum vermitteln und viele Halter/innen in einer Notfallsituation hilflos sind. Als professionell tätige Person mit einem Hund im beruflichen Kontext stellt dieses Wissen jedoch eine notwendige Voraussetzung dar, denn eine Notfallsituation kann jederzeit auftreten und besonnenes Handeln ist zum Schutz von Hund, Halter/in und Klientel gefragt. Daher nimmt auch dieses Kapitel einen wichtigen Platz in diesem Buch ein und würdigt diese Erste-Hilfe-Maßnahmen für den Hund im Notfall in ausführlicher Weise.

Mensch und Hund arbeiten im Team, daher folgen einige Gedanken zur Teamarbeit. Mensch und Hund in der Fortbildung sind Arbeits- und Sozialpartner, sie leben zusammen und binden sich aneinander. Ein Team ist per definitionem

> »(...) die kooperative, zielorientierte Arbeit von 2–8 Fachleuten, die gemeinsam an einer definierten komplexen Aufgabe, in einem Projekt oder an einem Problem arbeiten, bei Integration unterschiedlichen Fachwissens und nach bestimmten, gemeinsam festgelegten Regeln« (Gellert 2010, S. 21).

In diesem Sinne unterscheidet sich das Mensch-Hund-Team bestehend aus zwei »Fachleuten« von menschlichen Teams im beruflichen Kontext, wobei dem Menschen die verantwortliche Rolle für die Aufgabe oder das zu bearbeitende Problem zukommt. Dennoch werden unterschiedliche Fähigkeiten von Mensch und Hund in die Settings eingebracht und die notwendigen Regeln sollen gemeinsam erlernt werden. Dazu ist eine wichtige Voraussetzung, dass sich Hund und Halter/in besser kennen lernen, sich gegenseitig aufmerksam und gut beobachten, um die Beziehung zu vertiefen und das Verhalten, den Ausdruck sowie die Seele des anderen in ihrer Wirkung deuten zu können:

> »Das Vorhandensein einer Seele lässt sich anatomisch nicht nachweisen. Besitzen Tiere aber dennoch eine Seele, so darf auch erwartet werden, dass sie wirkt und das Verhalten des Lebewesens beeinflusst. (...) Darum besteht die wichtigste Tätigkeit des Tierseelenforschers im Beobachten tierischen Verhaltens« (Fischl 1936, zit. nach Feddersen-Petersen 2013, S. 80).

Die Seele meint hier nach unserem Verständnis nicht etwas, was Mensch und Tier im Sinne eines Organs »besitzen«. Gemeint ist im Sinne eines poetischen Sprachspiels die Persönlichkeit des Wesens, das, was Mensch und Tier als Individuen ausmacht, das Geheimnishafte alles Lebendigen, was nicht messbar ist, wenngleich wir die Wirksamkeit im Zusammenspiel erleben können.

2.1 Entstehungsgeschichte

Die Fortbildung zum Therapie-/Pädagogikbegleithundeteam des M.I.T.T.T. (Münsteraner Institut für therapeutische Fortbildung und tiergestützte Therapie), auch »Fortbildung nach der Steinfurter Methode« genannt, ist im Jahre 1996 zunächst innerhalb der logopädischen Behandlung von Kindern mit einer Behinderung entstanden und wurde danach systematisch mit Ergotherapeuten/-innen, Physiotherapeuten/-innen, Ärzten/-innen und Pädagogen/-innen in der Praxis weiterentwickelt und ausgebaut. Im Jahr 2002 gründeten mehrere Therapeuten/-innen und Pädagogen/-innen den Berufsverband »Therapiebegleithunde Deutschland e.V.« (TBD e.V.) im Kreis Steinfurt im Münsterland. Dieser Berufsverband verfügt mittlerweile über mehrere Hundert Mitglieder im gesamten Bundesgebiet in Deutschland und bestimmt die Leitlinien für Pädagogik-/Therapiebegleithundeteams im beruflichen Einsatz:

> »Das Hauptanliegen ist die Professionalisierung des Einsatzes von Therapiebegleithunden in der Therapie, Pädagogik, Psychologie, Medizin und verwandten Berufszweigen. Mitglieder können ausschließlich Therapeuten, Pädagogen, Psychologen, Mediziner und verwandte Berufe werden« (Berufsverband Therapiebegleithunde Deutschland e.V. 2013, S. 1).

Mit der beruflichen Qualifikation als notwendige Zulassungsvoraussetzung für die Fortbildung von Hund und Halter/-in zum Pädagogik-/Therapiebegleithundeteam, der Festschreibung der Leitlinien und der Zertifizierung durch den Berufsverband TBD e.V., der Fortbildung im Münsteraner Institut für therapeutische Fortbildung und tiergestützte Therapie (M.I.T.T.T.) wurden wichtige Eckpfeiler für eine fundierte, hundegestützte Arbeit in unterschiedlichen pädagogischen und therapeutischen Handlungsfeldern im Sozial- und Gesundheitswesen eingeschlagen. Damit ist professionalisiertes Handeln gewährleistet und soll der rechtlich bislang ungeschützten Tätigkeit für das tiergestützte Arbeiten entgegenwirken. Der Begriff »Therapiebegleithund« erfährt durch diese Zertifizierung des Berufsverbandes Therapiebegleithunde Deutschland e.V. einen gewissen Schutz für die Mitglieder, da an die praktische Arbeit die entsprechenden Voraussetzungen und Kontrollen des Berufsverbands geknüpft sind.

Nur beruflich qualifizierte Personen sind in den Handlungsfeldern und Einrichtungen des Gesundheits- und Sozialwesens in der Lage, den ausgebildeten Hund als Unterstützung und Begleitung in pädagogische bzw. therapeutische Prozessen entsprechend fachlich versiert mit einzubeziehen. Damit ist keine Abwertung, sondern eine Abgrenzung von nicht ausgebildeten Besuchshunden impliziert, die z. B. von Laien in Einrichtungen mitgebracht werden. Der Anspruch der Fortbildung ist es somit, entsprechende Ziele und methodisches Handeln in dem jeweiligen beruflichen Setting versiert anwenden zu können, wobei der Hund im Beziehungsdreieck mit dem/der Hundehalter/in und dem Klienten bzw. der Klientin[2] in die entsprechenden Arbeitsprozesse eingebunden wird. Die Fortbildung soll jedoch eine deutliche Abgrenzung zum so genannten Streichel- oder Besuchshund aufzeigen. Besuchshunde werden häufig von Ehrenamtlichen oder externen Personen mitgebracht, die nicht bzw. nicht ausreichend ausgebildet sind und hauptsächlich der Förderung des allgemeinen Wohlbefindens der Klientel dienen sollen.

2.2 Ziele der Fortbildung des M.I.T.T.T. zum Pädagogik-/Therapiebegleithundeteam

Die Fortbildung zum Pädagogik-/Therapiebegleithundeteam soll Hunde und Therapeuten/-innen, Pädagogen/-innen, Ärzte/-innen, Psychologen/-innen etc. als Team gemeinsam derart schulen, dass Hunde als Ergänzung und Unterstützung in der Therapie bzw. pädagogischen Arbeit und Förderung gesunder und kranker, alter und/oder eingeschränkter Menschen bzw. Menschen mit Behinderungen jeden Alters eingesetzt werden können. In der Fortbildung wird in kleinen Gruppen gelehrt und gelernt. Es werden hohe Anforderungen sowohl an die Hunde, als auch an deren Halter/innen gestellt.

Die Fortbildung qualifiziert dazu, dass der Hund im Team mit der qualifizierten Person in therapeutische und pädagogische Prozesse gezielt eingesetzt wird und diese Prozesse qualitativ verbessert, erweitert und vertieft werden können. Seit dem Jahr 2000 wird die nachfolgend konzipierte Fortbildung des M.I.T.T.T. angeboten und mittlerweile an mehreren Standorten in Deutschland durchgeführt (vgl. http//:www.mittt.de), um Therapeuten/-innen, Pädagogen/-innen, Mitarbeiter/-innen in Pflegeberu-

---

[2] Je nach Einrichtung und Handlungsfeld werden unterschiedliche Begriffe für die Zielpersonen pädagogischer bzw. therapeutischer Prozesse verwendet. Hier sind immer auch der/die Schüler/in, Bewohner/in, Patient/in oder Gäste (z. B. im Hospiz), unabhängig von deren Alter, Einschränkung, Erkrankung etc. gemeint.

fen etc. mit ihrem Hund für das Gesundheits- und Sozialwesen entsprechend zu schulen.

Nachfolgend wird die Ausbildungs- und Prüfungsordnung aufgezeigt, auf der die Ausbildung und Prüfung zum Pädagogik-/Therapiebegleithundeteam basiert und die den Leitlinien des TBD e.V. entspricht.

2.3 Ausbildungs- und Prüfungsordnung für den Einsatz von Therapiebegleithunden in Therapie und Pädagogik nach den Richtlinien des Berufsverbandes »Therapiebegleithunde Deutschland e.V.«

§ 1: Zugelassene Berufsgruppen

Logopäden, Ergotherapeuten, Physiotherapeuten, Ärzte, Psychologen, Sonderpädagogen, Pflegefachpersonen und verwandte Berufe[3].

§ 2: Ausbildung

Die Ausbildung umfasst zwei Theorieblöcke mit insgesamt 32 Unterrichtseinheiten und drei Praxisblöcke, inkl. Prüfung, mit insgesamt 64 Unterrichtseinheiten. Der Auszubildende bekommt für seine erfolgreiche Teilnahme am jeweiligen Unterrichtsblock einen schriftlichen Nachweis.

§ 3: Prüfung

1. Die Prüfung umfasst einen schriftlichen und einen mündlichen Teil. Zudem ist eine Videodokumentation aus der praktischen Arbeit mit einem begleitenden Kurzreferat (zusammen mind. 10 bis max. 15 Min.) abzuhalten.
2. Der Prüfling legt die Prüfung vor dem Prüfungsausschuss ab.

---

3 Diese Berufsbezeichnungen bzw. Personengruppen umfassen Personen jedes Geschlechts, wenn auch eine männliche oder neutrale Formulierung genutzt wird. Z.B. führt die reformierte generalistische Pflegeausbildung ab dem Jahr 2020 die Berufsbezeichnungen »Pflegefachfrau« und »Pflegefachmann« (vgl. www.bundesgesundheitsministerium.de).

§ 4: Prüfungssauschuss

1. Der Prüfungsausschuss muss bestehen aus einem Vorstandsmitglied, einem vom Vereinsvorstand anerkannten Therapeuten/Pädagogen mit entsprechender Erfahrung, sowie einem vom Vereinsvorstand anerkannten Hundeausbilder mit entsprechender Erfahrung.
2. Gegebenenfalls werden vom Vereinsvorstand autorisierte Stellvertreter mit entsprechender Qualifikation ernannt.

§ 5: Zulassung zur Prüfung

1. Nachweis einer entsprechenden beruflichen Qualifikation nach § 1.
2. Die Bescheinigung über die erfolgreiche Teilnahme an den Theorie- und Praxisseminaren nach § 2.1.
3. Die Anmeldung zur Prüfung muss schriftlich erfolgen.
4. Die Prüfungsgebühr muss bis spätestens vier Wochen vor Prüfungstermin bezahlt worden sein.
5. Zwischen den abgeschlossenen Theorie- und Praxisblöcken und dem Prüfungsblock müssen mindestens drei Monate liegen.
6. Der Hund muss zur Prüfung ein Mindestalter von 18 Monaten haben.

§ 6: Schriftlicher Teil der Prüfung

1. Der schriftliche Teil der Prüfung erstreckt sich auf folgende Fächer:
   – Anatomie, Physiologie und Psychologie eines Hundes
   – Entwicklung des Hundes
   – Wesensprägung
   – Tierschutz
   – Hygiene
   – Erste Hilfe am Hund
   – Rechtliche Bestimmungen/Versicherung
   – Voraussetzungen für den Therapiebegleithundeeinsatz
   – Therapeutisch-pädagogische Einführung in den Therapiebegleithundeeinsatz
   – Hintergründe Mensch-Tier-Beziehung
   – Förderziele des Therapiebegleithundeeinsatzes
   – Methoden des Therapiebegleithundeeinsatzes

Der Prüfling hat aus diesen Fächern schriftlich gestellte Fragen zu beantworten. Diese Aufsichtsarbeit dauert 90 Minuten. Die Aufsichtführenden werden vom Vorsitzenden des Prüfungsausschusses bestellt.

2. Die Aufsichtsarbeit ist von mindestens zwei Mitgliedern des Prüfungsausschusses zu bewerten. Werden mindestens 60 % der Gesamtpunktzahl erreicht, gilt der Prüfungsteil als bestanden.

§ 7: Praktischer Teil der Prüfung

1. Der praktische Teil der Prüfung erstreckt sich auf den Therapiebegleithundeeinsatz als Therapiebegleithundeteam.
   Der Prüfling muss mit seinem Hund folgende Fähigkeiten durchführen:
   – Platz auf Entfernung bis das Kommando aufgehoben wird (mind. 1 Min. Dauer)
   – Platz bis Kommando aufgehoben wird (mind. 1 Min. Dauer), während der Prüfling außer Sicht geht und eine unbekannte Person auf den Hund zugeht.
   – Leckerli, das mindestens 5 sec. von einer unbekannten Person festgehalten wird, vorsichtig aus der Hand nehmen.
   – Platz und eine unbekannte Person benutzt Hund als Kopfkissen (im Beisein des Prüflings).
   – Absitzen vor dem Futternapf und Prüfling geht außer Sicht.
   – keine negative Reaktion wenn:
     – eine unbekannte Person an der Rute zieht,
     – gegen den Strich gestreichelt wird,
     – der Hund (leicht) gekniffen wird,
     – auf den Hund geklopft wird,
     – jemand laut schreiend und wild gestikulierend auf den Hund zugeht.
     – Leckerli außerhalb des Hunderadius wird nicht gejagt.
2. Von den folgenden Fähigkeiten müssen mindestens fünf beherrscht werden:
   – durch den Tunnel laufen,
   – auf dem Stuhl sitzen,
   – Bellen auf Kommando,
   – Rolle auf Kommando,
   – Würfeln,
   – mind. drei Stecker aus der Steckleiste ziehen,
   – eine Acht laufen,
   – ein Katapult bedienen,
   – über eine Wippe gehen,
   – auf dem Wackelbrett Platz machen oder darüber gehen,
   – über Bänke gehen,

- Rollbrett ziehen,
- mit oder ohne Hilfe Fußball spielen,
- Gegenstände apportieren,
- Zerrspiele friedlich durchführen.
3. Zeigt der Hund während der Prüfung in irgendeiner Situation aggressives Verhalten (starkes Knurren mit gesträubtem Nackenfell, Schnappen, Beißen u. Ä.) gilt die Prüfung als nicht bestanden und der Hund wird von jeder weiteren Prüfung ausgeschlossen.
4. Zeigt der Hund eine hohe seelische Instabilität oder deutliche Überforderung, gilt der praktische Prüfungsteil als nicht bestanden. Frühestens nach sechs Monaten besteht die Möglichkeit einer Nachprüfung, Voraussetzung hierfür ist eine adäquate Nachschulung mit entsprechendem schriftlichem Nachweis.
5. Der praktische Teil der Prüfung wird von mindestens zwei Fachprüfern abgenommen. Der praktische Prüfungsteil gilt als bestanden, wenn von den Aufgaben in § 7.1. alle erfolgreich durchgeführt werden, wobei insgesamt drei Versuche erlaubt sind, in § 7.2. von den Spezialfähigkeiten fünf erfolgreich durchgeführt werden, wobei insgesamt zwei Versuche erlaubt sind.

§ 8: Videodokumentation und Kurzreferat als Prüfungsteil

1. Die Videodokumentation sowie das Kurzreferat, das schriftlich abgegeben werden muss, müssen zusammen minimal 10 bis maximal 15 Minuten dauern und werden von mindestens einem Fachprüfer beurteilt. Eine schriftliche Einverständniserklärung der gezeigten Personen ist vorzulegen.
2. Es wird nach folgenden Kriterien beurteilt:
   - Der Therapiebegleithundeeinsatz ist sinnvoll,
   - Ziele und Methoden sind klar definiert,
   - mindestens drei Fähigkeiten des Hundes werden gezeigt und benannt,
   - das Referat ist auf die gezeigte Videodokumentation bezogen,
   - es gibt eine gute Selbstreflexion.

§ 9: Bestehen und Wiederholen der Prüfung

1. Die Prüfung gilt als bestanden, wenn alle drei Prüfungsteile bestanden wurden.

2. Jeder Teil der Prüfung kann bei Nichtbestehen zweimal wiederholt werden. Falls dann noch Teile der Prüfung ungenügend sind, muss in den entsprechenden Teilen eine Nachschulung durch vom Vereinsvorstand anerkannten Ausbildern absolviert und belegt werden.

Zwischen den einzelnen Prüfungswiederholungen dürfen maximal sechs Monate liegen. Ausnahmeregelungen sind ausschließlich vom Vereinsvorstand zu genehmigen und können ohne Angabe von Gründen abgelehnt werden. Diese müssen schriftlich beantragt werden.

§ 10: Rücktritt von der Prüfung

1. Tritt ein Prüfling nach seiner Zulassung von der Prüfung zurück, so hat er die Gründe für seinen Rücktritt unverzüglich dem Vereinsvorstand schriftlich mitzuteilen. Genehmigt der Vereinsvorstand den Rücktritt, so gilt die Prüfung als nicht unternommen. Die Genehmigung ist schriftlich und nur dann zu erteilen, wenn ein wichtiger, vom Prüfling nicht zu vertretender Grund vorliegt. Im Falle einer Krankheit kann die Vorlage einer ärztlichen Bescheinigung verlangt werden.
2. Wird die Genehmigung für den Rücktritt nicht erteilt oder unterlässt es der Prüfling, die Gründe für seinen Rücktritt unverzüglich mitzuteilen, so gilt die Prüfung als nicht bestanden.

§ 11: Versäumnisfolgen

1. Versäumt ein Prüfling einen Prüfungstermin oder gibt er eine Aufsichtsarbeit nicht oder nicht rechtzeitig ab oder unterbricht er die Prüfung, hat er die Gründe hierfür unverzüglich der Prüfungskommission mitzuteilen. Genehmigt die Prüfungskommission die Versäumung des Prüfungstermins oder die nicht oder nicht rechtzeitig erfolgte Abgabe der Aufsichtsarbeit oder die Unterbrechung der Prüfung, so gilt der betreffende Teil der Prüfung als nicht unternommen. Die Genehmigung ist nur zu erteilen, wenn ein wichtiger, vom Prüfling nicht zu vertretender Grund vorliegt. Im Falle einer Krankheit kann die Vorlage einer ärztlichen Bescheinigung verlangt werden.
2. Wird die Genehmigung nach Absatz 1 nicht erteilt oder unterlässt es der Prüfling, die Gründe unverzüglich mitzuteilen, so gilt der betreffende Teil der Prüfung als nicht bestanden.
3. Die Prüfungsgebühr ist in jedem Fall fällig, wenn innerhalb von vier Wochen vor der Prüfung die Absage erfolgt, erfolgt die Absage vor die-

sem Zeitpunkt, wird eine Bearbeitungsgebühr von 20 % einbehalten. Über Ausnahmeregelungen entscheidet im Einzelfall der Vereinsvorstand.

§ 12: Ordnungsverstöße und Täuschungsversuche

Die Prüfungskommission kann bei Prüflingen, die die ordnungsgemäße Durchführung der Prüfung in erheblichem Maß gestört oder sich eines Täuschungsversuches schuldig gemacht haben, den betreffenden Teil der Prüfung für »nicht bestanden« erklären.

§ 13: Prüfungsunterlagen

1. Auf Antrag ist dem Prüfungsteilnehmer Einsicht in seine Prüfungsunterlagen zu gewähren. Schriftliche Aufsichtsarbeiten sind drei, Anträge auf Zulassung zur Prüfung und Prüfungsniederschriften zehn Jahre aufzubewahren.
2. Die Videodokumentation und das Kurzreferat dürfen vom Verein als Schulungsmaterial und für die Öffentlichkeitsarbeit genutzt werden.

§ 14: Erlaubniserteilung

1. Nach erfolgreich bestandener Prüfung darf der Prüfling mit seinem Prüfungshund als Therapiebegleithundeteam anerkannt nach den Richtlinien des TBD e. V. arbeiten und dies als Zusatzqualifikation angeben.
Die Erlaubniserteilung gilt nur für den Prüfling mit dem jeweils geprüften Hund und ist nicht übertragbar. Will der Prüfling weitere Hunde als Therapiebegleithundeteam nach den Richtlinien des TBD e. V. einsetzen, ist für den jeweiligen Hund der praktische Prüfungsteil zu wiederholen.
2. Die Erlaubniserteilung nach bestandener Prüfung besteht zunächst für jeweils zwei Jahre.
Im dritten Jahr nach der Prüfung oder der erneuten Wesensprüfung muss der Hund sich einer weiteren Wesensprüfung unterziehen. Dies gilt wiederum jeweils für weitere zwei Jahre usw.
Sollten die Wesensprüfungen nicht innerhalb der vorgegebenen Fristen erbracht werden, erlischt automatisch die Anerkennung nach dem TBD e. V.
Ausnahmeregelungen sind alleinig vom Vorstand des TBD e. V. nach schriftlichem Antrag zu genehmigen.

Dies gilt für alle Hunde, die nach dem 01.01.2007 geprüft wurden. Die Wesensprüfung muss von einem vom TBD e. V. anerkannten Prüfer abgenommen werden.
3. Für alle vor dem 01.01.2007 geprüften Therapiebegleithunde bleibt die Wesensprüfung freiwillig.

§ 15: Inkrafttreten

Diese Verordnung tritt am 01.01.2006 in Kraft.

Alle erfolgreichen Absolventen der Steinfurter Therapiebegleithund-Methode, die bis zum 14.06.2003 ihre gesamte Ausbildung nach altem Modell angefangen haben, werden vom Berufsverband TBD e. V. voll anerkannt und gleichgesetzt.

Katrin Wolfmüller, 1. Vorsitzende
Ingrid Grimm, 2. Vorsitzende
Guido Huck, Schatzmeister

Blöcke der Ausbildung

Die Fortbildung wird in verschiedene Blöcke aufgeteilt (vgl. http//.www.mittt.de).

Die Inhalte der nachfolgenden Kapitel werden im M.I.T.T.T. unterschiedlichen Unterrichtseinheiten (Blöcken) zugeteilt, diese Blöcke bauen inhaltlich aufeinander auf. Die Blöcke können nach und nach in der Reihenfolge gebucht werden, so dass sich die Teilnehmer/innen zeitlich nicht von vornherein für alle Blöcke anmelden müssen, sondern je nach Bedarf mit Blick auf Hund und Halter/in passend die Zeitpunkte auswählen können. Lediglich die Blöcke III/1 und III/2 sind miteinander gekoppelt. Die Voraussetzungen bezogen den Menschen für die Fortbildung und auf das erforderliche Mindestalter des Hundes für die Teilnahme an den Praxisblöcken und zur Prüfung finden sich auf der Internetseite des M.I.T.T.T. (http//:www.mittt.de).

Zunächst finden zwei zweitägige Theorieblöcke ohne Hund statt:

1. Theorieblock I (2 Tage)
    – Anatomie und Physiologie des Hundes
    – Psychologie des Hundes
    – Tierschutz

- Rechtliche Bestimmungen
- Einführung des Hundes in die Arbeit
- Therapeutisch-pädagogische Einführung in den Therapiebegleithundeeinsatz
- Zielformulierungen des Therapiebegleithundeeinsatzes
- Fallbeispiele
- Selbsterfahrung

2. Theorieblock II (2 Tage)
   - Entwicklungsphasen des Hundes
   - Grundlagen der Hundeerziehung
   - Einführung Clickertraining
   - Verhaltensaufbau und Verhaltensabbau
   - Voraussetzungen für den Therapiebegleithundeeinsatz
   - Einsatzgebiete und Handlungsfelder
   - Hintergründe der Zusammenarbeit der Sinnessysteme (Sensorische Integration)
   - Förderziele im Kontext von Therapiebegleithundeeinsätzen
   - Fallbeispiele
   - Selbsterfahrung

Anschließend erfolgen zwei dreitägige Praxisseminare gemeinsam mit dem Hund:

3. Praxisblöcke (2x3 Tage)
   - Hundepsychologie (inkl. Betrachtung des eigenen Hundes)
   - Festlegung der Fortbildungsziele
   - Spezialtrainings im Gelände und in der Praxis
   - Erste Hilfe am Hund
   - Hospitation und Selbsterfahrung
   - Vorbereitung für die Therapie und Pädagogik
   - Durchführung der praktischen Arbeit mit Videodokumentation
   - Supervision
   - Zielformulierungen für das Training zu Hause

Die Blöcke werden in unterschiedlichen zeitlichen Abständen regelmäßig angeboten, so dass für jedes Pädagogik-/Therapiebegleithundeteam eine je nach Alter, Vorerfahrung und Kompetenzen der Beteiligten eine wählbare Folge der Blöcke gegeben ist. So bleibt je nach Bedarf ausreichend Zeit, um die praktischen Übungen zu wiederholen, diese zwischen den Praxisblöcken in angemessener Weise zu üben und zu vertiefen.

Abschließend findet der Prüfungsblock statt, der in zwei Einheiten aufgeteilt wird. Der erste Teil bezieht sich auf eine Wiederholung der erforderlichen praktischen Übungen und dient der Vorbereitung auf die praktischen Prüfungen. Demnach haben die Hunde auch die Möglichkeit, sich zu akklimatisieren. Darüber hinaus dient der zweite Teil der Durchführungen der unterschiedlichen Prüfungsformen.

4. Prüfungsblock (2,5–3 Tage)
   – Schriftliche Prüfung (Klausur)
   – Praktische Prüfung
   – Referat und Video zur eigenen Arbeit mit dem Hund im Team
   – Vertiefung der Ausbildungsziele
   – Selbstreflexion und Abschlussgespräch

2.4 Der Hund als Teil des pädagogischen bzw. therapeutischen Teams

Das nachfolgende Kapitel zeigt zunächst einige wesentliche Wissensgrundlagen auf, die sich auf den Hund beziehen. Als Teil des pädagogischen bzw. therapeutischen Teams stellen diese Lehr-/Lerninhalte eine wichtige Voraussetzung für den art- und tierschutzgerechten und würdevollen Umgang des Menschen mit dem Hund in der Zusammenarbeit dar. Zuerst werden anatomische und physiologische Grundlagen vorgestellt. Danach gilt es, zentrale Verhaltensweisen von Hunden und deren Merkmale aufzuzeigen. Diese genannten Grundlagen werden anschließend hinsichtlich der Bedeutung für den praktischen Einsatz des Hundes in pädagogischen bzw. therapeutischen Handlungsfeldern zusammengefasst. Das nachfolgende Themenfeld beschäftigt sich mit den Entwicklungsphasen des Hundes. Die Entwicklung ist ein rasseabhängiges und individuelles Geschehen. Jedoch sollen wesentliche Merkmale der körperlichen, geistigen bzw. seelischen Entwicklung zusammenfassend dargelegt und auf deren Bedeutung für die Sozialisation und Ausbildung des Hundes bezogen werden. Abschließend erfolgt eine Auswahl von einigen wesentlichen Grundlagen der Erziehung des Hundes und der Verantwortlichkeit von Halter bzw. Halterin, die für die Fortbildung zum Pädagogik-/Therapiebegleithundeteam ebenso bedeutsam sind, wie anatomische, physiologische und verhaltensbiologische sowie psychologische Kenntnisse. Im Rahmen der Fortbildung werden diese Erkenntnisse immer auch in die Selbsterfahrung und -reflexion der Teilnehmer/innen eingebunden.

2.4.1 Anatomie, Physiologie und Verhalten des Hundes und die Bedeutung für den Pädagogik-/Therapiebegleithundeeinsatz

Anatomische und physiologische Kenntnisse des Hundes sind, wie oben bereits beschrieben, eine erste wichtige Voraussetzung für die Zusammenarbeit mit dem Hund. Diese Grundlagen sind für den Einsatz eines Hundes in pädagogischen und therapeutischen Settings bedeutsam, denn die Notwendigkeiten, die daraus resultieren, sollten in der praktischen Arbeit immer zum Schutze des Hundes, der Klientel und der Therapeuten/innen bzw. Pädagogen/innen berücksichtigt werden.

Die Sinnesleistungen von Ohr bzw. Gehör, der Augen und der Nase gilt es zu kennen. Auch grundlegendes Wissen um die Körpersprache des Hundes und die Bedeutung und Interpretation der Mimik des Hundes ermöglichen eine gute Einschätzung im Zusammenleben und Zusammenarbeiten von Mensch und Hund. Diese Kenntnisse werden im nachfolgenden Kapitel dargelegt, wobei es sich empfiehlt, weiterführende Literatur zu nutzen, die ebenfalls angegeben wird.

Zentrale Kenntnisse über das Verhalten eines Hundes sind ebenfalls erforderlich, um eine Fortbildung gemeinsam mit dem Hund als Team für pädagogische und therapeutische Prozessgestaltungen zu bewältigen (Feddersen-Petersen 2013).

Ohren und Gehör

Hunde können unter bestimmten Umständen bis mehrere Kilometer entfernte Geräusche hören. Auch kann der Hund hohe Frequenzen hören und Schwingungen wahrnehmen, die für das menschliche Ohr nicht wahrnehmbar sind, wie z. B. die Laute von Fledermäusen und Tümmlern. Hunde hören beispielsweise auch kleine Nagetiere im Tiefschnee. Selbst im Schlaf stellen Hunde ihre Ohren auf, um Geräusche besser wahrnehmen zu können. Die Trichterform der Ohren begünstigt das Hörvermögen.

Dies bedeutet für die Pädagogik/Therapie:

Schrille, hohe und laute Töne belasten den Hund. Er kann viele Geräusche und Frequenzen wahrnehmen, die der Mensch nicht hören kann. Daher kann ein Hund unruhig werden oder sich sogar erschrecken, ohne dass der Mensch den Grund genau einschätzen kann. Dies bedeutet für den Hund, dass er zunächst lernen muss, Geräusche in seinem späteren Handlungsfeld, eben »Störgeräusche«, möglichst zu ignorieren. Dies natürlich nicht im Übermaß, aber der Hund sollte frühzeitig an die Geräuschkulisse des jeweiligen späteren Handlungsfeldes herangeführt und gewöhnt werden. Der/die Halter/in ist angehalten, den Hund daran zu gewöhnen, seine Stresssymptome zu erkennen und richtig einschätzen zu können (Feddersen-Petersen 2013, S. 342ff). Der Hund darf nicht mit Geräuschen überfordert werden, sondern sollte sich in dem Umfeld wohl fühlen. Für den Einsatz in der Praxis sollte der Hund somit nach und nach lernen, den entsprechenden Lärm bzw. die Geräusche im jeweiligen Einsatzfeld für eine gewisse Zeit auszuhalten (z. B. Lärm durch Kinder, Geräusche von Beatmungsgeräten). Wichtig ist es dabei, dass der Mensch dem Hund immer auch Rückzugsmöglichkeiten bietet (z. B. einen anderen Raum oder eine Box), damit er sich bei hoher Belastung zurückziehen kann und seine Belastung mit einem Rückzugswunsch auch anzeigt. Der Tierschutz hat immer oberste Priorität (Feddersen-Petersen 2013, S. 414ff).

Die Interaktion mit dem Hund erfolgt nicht nur durch die Körpersignale des Menschen, sondern auch mit akustischen Kommandos. Ein Hund hört sehr feine Variationen der Stimmlage und auch leise Stimmen, so dass das gute Gehör in Verbindung mit den optischen Signalen optimal für die Zusammenarbeit genutzt werden kann.

Augen und Sehsinn

Das Sehvermögen eines Hundes ist im Vergleich zum Menschen in einigen Bereichen schlechter, in anderen wiederum besser ausgeprägt. Ein Hund kann z. B. die Mitglieder des eigenen Rudels lediglich bis zu einer Entfernung von ca. 30 bis 50 Metern identifizieren. Deswegen sind ausdrucksstarke Gesichtsmerkmale des Gegenübers und das Gehör für den Hund auf die Distanz besonders wichtig. Die Sehschärfe des Hundes ist somit anders und etwas begrenzter als beim Menschen, allerdings kann der Hund deutlich besser Bewegungen wahrnehmen, dies auch auf größere Entfernungen. Sich bewegende Personen oder Tiere kann der Hund in großer Distanz noch gut sehen, wenn er sie auch unscharf wahrnimmt. Auch in der Dämmerung bzw. Dunkelheit sieht ein Hund noch deutlich besser als es das menschliche Auge vermag. Er sieht im Dunkeln nicht nur schärfer, sondern auch deutlich weiter als der Mensch.

Dies bedeutet für die Pädagogik/Therapie:

Der Hund verfügt über differenzierte Kommunikationsmöglichkeiten und optische Ausdrucksformen (Feddersen-Petersen 2013, S. 108ff) und reagiert somit auf körpersprachliche Signale des Menschen sehr gut. Er nimmt kleinste Bewegungen und Veränderungen der Körperhaltung, Mimik und Gestik sehr genau wahr. Es kann außerdem in einem abgedunkelten Raum gearbeitet werden. Der Hund findet sich dort besser zu Recht als der Mensch und er kann auch eine Person in der Dunkelheit gut führen.

Nase und Geruchssinn

Der Geruchssinn eines Hundes ist außergewöhnlich gut und differenziert im Vergleich zu dem des Menschen oder zu vielen anderen Tierarten. Die biologischen Funktionen seines Geruchssinns beziehen sich u. a. auf Nahrung, Fortpflanzung, Sozialverhalten, Reviergrenzen etc. (Feddersen-Petersen 2013, S. 178).

> »Hunde erkennen am Geruch einer Harnmarkierung, einer Fährte oder am Individualgeruch von Mensch und Tier etliche Details über das Geschlecht, das Alter, den Gesundheitszustand, die Emotionen, die Ernährung und über hormonell gesteuerte, körperliche Zustände ihres Gegenübers. Ein Hund erriecht, wer sich wann und wo aufgehalten hat, welchen Aktivitäten er dort nachging und in welche Richtung er verschwand« (a. a. O.).

Eine gut funktionierende Nase war auch mit Blick auf die evolutionäre Entwicklung des Hundes wichtig. »Für bestimmte Stoffe ist die hundliche Riechleistung ca. 100-millionfach hoher als beim Menschen!« (a. a. O., S. 179). Er kann Beutetiere sehr weit entfernt riechen und Spuren noch nach mehreren Tagen wahrnehmen. Diese Fähigkeiten sind bekannt, insbesondere mit Blick auf den Einsatz von Leichen-, Drogen- und Sprengstoff- und Minenspürhunden, die durch ein entsprechendes Training besonders bei der Suche z. B. nach Menschen oder Drogen eingesetzt werden können (a. a. O.). Aber der Geruchssinn dient nicht nur der Beutesuche und Jagd, auch zur gegenseitigen Erkennung spielt er eine wichtige Rolle. Der individuelle Geruch von Artgenossen, anderen Tieren und Menschen wird wahrgenommen, kann gespeichert und entsprechend zugeordnet werden. Hunde erkennen sich gegenseitig vor allem am Geruch. Außerdem markieren Hunde mit individuellen Duftmarken (durch das Absetzen von Urin, Kot) ihren Aktionsraum bzw. ihr Territorium.

2.4 Der Hund als Teil des pädagogischen bzw. therapeutischen Teams

Dies bedeutet für die Pädagogik/Therapie:

Der Hund hat einen ausgeprägten Geruchssinn und nimmt Signale über den Geruchssinn wahr, die ein Mensch nicht wahrnehmen kann. Daher ist es möglich, dass z. B. ein/e Patient/in krank wird und der Hund dies wahrnimmt. Hunde »(...) riechen aufkeimenden Krebs, bevorstehende epileptische Anfälle, erkennen kritische Werte bei Diabetes mellitus, kommunizieren ihre Einschätzung und handeln zuverlässig nach antrainierten Vorgaben« (Jung, Pörtl 2016, S. 226). Daher können Hunde u. a. auch als Signalhunde, Assistenzhunde oder als Helfer in der medizinischen Diagnostik ausgebildet werden.

Wenn der Hund in einem pädagogischen bzw. therapeutischen Setting einmal anders reagiert als gewohnt, dann kann seine Wahrnehmung von oben genannten Veränderungen eine Rolle für sein ungewöhnliches Verhalten spielen. Auch Emotionen und hormonelle Veränderungen sowie Unsicherheit, Aufregung, Angst und den aktuellen Gemütszustand eines Menschen aufgrund minimaler Änderungen des Geruchs kann der Hund mithilfe seines guten Geruchssinns wahrnehmen.

Körpersprache

Wie der Mensch ist auch der Hund in der Lage, seine Gefühle bzw. sein Erleben im Verhalten bzw. mit der Körpersprache zum Ausdruck zu bringen. Hunde verfügen über eine differenzierte Gesichtsmimik und Körpergestik (Feddersen-Petersen 2013). Die Gesichtsmimik ist bei den Hunden besonders ausgeprägt und spielt eine große Rolle bei der Verständigung untereinander. Zum Ausdruck kommen z. B. Imponieren, Misstrauen, Drohgebärden, Angst oder Unterwürfigkeit. Dabei ist die Ausrichtung der Rute ebenfalls von Bedeutung, denn sie zeigt die Gefühlslage des Hundes an.

Eine aufgestellte Rute weist auf Anspannung und Imponiergehabe hin, eine gerade nach hinten gerichtete Rute zeigt dagegen Angriffslust. Hängt die Rute herunter bzw. ist leicht zwischen den Hinterbeinen angelegt, zeigt der Hund demütiges Verhalten an und wird die Rute zwischen den Hinterbeinen unter den Bauch eingezogen, hat der Hund Angst. Diese Verhaltensweisen sind in Kombination mit der Mimik eines Hundes in seinem Gesicht sehr gut zu deuten (Feddersen-Petersen 2013). Allerdings lassen zahlreiche Hunderassen häufig eine Erkennung der Körpersprache und Mimik kaum noch zu. Durch die Züchtungen der verschiedenen Rassen sind z. B. die Rute geringelt und dann meist hochstehend, und/oder das Fell ist sehr lang, so dass die Körpersignale (Haltung der Rute, Aufstellen des Fells, Lage der Ohren) kaum oder nicht mehr erkennbar sind. Ein

Hund der Rasse Haveneser verfügt z. B. über eine aufrechte und geringelte Rute. Hängt diese schlaff herunter, ist das ein sicheres Zeichen von Müdigkeit oder Ängstlichkeit.

Auch die Mimik kann z. B. aufgrund des langen Fells, langer Lefzen oder der zahlreichen Falten auf Stirn und Gesicht nicht mehr gut »lesbar« sein. Umso wichtiger ist es, den eigenen Hund sehr gut zu beobachten und alle Details seines Ausdrucks wahrnehmen und richtig deuten zu können.

Mimik

Für die Verständigung der Artgenossen untereinander verfügt der Hund über eine differenzierte Mimik, die sich in verschiedenen Gesichtsausdrucken zeigt. Körpersprache und Mimik sind individuell verschieden und auch die verschiedenen Rassen zeigen unterschiedliche Ausprägungen. Körperhaltung und Mimik spielen darüber hinaus immer zusammen und eine richtige Deutung gelingt, wenn der gesamte Hund in seinem Ausdruck gesehen wird. Dies bedarf im Detail einiger Übung, ist aber eine absolut wichtige Voraussetzung für die richtige Einschätzung des Hundeverhaltens. Grundsätzlich sind aber einige Merkmale in der Mimik bei guter Beobachtung sehr gut zu erkennen.

Abb. 1: Ein entspannter, aber aufmerksamer und erwartungsvoller Ausdruck (Quelle: eigene Bilder)

Ein offenes Maul, eine heraushängende Zunge und eine entspannte Körpergestik sprechen für einen freundlichen Ausdruck. Abbildung 1 zeigt einen Hund mit freundlichem Ausdruck. Hinzu kommt, dass hier ein Ball zum Spielen »bewacht« wird und die Aufmerksamkeit mit dem Blick schon auf sein Gegenüber gerichtet ist. Dabei sind die Ohrmuscheln (bei langfelligen Rassen manchmal schwer zu erkennen) nach hinten gezogen bzw. angelegt, was auf eine Erwartungshaltung (sein Gegenüber will ihm den Ball stehlen und dann ein Spiel einleiten) hindeutet.

Beispielsweise ist ein Drohverhalten sehr gut am Ausdruck der Mimik zu erkennen. Ebenso zeigt ein bedrohter bzw. verängstigter Hund einen speziellen Gesichtsausdruck. Dabei spielen die Haltung der Ohren, die Falten im Gesicht, die Haltung der Lefzen und das Blecken der Zähne sowie der Ausdruck der Augen bzw. der Blickkontakt eine wichtige Rolle (Feddersen-Petersen 2013, S. 108ff).

Tab. 1: Einige Merkmale der Mimik und Körpersprache

Der freundliche, freudige Ausdruck	Der drohende Ausdruck	Der verängstigte Ausdruck
• offenes Maul • heraushängende Zunge • nach vorne gerichtete Ohren • entspannte Körperhaltung • Rute ist entspannt oder • der Hund wedelt mit der Rute	• Nase gerümpft • offenes Maul • Zunge hängt nicht heraus • Zähne sind gebleckt • Ohren aufgerichtet • fauchen oder knurren ertönt • Rute ist aufgestellt • Hund bläht sich auf • Haare sträuben sich • versteift seine Schultern	• Maul geschlossen oder • defensives Grinsen • Ohren angelegt • Heulen kann ertönen • geduckte Körperhaltung oder • kauert auf dem Boden • Rute ist eingezogen

Mimik und Körpersprache eines Hundes sind für ein gut funktionierendes Sozialverhalten zwischen Artgenossen überlebensnotwendig, sie dienen aber auch einer guten Verständigung zwischen den Sozialpartnern Hund und Mensch. Die Mimik ist allerdings differenziert, manchmal schwer zu deuten und drückt auch mal eine Mischung zwischen Angst und Angriff aus.

Der Hund zeigt einen Angriff an, wenn die vorderen Zähne gebleckt bzw. die Lefzen nach oben und unten gezogen und somit die vorderen Zähne für sein Gegenüber sichtbar werden. Zieht er allerdings die Mundwinkel stärker nach hinten, sodass man auch die hinteren Zähne sieht, deutet dies eher auf zunehmende Ängstlichkeit hin. Wird dann das Maul aufgerissen, ist das ein Zeichen für höchste Angriffs- bzw. Selbstverteidigungsbereitschaft.

Grundsätzlich ist es von ausgesprochener Wichtigkeit, dass nicht einzelne Körpersignale aussagekräftig sind, sondern Verhalten und Ausdruck des Hundes im jeweiligen Gesamtkontext beobachtet und gedeutet werden müssen. Feddersen-Petersen (2013) schreibt dazu:

> »Wichtig für das richtige Verstehen der Aufforderung, der Stimmung der Antwort des Hundes ist, dass der Gesamtausdruck aller Zeichen betrachtet wird, da einzelne Signale unterschiedliche Sinngebungen haben können, je nachdem, mit welchen weiteren Elementen des Ausdrucks sie gemeinsam gezeigt werden« (S. 81).

Beschwichtigungssignale und Übersprungshandlungen

Beschwichtigungssignale sind zielgerichtet, sie wollen das Gegenüber milde stimmen und beschwichtigen, die stressauslösende Situation für den sendenden Hund entschärfen. Seit man Wölfe beobachtet und erforscht, ist bekannt, dass Wölfe u.a. Meister im Konfliktlösen sind:

> »Wölfe haben ein hoch entwickeltes Sozialverhalten und sie verfügen über ein differenziertes Kommunikationsvermögen, denn ein Rudelleben erfordert präzise wirkende Mittel zur Regelung der Beziehungen zwischen den Individuen« (Feddersen-Petersen 2013, S. 296).

Wölfe verfügen über ein umfangreiches Repertoire an Signalen, um Konflikte zu entschärfen. Dieses Repertoire ist bei vielen Haushunden nicht mehr in dem umfangreichen Maße vorhanden, da Domestikationsprozesse wirken und sie kaum mehr langfristig im Rudel aufwachsen und zusammenleben. Haushunde wachsen in der Regel in einer sozialen Gruppe mit Menschen oder mit Artgenossen, anderen Tierarten und Menschen auf (a.a.O.). Die norwegische Expertin und Hundetrainerin Turid Rugaas hat Ende der 1980er Jahre Hunde ausführlich beobachtet und bei Hunden auch regelmäßig konfliktlösende Signale festgestellt. Diese Signale sind sowohl genetisch fixiert als auch im Umgang mit Artgenossen erlernbar. Die richtigen Reaktionen auf Beschwichtigungssignale von Artgenossen werden während der Entwicklung des Hundes erlernt (Rugaas 2001). Allerdings werden diese Signale von Menschen im Umgang mit Haushunden oftmals falsch interpretiert und gelegentlich kommt es bei einigen Menschen schon zu einem Beschwichtigungswahn. Nicht jeder gähnende Hund will unbedingt beschwichtigen, sondern kann auch einfach nur müde sein. Folgende Beschwichtigungssignale können häufiger beobachtet werden (Rugaas 2001):

- Schlecken der Nase bzw. »Züngeln«:
  Diese Form der Beschwichtigung ist häufig zu beobachten, wird aber oft übersehen, weil das »Züngeln« oft sehr schnell von statten geht. Der Hund leckt sich dabei nicht unbedingt die ganze Nase, sondern streckt nur kurz seine Zunge ein wenig raus. Oftmals in schneller Abfolge und mehrmals hintereinander.
- Blinzeln mit den Augen:
  Dabei wird länger geblinzelt oder die Augen werden ein wenig zusammengekniffen. Auch werden die Augen hin und her bewegt, wenn ein Hund eine Situation unangenehm findet. Dieses Beschwichtigungssignal ist für Menschen relativ schlecht zu deuten, es ist daher wichtig, den Kontext wahrzunehmen und die unangenehmen Aspekte für den Hund zu erkennen. Das Blinzeln kann auch beim Betteln eingesetzt werden.
- Den Kopf zur Seite drehen:
  Dieses Signal kommt besonders Menschen gegenüber sehr häufig vor. Es wird meist als Ignoranz missverstanden, da der Hund sich damit abwendet.
- Gähnen:
  Viele Hunde versuchen Aufregung oder Stress durch Gähnen zu reduzieren. Der Hund setzt es in Stresssituationen ein, um sich und sein Gegenüber zu beruhigen.
- Abwenden, sich mit dem Rücken zum Hund oder Menschen stellen:
  Auch dieses Signal ist relativ schlecht zu deuten und wird oft als Ignoranz missverstanden.
- Verlangsamung von Bewegungen:
  Zeitlupenartig verlangsamte Bewegungen können ebenfalls eine Form von Beschwichtigung darstellen und treten oft beim Rückruf des Hundes oder bei einem Aufeinandertreffen zweier fremder Hunde auf.
- Sich zögerlich hinsetzen oder hinlegen:
  Der Hund reagiert z. B. zögerlich bzw. äußerst bedacht auf Kommandos. Er legt sich sehr zögerlich hin und zeigt damit seine Unsicherheit.
- Am Boden schnüffeln:
  Dieses wird oft gegenüber fremden Hunden kurz vor dem Kennenlernen gezeigt. Es kann aber auch in Situationen mit Menschen gezeigt werden, z. B. nach einem Rückruf.
- Vorderkörper-Tiefstellung:
  Die Vorderkörper-Tiefstellung sieht aus wie ein Ausstrecken der Vorderläufe nach dem Schlaf. Dieses Verhalten wird allerdings auch häufig als Spielaufforderung genutzt.

2 Einführung in die Fortbildung zum Pädagogik-/Therapiebegleithundeteam

Abb. 2: Vorderkörper-Tiefstellung als Spielaufforderung (Quelle: eigene Bilder)

- Die Pfote heben, »Pföteln«:
  Dieses Signal ist Menschen gegenüber eine stärkere Form der Beschwichtigung, wenn nicht schon ein deutliches Zeichen von aktiver Demut. Das Anheben und Senken der Pfote kann aber auch ein Betteln gegenüber dem Menschen zum Ausdruck bringen oder eine Spielaufforderung darstellen (Feddersen-Petersen, 2013 S. 119).
- Einen Bogen laufen:
  Fremde Hunde laufen in der Regel nicht direkt aufeinander zu, sondern jeweils in einem Halbbogen aufeinander zu bzw. umeinander herum.
- Splitten:
  Bei einer Begegnung von z. B. drei Hunden schiebt sich ein dritter Hund zwischen zwei andere Hunde, um einen drohenden Konflikt zu schlichten. Dieses Splitten wird oft als Eifersucht oder Dominanz missverstanden.
- Markieren:
  Das Urinieren kann sowohl ein Zeichen von Beschwichtigung, Dominanz als auch starker Unterwürfigkeit sein und ist besonders oft bei jungen Hunden zu beobachten.
- Ohren anlegen:
  Das Anlegen der Ohren ist eine bedeutende Beschwichtigungsgeste, die von Menschen meist intuitiv richtig gedeutet wird. Das Anlegen der Ohren kann allerdings auch als ein Zeichen bei der freudigen Begrüßung oder bei einer Erwartungshaltung gezeigt werden.

2.4 Der Hund als Teil des pädagogischen bzw. therapeutischen Teams

Grundsätzlich ist es wichtig, mögliche Signale für die Beschwichtigung zu erkennen und diese nicht durch Belohnung zu verstärken. Zeigt ein Hund z. B. durch Unsicherheit bestimmte Beschwichtigungssignale und der Mensch entlastet ihn zunächst durch Lob bzw. Leckerli, wird die Wahrscheinlichkeit größer, dass der Hund das gezeigte Verhalten wiederholt. Es ist daher sinnvoll, die Signale eines Hundes zwar zu erkennen, diese aber nicht durch positive Verstärkung beheben zu wollen. Werden Beschwichtigungssignale erkannt, sollte der/die Halter/in dem Hund Sicherheit vermitteln, die Situation entschärfen, die für den Hund stresserzeugend wirkt und durch diese Verständigung die gemeinsame Bindung stärken. Das gegenseitige Verstehen kann dadurch deutlich verbessert werden.

Übersprungshandlungen sind nicht zu verwechseln mit Beschwichtigungssignalen. Der Begriff »Übersprungshandlungen« stammt aus der Verhaltensbiologie und beschreibt meist eine für den Menschen zunächst »sinnlos« erscheinende Reaktion. Diese sind im Ausdruck den oben beschriebenen Beschwichtigungssignalen ähnlich oder sogar identisch, aber sie sind nicht zielgerichtet auf ein Gegenüber, sondern dienen dem eigenen Stressabbau bzw. der Entschärfung innerer Konflikte und haben somit einen anderen Sinn. Das Erkennen von Übersprungshandlungen ist für den/die Halter/in ebenso wichtig wie die Wahrnehmung von Beschwichtigungssignalen, um den Hund zu verstehen und die stressauslösende Situation zu entschärfen (allerdings auch hier nicht durch positive Verstärkung des Verhaltens, sondern durch Veränderung der situativen Rahmenbedingungen). Ob ein Hund innere Konflikte durch scheinbar zusammenhanglose Signale zu lösen versucht oder ob er auf sein Gegenüber beschwichtigend einwirkt, ist nicht immer leicht zu erkennen und zu verstehen. Die Deutung der Signale erschließt sich aus dem Gesamtkontext und ist letztlich die Interpretation des Menschen. Eine genaue und häufige Beobachtung des Hundes und der Gegebenheiten ist daher bedeutsam. Ob bestimmte Reaktionen tatsächlich aus dem Verhalten des Hundes lediglich vom Menschen im Sinne der behaviouristischen Biologie interpretierte Übersprungshandlungen sind, ist unklar.

Gähnen kann z. B. ein Beschwichtigungssignal sein, aber auch bei großer freudiger Erregung geschehen, die für den Hund ebenfalls Stress erzeugt. Es gibt auch Hunde, die z. B. eine Autofahrt zu einem für sie bekannten Ort in Verbindung mit einem schönen Spaziergang richtig deuten (weil sie den Weg dorthin kennen) und so aufgeregt sind, dass sie mehrfach gähnen und dabei auch ihre Stimme in Form eines »jaulenden Gesangs« einsetzen, um die Aufregung zu mildern und Stress abzubauen. In dem Falle sollte niemand schneller mit dem Auto fahren als erlaubt, um den Stress für den Hund zu reduzieren. In der Situation ist der Stress für den Hund kaum zu mildern, aber da er auf freudiger Erregung basiert, auch nicht so dramatisch und wird vermutlich sofort aufhören, wenn der Spaziergang beginnen kann. Aber auch das basiert lediglich auf der Interpretation des Menschen und wir wissen eben nicht gesichert, was tatsächlich in dem Hund vorgeht. Möglicherweise werden die beschriebenen Situationen vom Hund anders wahrgenommen und das Verhalten ist lediglich Ausdruck einer riesengroßen Freude.

2.4.2 Entwicklungsphasen des Hundes

Die Entwicklungsphasen des Hundes werden in eine neonatale und eine Übergangsphase eingeteilt, danach folgen die Sozialisierungsphase und die so genannte juvenile Phase bzw. Pubertät. Nachfolgende Einteilung erfolgt auf der Basis von Forschungsergebnissen und sie gilt in der beschriebenen Trennschärfe nicht für alle Haushunde gleichermaßen, sondern kann sich je nach Rasse und Individuum in Dauer und Ausprägung der körperlichen Entwicklung und des Verhaltens teilweise deutlich voneinander unterscheiden (Feddersen-Petersen 2013, S. 243).

Die neonatale Phase

Die ersten zwei Wochen im Leben eines Hundes werden als neonatale Phase bezeichnet. Das Verhalten des Welpen ist in dieser Phase vorwiegend auf die Nahrungsaufnahme fokussiert. Wärme, Schutz und Gerüche der Mutterhündin und der Geschwister werden wahrgenommen. Welpen sind vorwiegend mit Saugen von Milch, ihrer Verdauung, Ausscheidungen und Schlafen beschäftigt. Die Mutterhündin muss bei der Verdauung behilflich sein, indem sie massierend die Bäuche ihrer Nachkommen, die Seiten und den Rücken leckt. In dieser Zeit sind sie noch taub und die Augen sind verschlossen. Der Geruchssinn scheint bereits nach der Geburt zu funktionieren. Motorische Fähigkeiten sind jedoch kaum ausgeprägt, lediglich durch pendelnde Bewegungen des Kopfes suchen die Welpen das Gesäuge der Mutterhündin. Die Nase wird in das Fell der Mutterhündin gebohrt und nach oben bewegt, um eine Zitze freizulegen (Feddersen-Petersen 2013, S. 236ff).

Welpen bewegen sich in dieser Phase nicht geradeaus, sondern zeigen ein kreisförmiges Kriechen, so dass sie immer wieder zum Ausgangspunkt zurück gelangen. Auf diese Weise wird verhindert, dass sich ein Welpe zu weit von der Mutterhündin entfernt. Ein typisch quäkender Hilfeschrei ertönt, wenn der Welpe sich doch etwas zu weit entfernt und der wärmende Körperkontakt zu den Wurfgeschwistern oder der Mutterhündin fehlt. Auf diesen Schrei reagiert die Mutterhündin mit der Suche und trägt ihn zurück ins »Nest« bzw. in die Wurfkiste.

Die Übergangsphase

Mit der dritten Lebenswoche beginnt eine deutliche Wandlung für die Welpen, denn sie setzen sich nun aktiv mit ihrer Umwelt auseinander. Die Augen und Gehörgänge öffnen sich in dieser Zeit.

> »Die Welpen beschäftigen sich nun zunehmend miteinander, mit der Mutterhündin und mit der unbelebten Umwelt, indem sie ihr Interesse an der Wurfkiste oder auch an anderen Gegenständen in dieser bekunden. Außerdem ›erwacht‹ jetzt auch ihre Aufmerksamkeit für den Menschen zunehmend« (Feddersen-Petersen 2013, S. 237).

Zum Ende der dritten Lebenswoche sind Welpen dann in der Lage, sichtbare und hörbare Reize gut zu verarbeiten, Objekte wahrzunehmen und mit den Augen zu fixieren (a. a. O.). Die motorischen Fähigkeiten des Welpen steigern sich zusehends und er ist jetzt in der Lage, sich selbstständig zu lösen, d.h. Kot und Urin abzusondern, ohne dass die Mutterhündin den Bauch massieren muss. Außerdem zeigen Welpen erstes Fluchtverhalten. Auch die Schlafphasen verkürzen sich in dieser Übergangsphase deutlich.

Die Sozialisierungsphase

Mit Beginn der vierten Lebenswoche wird ein Welpe zusehends aktiver. Die Neugier wächst, die Welpen beginnen, miteinander zu spielen und sie reagieren auf jegliche Umweltreize. Die Sozialisierungsphase dauert etwa bis zur zwölften bzw. auch mal bis zur vierzehnten Lebenswoche an. Ein Welpe beginnt jetzt, Bindungen zu Artgenossen und Menschen aufzunehmen und lernt aus seinen Erfahrungen. Der Kontakt zu Artgenossen und anderen Wesen ist wichtig für eine weitgehend normale Sozialisation. Andere Lebewesen, die der Welpe während der Sozialisierungsphase kennen lernt, wird er mit hoher Sensibilität wahrnehmen. Somit ist diese Phase für die Entwicklung von Bindungen mit positiven Erfahrungen und ein Kennenlernen verschiedener Lebewesen und Situationen enorm wichtig, denn durch Angst und Furcht können auch Fehlentwicklungen entstehen.

Dem Hund noch nicht vertraute Lebewesen werden wahrscheinlich zunächst einmal Unsicherheit und Angst auslösen. Er sollte in dieser Phase möglichst viele andere Hunde und Tiere sowie unterschiedliche Menschen kennen lernen, Männer und Frauen, Kinder und alte Menschen, Menschen mit Behinderungen (z. B. mit Gehhilfen oder im Rollstuhl), Radfahrer/innen und Jogger/innen. Natürlich sollte ein so junger Hund nicht mit neuen Lebewesen und deren Kennenlernen überschüttet werden, aber eine gute Dosierung ist in dieser Phase sehr hilfreich, denn umso weniger Stress hat der Hund später im Umgang mit anderen Artgenossen, Tieren und Menschen.

Zeigt ein älterer Hund später z. B. gegenüber einer bestimmten Personengruppe Ängstlichkeit bzw. Angstreaktionen, so wird fälschlicherweise oft vermutet, dass er einmal schlechte Erfahrungen mit diesem Typus Mensch gemacht haben muss. Tatsächlich kann jedoch eher davon ausgegangen werden, dass der Hund während der Sozialisierungsphase diesen bestimmen Typ Mensch nicht kennen lernen konnte und somit vorsichtig reagiert.

Um ein artgerechtes Sozialverhalten zu entwickeln, benötigt der Welpe entsprechenden Umgang mit Artgenossen: Kommunikation und Interaktion wie z. B. Drohgebärden und die Körpersprache der Demut und Unterwerfung, sind dem Welpen angeboren. Die Fähigkeit jedoch, diese bei anderen Hunden zu erkennen und richtig darauf zu antworten, muss ein Welpe erst lernen. Aus diesem Grund ist es von größter Wichtigkeit, dem Welpen regelmäßig Kontakt mit anderen Welpen sowie sozial kompetenten, erwachsenen Hunden zu ermöglichen. Hat ein Welpe während der Sozialisierungsphase nicht die Gelegenheit, die Kommunikation und Interaktion mit anderen Hunden regelmäßig und ausgiebig zu üben, wird er sich später nicht adäquat verhalten können. Der Besuch einer Hundeschule, in der Gruppen mit Welpen zusammenkommen und später in einer Gruppe mit jungen Hunden lernen, ist daher für eine gelingende Sozialisation dringend angezeigt.

Auch die Gewöhnung an materielle Umweltreize (z. B. verschiedene Materialien auf Wegen wie Rindenmulch, Steine, Gitter, Sand), Geräusche (z. B. Staubsauger, Autos, Motorräder) und verschiedene Situationen (z. B. Autofahrten, Stadtgang, Bahnhof, Busfahrt, Spielen mit Kindern) ist nach Beendigung der Sozialisierungsphase nur noch begrenzt möglich bzw. dauert dann einfach sehr viel länger. Aufgrund dessen ist es notwendig, den Welpen mit möglichst vielen Situationen vertraut zu machen, am besten gemeinsam mit anderen Artgenossen in einer Gruppe. Wird ein Wurf Hundewelpen beispielsweise auf einem verlassenen Hof großgezogen und haben diese Welpen niemals die Möglichkeit durch ein Einkaufszentrum zu laufen, einen Bahnhof zu erleben oder Stadtverkehr o. Ä. kennenzulernen, so werden diese Welpen später in einem städtischen Umfeld zahlreiche Probleme haben und auf viele Situationen ängstlich reagieren. Diese dann unbekannten Umweltreize werden später bei diesen Hunden immer wieder Stress auslösen und es ist ein langwieriger Prozess, sie daran zu gewöhnen.

Die Abgabe eines Welpen sollte daher nicht vor der achten Lebenswoche, besser in der zehnten bis zwölften Lebenswoche geschehen, damit der kleine Hund noch einige Zeit der Sozialisierungsphase mit der Mutterhündin, den Wurfgeschwistern und ggf. noch anderen Artgenossen, die bei dem/der Züchter/in oder in seinem Zuhause leben, verbringen kann. Dies setzt natürlich eine gute Aufzucht und Haltung voraus (Feddersen-Petersen 2013, S. 243).

Ein/e gute/r Züchter/in sollte die Welpen auch in dieser Phase optimal auf ihr späteres Leben vorbereiten. Möglichst viele Umweltreize (z. B. Staubsauger, Autofahrten) und Kontakte zu unterschiedlichen Menschen und anderen Lebewesen sollten bereits in der Phase kennen gelernt werden. Übernimmt der/die Halter/in den Welpen und nimmt ihn mit in seine neue Umgebung, bleiben nur noch wenige Wochen, um die Sozialisierung des Welpen angemessen und sinnvoll weiterzuführen. Zwischen der zwölften und der vierzehnten Lebenswoche endet die Sozialisierungsphase und danach werden die notwendigen Prägungen sehr viel schwieriger oder gar nicht mehr machbar, ohne dauerhaft ängstliche bzw. unsichere Reaktionen des Hundes hervorzurufen.

Eine behutsame, aber vor allem konsequente Erziehung des Hundes sollte gleich am Tag des Einzugs in die neue Umgebung einsetzen. Die erste Übung dürfte wohl das Kommando »Komm« oder »Hier« sein, da man sich den Nachfolgetrieb in dieser Zeit zunutze machen kann. Auch die Kommandos »Sitz« und »Platz« kann der kleine Welpe bereits erlernen, sofern ausschließlich mit positiver Bestärkung gearbeitet wird. Das Einüben des Alleinbleibens kann nicht früh genug begonnen werden. Ein Hund ist ein Rudeltier und das Alleinsein ist für jeden Hund, ob jung oder alt, ungünstig. Dennoch gibt es immer auch Situationen, in denen ein Hund für eine begrenzte Zeit allein bleiben muss. Selbstverständlich wird das Alleinsein erst einmal mit einem sehr kurzen Zeitraum (wenige Minuten) geübt. Dies kann geschehen, wenn z. B. der Müll hinausgebracht werden muss und der Hund bleibt für die kurze Zeit allein in Haus oder Wohnung zurück. Wichtig ist es, Haus oder Wohnung auch tatsächlich für den Moment zu verlassen und nicht etwa im Hausflur zu warten. Das würde der Hund sehr deutlich wahrnehmen können. Die Zeit der Abwesenheit kann dann allmählich gesteigert werden, denn das Alleinbleiben löst bei jedem Hund erst einmal Angst aus. Dabei sollte weder eine große Verabschiedungszeremonie noch eine Wiedersehensfeier getätigt werden. Eine kurze Ansage zum Abschied und ein Streicheln bzw. Lob zum Wiedersehen reichen aus, wenn auch der Hund vermutlich einen riesigen Freudentanz machen dürfte. Je weniger Aufheben um das Weggehen und Wiederkommen gemacht wird, umso mehr Gelassenheit erlebt der Hund und umso weniger dramatisch erscheint es auch dem Hund.

Absolut wichtig sind Kenntnisse über Entwicklung und Verhalten des Hundes an sich, aber auch Klarheit über die Rolle als Halter/in der/die für eine gesunde Entwicklung und Erziehung des Hundes verantwortlich zeichnet. Zur Ausbildung von Hunden bemerkt Feddersen-Petersen (2013, S. 414–415) eindrucksvoll:

>»Es geht nicht um die (vermeintliche) Macht des Menschen, die durch ›bedingungslose Unterwerfung‹ oder ›Brechen des Willens‹ des Tieres demonstriert wird, es geht um Verstehen und Achtung des Lebewesens Hund. Wer Caniden kennt, weiß nur zu gut, dass ein Rudel nicht von einem Despoten, der ängstlich bemüht um seine Position ringt, deshalb schlägt und gefürchtet ›sein will‹, geführt wird, sondern von einem Tier, das über ausgeprägte soziale und insgesamt ausgezeichnete Fertigkeiten verfügt – dem die Gruppenmitglieder folgen, den sie brauchen – und den sie sich orientieren und binden können. Eine Autorität im besten Sinne des Wortes. Und Menschen mit Kenntnissen und Persönlichkeit, die Hunden soziale Sicherheit und Geborgenheit vermitteln und sie lehren, welche Lebensbereiche sie wann nutzen dürfen, wo also ihr sozialer Status anzusiedeln ist, die sind gefragt. Menschen, die Emotionen zulassen, sich jedoch nicht gehen lassen, wenn ihr Hund etwas falsch macht, vielmehr gelassen sind, und über eine emotionale Zuwendung zum Hund, die in Lob und sozialer Bestärkung ihren Ausdruck findet, eine soziale Zusammengehörigkeit zu etablieren. (…)«.

Diese Anforderung beschreibt einen klaren, emotional und im Verhalten eindeutig agierenden Menschen, der in der Beziehung zum Hund eine Rolle einnimmt, die Sicherheit, Gelassenheit und Wohlbefinden sowie eine gesunde Bindung ohne Vermenschlichung des Hundes fördert. Der Bindungsprozess beginnt spätestens während der Sozialisierungsphase des Hundes, die eine ausgesprochen sensible Phase in der Entwicklung eines Hundes darstellt und somit hohe Anforderungen an den Menschen hinsichtlich Kenntnisse über den Hund und Fähigkeiten im Umgang mit dem Hund stellt. Dazu zählt auch eine selbstkritische Reflexion des eigenen Erlebens und Verhaltens. Dies sollte bereits durch gute Trainer/innen in einer Hundeschule gefördert werden. Zahlreiche Märchen und Gerüchte zu Dominanz und Unterwerfung, nicht wissenschaftlich belegte Trainingsmethoden und Unwissenheit führen oft genug zu grauenvollem Fehlverhalten von Menschen und dann auch zu Fehlverhalten von Hunden. Umso bedeutsamer ist es, sich als Halter/in verstärkt um gute Trainer/innen zu bemühen und mit Literatur zu beschäftigen, die wissenschaftliche Belege heranzieht. Die Suche nach guten Hundetrainern/innen kann manchmal mühsam sein und im Zweifel sollte die Hundeschule lieber gewechselt werden, als bei fragwürdigen Trainingsmethoden zu bleiben. Es lohnt sich auf lange Sicht, sich gut zu informieren.

Zur Bedeutung des Spielverhaltens von Hunden und verschiedenen Spielformen beschreibt o. g. Autorin ausführlich in ihrem Buch »Hundepsychologie« (Feddersen-Petersen 2013) ihre Erkenntnisse aus langjähriger Forschungsarbeit, die es sehr zu lesen lohnt.

Die juvenile Phase und Pubertät

Durch Interaktionen mit Artgenossen, d. h. mit anderen Junghunden und mit sozial kompetenten und erwachsenen Hunden, werden Körpersprache und Mimik, Dominanz, aktive und passive Demut und Unterwerfung weiterhin geübt und verfeinert. Ein Hund lernt den Umgang mit Rangordnungen kennen und diese werden zunächst spielerisch erprobt. Diese Entwicklung ist für die gesunde Sozialisation eines Hundes absolut bedeutsam. Erste Rangordnungstendenzen zeichnen sich in dieser Phase ab.

Außerdem kommt es vor, dass der junge Hund alles bereits Erlernte mit Blick auf seine/n Halter/in vergessen zu haben scheint. Kommandos und Gehorsam werden in dieser Phase nicht selten ignoriert. Sollte ein Junghund beginnen, seine/n Halter/in z. B. beim Heranrufen zu ignorieren, ist die Nutzung einer Schleppleine (zehn Meter lang) für diese Phase besonders gut geeignet. So kann der junge Hund einen größeren Laufradius nutzen und dennoch besteht die Möglichkeit für den Halter/die Halterin, entsprechend Einfluss auf den Hund zu nehmen. Auf keinen Fall sollte der junge Hund die Erfahrung machen, dass er sich verselbstständigen bzw. entziehen kann. Die Zuweisung von bestimmten Lebensbereichen des Hundes bzw. deutliche Tabuzonen für den Hund sollten auch in dieser Phase erfolgen und dabei konsequent sowie ruhig durchgesetzt werden. Es sollte räumliche Zonen geben (z. B. das Badezimmer, ein bestimmter Sessel), die für den Hund als Tabuzone gelten. Durch diese Maßnahmen unterstreicht der Mensch seinen Status. Das soll jedoch nicht bedeuten, dass ein Hund ausgegrenzt oder gar in einen Raum gesperrt wird oder Ähnliches. Es geht auch keineswegs um Bestrafung. Ein Junghund sollte schlichtweg nicht alle sozialen Privilegien in Anspruch nehmen können, denn sonst kann in dieser Phase der bis dahin erzielte Lernerfolg wieder zunichtegemacht werden. Nachlassende Konsequenz ist keineswegs ratsam, denn ein junger Hund wird – je nach Individuum – dies gegebenenfalls sofort durch entsprechendes Verhalten quittieren.

Abb. 3: Selbstsicherer Ausdruck eines jungen Hundes in der juvenilen Phase (im Alter von fünf Monaten) (Quelle: eigene Bilder)

Bei manchen Hunden ist ein pubertär verändertes Verhalten sehr deutlich zu beobachten, bei anderen fällt es kaum auf. Diese Phase erfordert somit je nach Ausprägung viel Geduld und Ruhe des Halters/der Halterin. Aber ein sicheres, gelassenes und konsequentes Verhalten des Menschen zahlt sich auf Dauer aus. Dies klingt leichter, als es im Alltag dann tatsächlich ist. Tröstlich ist dann nur der Blick in die Zukunft und das sichere Wissen, dass diese Phase bei entsprechender Ruhe und Geduld des Menschen ganz sicher wieder vorbei gehen wird.[4]

Die juvenile Phase endet mit dem Erreichen der Geschlechtsreife und ist je nach Rasse und Individuum unterschiedlich. Die Geschlechtsreife kann in etwa zwischen dem siebten und zwölften Monat datiert werden, aber auch gelegentlich deutlich später erfolgen.

---

4 Es ist ggf. notwendig, in dieser Phase einige Trainingsstunden z. B. mit einer Schleppleine mit einem guten Hundetrainer bzw. einer Trainerin in Anspruch zu nehmen. Manchmal ist eine Reflexion des eigenen Verhaltens in dieser Phase wichtig, um Motivation und Gelassenheit bewahren zu können. Die Autorin schreibt vor dem Hintergrund eigener Erfahrungen mit einem selbstsicheren und sehr deutlich pubertierenden Hund.

Die soziale Reife

Auch der Zeitpunkt des Erreichens der so genannten sozialen Reife variiert sehr stark und erfolgt frühestens mit zwölf Monaten, kann aber auch erst im Alter von etwa 36 Monaten eintreten. Kleinere Rassen sind in der Regel früher sozial gereift, die großen Rassen wie z. B. Doggen erreichen diese Reife erst sehr viel später.

Mit der sozialen Reife stellt sich das Territorialverhalten ein, welches bei vielen Rassen durch züchterische Selektion nicht mehr allzu stark ausgeprägt ist. Wird ein Hund nicht gerade als Herdenschutzhund oder für anderweitige Schutzaufgaben eingesetzt, wirkt sich ein ausgeprägtes Territorialverhalten eher belastend für den Halter/die Halterin aus. Es stellt hohe Anforderungen an den/die Halter/in bezüglich Aufzucht, Erziehung und vor allem Etablierung einer klaren sozialen Struktur. Die Territorialität bezeichnet die Anmeldung eines Anspruchs auf ein Territorium, welches durch Duftmarken gekennzeichnet wird. Damit verbunden ist der Anspruch auf einen hohen Status in der Hierarchie des Rudels (Feddersen-Petersen 2013, S. 190).

2.4.3 Ausgewählte Grundlagen der Hundeerziehung

Zur Hundeerziehung existieren zahlreiche Bücher, Fernsehsendungen, Videos und Hinweise in anderen Medien. Es existieren unterschiedliche »Schulen«, Trainingsmethoden und Vorgehensweisen, wobei die Meinungen über die Vorgehensweisen zum Teil deutlich auseinander gehen. Für die Fortbildung zum Pädagogik-/Therapiebegleithundeteam im M.I.T.T.T. werden in den Seminaren zahlreiche praktische Übungen durchgeführt, welche zunächst die Bindung zwischen Hund und Halter/in verdeutlichen und stärken. Die Handlungsweisen des Menschen werden in den praktischen Seminaranteilen von den Ausbildern/innen und den anderen Teilnehmern/innen der Gruppe genau beobachtet und anschließend reflektiert. Bei Bedarf werden sie verändert bzw. verbessert. In der Regel nehmen sich die Hundehalter/innen selbst anders wahr, als dies von anderen beobachtet wird. Selbst- und Fremdwahrnehmung unterscheiden sich teilweise maßgeblich. Einige Verhaltens- und Ausdrucksweisen sowie Körpersignale bezogen auf Mimik, Gestik, Körperhaltung und Klarheit bzw. Eindeutigkeit sind vielen Menschen zunächst nicht bewusst. Daher verhelfen diese Rückmeldungen in den Praxisblöcken zu einer verbesserten Selbstwahrnehmung. Darüber hinaus werden auch der Hund und das Zusammenspiel von

Mensch und Hund im Team in den Blick genommen. Dabei spielt das praktische Üben und Ausprobieren eine große Rolle, ebenso die Beobachtung und Rückmeldung durch die anderer Teilnehmer/innen und insbesondere durch die Ausbilder/innen. Häufig ist die Beobachtung und Deutung des Zusammenspiels von Mensch und Hund bei anderen sehr viel einfacher als bei sich selbst und dem eigenen Hund. In den Praxisblöcken kann in einem angstfreien Raum für Hund und Halter/in ein gezieltes Verhalten reflektiert, trainiert oder auch korrigiert werden.

Einige grundlegende Wissensbestände zur Hundeerziehung sollen nachfolgend verdeutlicht werden, die im Vorfeld der Fortbildung häufig nicht in allen Welpen- und Hundeschulen entsprechend als Grundlagen vermittelt werden. Die Verständigung mit dem Hund und Kenntnisse darüber, wie ein Hund lernt, sind wesentliche Voraussetzungen für einen gelingenden Umgang mit dem Hund.

Zunächst einmal zum verbalen Umgang mit dem Hund: Menschen, die ihren Hund mit einem Wortschwall überschütten (z. B.: »Ich habe dir doch gesagt, dass du Platz machen sollst!« oder »Kommst du jetzt endlich mal hierher!«), erreichen kaum die gewünschte Wirkung. Für einen Hund haben diese Worte keinerlei Aussagekraft, er hört die Betonung, nimmt die Stimmung wahr, aber versteht natürlich den Sinngehalt der vielen Worte nicht und erkennt daraus kein konkretes Signal bzw. Kommando.

In der Hundeerziehung lernt ein Hund vorwiegend durch Verknüpfungen (Assoziationen) (Feddersen-Petersen 2013, S. 386). Diese Verknüpfungen können durch positives Erleben als auch durch negatives Erleben des Hundes dauerhaft gespeichert werden. Wenn der Hund beispielsweise lernt, dass einer Antriebsbefriedigung seinerseits (z. B. Leckerli, Spielen, Spaziergang) wiederholt ein bestimmtes Verhalten bzw. ein bestimmter Reiz seines/seiner Halters/in (z. B. Kommandos, Leine in die Hand nehmen) vorausgeht, verknüpft er diesen Reiz mit der positiven Befriedigung. »Wir können das ausnützen, indem wir ihm als Ankündigung immer wieder die gleiche Geste oder ein bestimmtes Wort voranschicken« (Feddersen-Petersen 2013, S. 382). Somit ist die Verknüpfung eines Wortes als Ankündigung zu einem gewünschten Verhalten grundsätzlich leichter für den Hund zu deuten als ein oben beschriebener Wortschwall.

Ein weiterer Aspekt des Lernens ist die Bestätigung der positiven sozialen Beziehung als ausgesprochen wirksame Belohnung für den Hund, wenn er das gewünschte Verhalten zeigt (»bedingte Aktion«, siehe a. a. O.). Dieses Vorgehen im Sinne einer freudigen Zuwendung ist für die Ausbildung des Hundes das zentrale Mittel der Wahl, wenngleich die Gabe von Futter bzw. Leckerli auch hilfreich sein wird. Beispielsweise

2.4 Der Hund als Teil des pädagogischen bzw. therapeutischen Teams

kann das regelmäßige Bürsten eines langhaarigen Hundes vom Welpenalter an immer mit freudigem Lob, Zuwendung und der täglichen Futtergabe danach erfolgen, so dass die Fellpflege immer wieder mit Belohnung verknüpft wird. So wird der Hund, selbst wenn das Bürsten nicht immer angenehm für ihn ist, diesen Vorgang positiv verknüpfen und sich nicht hinter dem Sofa verstecken, sobald er die Bürste sieht.

Eine neutrale Reaktion oder gar eine negative Erfahrungen des Hundes durch Schmerz oder Erschrecken wird dazu führen, dass er das gezeigte Verhalten vermeidet (»erlerntes Vermeideverhalten«, s. a. a. O.). Daraus folgt eine Aversion, die sich künftig bei dem gleichen Reiz oder ähnlichen Reizen als Verhaltenstendenz des Hundes zeigen wird (»bedingte Aversion«, s. a. a. O.). Dieses Vorgehen führt wiederum dazu, dass ein Hund in dem Kontext des Lernens keine Motivation zeigen wird und ist somit für die Ausbildung eines Hundes ungeeignet. Hunde, die negative Erfahrungen machen, lernen schlechter oder gar nicht. Es besteht jedoch die Möglichkeit, das unerwünschte Verhalten des Hundes durch eine negative Erfahrung zu hemmen (»bedingte Hemmung«, a. a. O., S. 383–384). Dazu ist allerdings ein absolut richtiges Timing notwendig (siehe unten) und sollte unter Tierschutzaspekten nicht über eine deutliche, energische stimmliche »Strafe« hinausgehen. Ein Hund kann ein Verhalten nur dann mit der folgenden Konsequenz in Verbindung bringen, wenn der zeitliche Abstand zwischen Verhalten und Konsequenz 0,5 Sekunden nicht unterschreitet. Reagiert der/die Halter/in noch in das bestehende unerwünschte Verhalten des Hundes »hinein«, wird der Hund seine sozialen Grenzen bzw. erlaubten Bereiche des Verhaltens kennenlernen. Dies bedeutet, dass der Mensch seinen Hund und sich selbst sehr gut beobachten und extrem schnell reagieren muss (a. a. O.).

Dies klingt in der Theorie leichter als es im praktischen Handeln tatsächlich ist. Es erfordert Klarheit, eine genaue Beobachtung des Hundes und schnelles, bestenfalls unmittelbares Reaktionsvermögen des Menschen. Dieses »richtige Timing« wird auch im praktischen Teil der Fortbildung zum Pädagogik-/Therapiebegleithundeteam trainiert. So kann eine gute Verknüpfung für den Hund im Lernprozess gelingen und das richtige Timing des Menschen geübt werden.

Die Motivation für das Verhalten des Hundes wird vorwiegend aus den Bedürfnissen der Bedarfsdeckung, Schadensvermeidung und des Fortpflanzungstriebs entstehen. Die Befriedigung des Hundes kann im besten Fall durch die Deckung des Bedarfs an Bestätigung einer sehr guten sozialen Beziehung (Zuwendung, Freude durch Halter/in als Lob) und an Futter (Leckerli als Lob) bestehen. Die Ressourcen, welche der Hund zur Bedarfsdeckung benötigt, sollten auch spielerisch mit Bällen, Zerrspielzeug (Beute) und natürlich auch besonderen Leckerli angeboten werden.

Bringt dem Hund ein bestimmtes Verhalten keinen Erfolg bzw. wird ein Verhalten schlichtweg vom Halter/von der Halterin ignoriert, so wird er es nach diversen Fehlschlägen wahrscheinlich einstellen. Im Hundesinne erfolgsversprechendes Verhalten wird der Hund hingegen immer häufiger zeigen.

Die Neugierde und das Spielverhalten sind darüber hinaus Antriebe eines Hundes, die für die Hundeerziehung unbedingt sinnvoll genutzt werden sollten. Lustvolles, spielerisches Lernen motiviert und sollte Hund und Halter/in viel Freude bereiten. Auch im Spielverhalten ist es möglich und absolut sinnvoll, dem Hund entsprechende Grenzen zu setzen, wenn das erforderlich ist. Wenn er z. B. zu wild und stürmisch wird oder das Spielbeißen erfolgt, sollte mit dem richtigen Timing das Spiel sofort abgebrochen werden und ein ggf. ein Verbotskommando (wie »Nein«) mitgenutzt werden. So lernt er durch das Spielverhalten, welches Verhalten nicht erwünscht ist. Spielen stärkt die Bindung und sollte unbedingt auch durch soziales Spielen ohne Spielzeug durchgeführt werden. Beispielsweise kann man mit dem Hund raufen, sich gegenseitig fangen und jagen und damit eine entspannte Atmosphäre schaffen. Der Hund wird vorsichtig im Spiel sein, keine Bisse oder Verletzungen verursachen und eine große Freude daran haben, sich ohne Spielzeug mit dem Menschen zu beschäftigen. So wird die Bindung gestärkt und eine zu starke Fixierung auf das Spielzeug oder das Jagen vermieden.

> »Eine entspannte Atmosphäre ist allen Lernprozessen sehr förderlich, Lernen unter Zwang führt stets zu schlechten Ergebnissen. Zudem bewirken Lernprozesse, die mit negativen Erlebnissen assoziiert sind, nicht selten Wesensveränderungen (Angst) des Hundes und sind nachteilig für dessen Beziehung zum Menschen« (Feddersen-Petersen 2013, S. 389f).

Das Verhalten eines Hundes wird somit – vereinfacht beschrieben – durch die entsprechenden Konsequenzen des Menschen und die Bindung zueinander geprägt. Wenn das Verhalten des Hundes verändert werden soll, dann muss der/die Halter/in die Konsequenz darauf verändern. Eine Belohnung erfolgt, um bestimmte Verhaltensweisen eines Hundes zu bestärken. Freundliche Worte, Lob und freudige Zuwendung in Verbindung mit Berührung und Bestätigung der sozialen Beziehung (auch Sozialspiel) sowie die Gabe von Leckerli sind die Mittel der Wahl. Die freudige Zuwendung kann bei jungen Hunden auch durchaus deutlich und übertrieben ausfallen. Meist fühlt sich der Mensch ein wenig komisch, aber die deutliche Vermittlung der puren Freude des Menschen wirkt beim Hund eben auch deutlicher als ein schlaffes Lob.

Das Hinzufügen von etwas Unangenehmem im Sinne einer Strafe kann sich in scharf gezischten Worten, oder kurzer physischer Einwirkung in Form von leichtem »Stubsen« (keinesfalls in Form von Schlägen oder gewaltvollen Handlungen, das versteht sich von selbst (!), sondern z. B. durch ein Stubsen des Hundes an der Körperseite in der Form, als würde eine Hundeschnauze den Hund seitlich anstubsen und damit die Handlung unterbrechen) zeigen. Diese Maßnahmen müssen allerdings noch während des unerwünschten Verhaltens folgen, um es zu unterbrechen oder aber sofort (!) nach dem unerwünschten Verhalten des Hundes folgen und entsprechend der Größe und Empfindlichkeit des Hundes dosiert werden. Die Ausbildung von Hund und Halter/in geht weit über diesen Auf- bzw. Abbau des Verhaltens hinaus. Es geht dabei um ein beziehungsorientiertes Trainieren, um das gegenseitige Verständnis und Lernen miteinander, so dass die Abstimmungsprozesse zwischen Mensch und Hund seitens des Halters/der Halterin in den Blick genommen werden und ein Beziehung vertieft werden kann (Ganser 2017, S. 171). Vor dem Hintergrund ist es dennoch bedeutsam, grundlegend zu verstehen, wie sich das Verhalten des Hundes auf- bzw. auch abbauen lässt, wobei eine Feinabstimmung des Teams von Hund und Mensch eine gemeinsame Entwicklung ermöglicht. Die folgende Tabelle (▶ Tab. 2) verdeutlicht die Möglichkeiten des Aufbaus bzw. Abbaus von Verhaltensweisen des Hundes, wobei die Begriffe »Verstärkung« und »Bestrafung« aus der verhaltensbiologischen Formulierung bzw. Psychologie stammen und im Zuge des Behaviorismus genutzt werden, wenn damit die Konditionierung des Verhaltens durch entsprechende Interventionen beschrieben wird (Feddersen-Petersen 2013).

Tab. 2: Verhaltensaufbau und Verhaltensabbau

Zum Verhaltensaufbau	Zum Verhaltensabbau
Das Hinzufügen von etwas Angenehmem für den Hund (= positive Verstärkung) (z. B. Leckerli, verbales Lob oder Spiel) Beispiel: Der gerufene Hund kommt unverzüglich angelaufen, er wird freudig empfangen und es folgt ein ausgelassenes Zerrspiel, Lob oder das Reichen von Leckerli.	Das Hinzufügen von etwas Unangenehmem – was dem Hund unangenehm ist (= positive Bestrafung) (z. B. zischendes Schimpfen) Beispiel: Der Hund hat Essen vom Tisch gestohlen und wird daraufhin sofort energisch verbal zurechtgewiesen.
Das Wegnehmen von etwas Unangenehmen (= negative Verstärkung) (z. B. kurzer Zug am Halsband)	Das Wegnehmen von etwas Angenehmem (= negative Bestrafung) (z. B. von Zuwendung oder Spielzeug)

Tab. 2: Verhaltensaufbau und Verhaltensabbau – Fortsetzung

Zum Verhaltensaufbau	Zum Verhaltensabbau
Beispiel: Der Hund soll die Platzposition einnehmen, tut es aber nicht. Hierzu wird er mit der Leine heruntergezogen (natürlich vorsichtig und in angemessener Form). Legt sich der Hund, so hört das unangenehme Gefühl am Hals sofort auf.	Beispiel: Der Hund bellt beim Spiel unaufhörlich, wir brechen das Spiel ab, drehen uns um, gehen weg und ignorieren den Hund für eine angemessene Zeit.
Die Wahrscheinlichkeit, dass das gezeigte Verhalten auftritt, *nimmt zu*.	Die Wahrscheinlichkeit, dass das gezeigt Verhalten auftritt, *nimmt ab*.
Die Handlung erfolgt immer *während* des Verhaltens des Hundes!	Die Handlung erfolgt als Unterbrechung des ungewünschten Verhaltens oder immer (augenblicklich) *nach* dem Verhalten!

Grundsätzlich gilt, dass die Reaktionen des Menschen bezogen auf den Verhaltensaufbau und den Abbau eines gezeigten Verhaltens immer wieder gleichermaßen und regelmäßig – also konsequent – geschehen. So lernt der Hund nach wiederholten Herausforderungen seine Grenzen und das Verhaltensrepertoire seines Sozialpartners Mensch kennen und respektieren (Feddersen-Petersen 2013, S. 383f).

Generalisierung

Die Generalisierung beschreibt die Verallgemeinerung bzw. Übertragung der Reaktionen des Hundes, unabhängig von bestimmten Umweltfaktoren bzw. Rahmenbedingungen. Dazu wird ein konsequentes und gleichbleibendes Verhalten des Halters/der Halterin erforderlich sein und wechselnde Orte bzw. Situationen für die Übungen. Ziel soll es sein, dass ein Hund in unterschiedlichen Umgebungen und Situationen gleichermaßen gut auf den/die Halter/in reagiert und er sein Verhalten auch in anderen Kontexten zeigen kann.

Dazu muss zum einen die Person auch zuverlässig in der Erziehung sein und konsequent reagieren, also auch in verschiedenen Kontexten möglichst gleichbleibend. Zum anderen ist es wichtig zu wissen, dass Hunde häufig das gelernte Verhalten an eine Umgebung oder einen Kontext knüpfen. Das ist zu beobachten, wenn Hundebesitzer/innen z. B. ausschließlich auf dem Hundeplatz üben und sich darüber wundern, dass der Hund in anderen Settings nicht das gelernte Verhalten zeigt. Der Hund hat sein Verhalten dann nicht generalisiert, sondern an die Umgebung des Hundeplatzes geknüpft, denn nur dort wurden die Übungen mit ihm durchgeführt. Um eine solche Einseitigkeit zu vermeiden, sollen sämtliche praktischen Übungen (der Fortbildung) an verschiedenen Orten mit unterschiedlichen Umweltreizen ausgeführt werden, wobei zunächst in einer möglichst reizarmen Umgebung begonnen werden sollte. Eine ruhige Umgebung ist der Konzentration von Hund und Halter/in förderlich. Wenn die Übungen dort erfolgreich verlaufen, sollte nach und nach in anderen Kontexten dasselbe geübt werden, damit der Hund im weiteren Verlauf seiner Ausbildung trotz Ablenkungen (z. B. Lärm, andere Hunde) diese Übungen ausführen kann.

Das richtige Timing

Eine häufige Ursache für Fehlschläge in der Hundeerziehung ist – wie oben bereits beschrieben – ein falsches Timing. Damit der Hund das Hinzufügen oder Wegnehmen von etwas Angenehmem oder Unangenehmem mit einem bestimmten Verhalten verknüpfen kann, ist ein exaktes Timing die Grundlage schlechthin für die Erziehung eines Hundes. Kommt die positive oder negative Konsequenz zu früh oder zu spät, »bestärken« bzw. »bestrafen« wir nicht das Verhalten, um das es eigentlich geht, sondern ggf. ein ganz anderes Verhalten des Hundes. Loben wir beispielsweise unseren Hund, der das Kommando »Platz« ausführen soll nicht in dem Moment, in dem er sich hinlegt, sondern erst dann, wenn er bereits liegt und schon wieder aufspringt, dann wird er das Lob mit dem »Aufspringen« verknüpfen und eben nicht mit dem »Platz«.

In diesem Zusammenhang soll nochmals auf die hohe Bedeutung der positiven Reaktionen des/der Halters/Halterin hingewiesen werden. Erfolgt diese positive Bestärkung im falschen Moment, ist das weniger tragisch. Der Hund wird zwar für diesen Moment nicht entsprechend reagieren, dies kann aber beim nächsten Mal korrigiert werden. Wichtiger ist, dass die gute Beziehung zwischen Mensch und Hund keinen Schaden nimmt. Fügt der Mensch dem Hund hingegen im falschen Moment etwas für den Hund Unangenehmes hinzu, so kann der Hund zutiefst verwirrt sein und das Vertrauen zum Menschen verlieren. Im schlimmsten Fall entwickelt der Hund aggressives Verhalten, das sich gegen den Menschen richten kann.

Wenn das Wegnehmen von etwas Unangenehmen (= negative Bestärkung) richtig getimt wird, ist dies zwar meist wirkungsvoll, hat aber einen großen Nachteil: Dem Hund muss zunächst etwas Unangenehmes zugefügt werden, bevor es wieder unterlassen werden kann. Somit soll die Ausbildung eines Hundes möglichst mit positiven Reaktionen erfolgen. So wird ein lustvolles und motiviertes Verhalten des Hundes gefördert und die gute soziale Beziehung zwischen Mensch und Tier gestärkt. Demnach kann sich langfristig ein Team zwischen Hund und Mensch entwickeln, welches für die Arbeit in pädagogischen und therapeutischen Prozessen wünschenswert ist, zum Schutze des Hundes ist und das Wissen über erfahrungsbedingtes Verhalten des Hundes einbezieht (sehr lesenswert dazu u. a. Feddersen-Petersen 2013, S. 379ff).

Exkurs: Clickertraining

Das Clickertraining ist eine wirkungsvolle Möglichkeit, dem Hund etwas Angenehmes hinzuzufügen. Diese sanfte Methode wurde von Karen Pryor (2006) entwickelt und mit Erfolg bei der Erziehung von Delfinen, Pferden, Hunden usw. eingesetzt. Der Clicker ist ein Instrument, welches bei Betätigung des/der Halters/in immer dasselbe Klickgeräusch hören lässt (es kann auch eine Pfeife oder ein Zungenschnalzen verwendet werden). Dieses zunächst bedeutungslose Geräusch (primärer Verstärker) wird durch verlässliche Paarung mit einem sekundären Verstärker (z. B. ein Lob oder Leckerli) zu einem konditionierten Verstärker (= operante Konditionierung). Somit bekommt der Clicker für den Hund eine Art »Vorhersagecharakter«. Verbindet der Hund bereits das Clicker-Geräusch mit einer positiven Konsequenz, also Lob oder ein Leckerli, dann kann dieses Geräusch als eine positive Verstärkung eingesetzt werden. Auch hier ist ein exaktes Timing bedeutsam, fällt aber dem Halter/der Halter/in mit dem Clicker in der Hand auch oft leichter als andere positiven Konsequenzen, da der Clicker zeitnah und auch auf Abstand betätigt werden kann. Damit kann eine unmissverständliche Kommunikationsmöglichkeit mit dem Hund geschaffen werden und ein Hund ist bei richtiger Anwendung mit dem Clicker hoch motiviert.

Dabei lernt zunächst der Hund ein bestimmtes Verhalten und dieses wird mit dem Clicker positiv bestätigt. Erst wenn er das Verhalten dann zuverlässig zeigt, bekommt dieses Verhalten ein Signal bzw. ein Kommando. Somit verbindet der Hund dauerhaft dieses neue Signal oder Kommando mit dem gewünschten Verhalten, welches jetzt jederzeit abrufbar ist.

Der Hund wird mit bestimmten Übungen bzw. Tricks zunächst für die Arbeit im Pädagogik-/Therapiebegleithund-Team nach jeder richtig ausgeführten Übung eine Bestärkung mit dem Clicker erfahren. Später, wenn der Hund die Übungen zuverlässig zeigt, wird er variabel bestätigt. Das bedeutet, dass er die Bestärkung bei jeder zweiten Durchführung erhält, dann vielleicht nach dem vierten, fünften oder siebten Mal. So bleibt das Training spannend, die Übungen prägen sich durch die Wiederholungen ein. Die Bestärkung kann dann auch mit verschiedenen Belohnungen, also variabel, erfolgen (Clicker, Zuwendung, Leckerli). Das Clickertraining sei an dieser Stelle nur angerissen, es wird in guten Hundeschulen erfolgreich gelehrt und kann in praktischen Übungen für die Fortbildung zum Pädagogik-/Therapiebegleithund-Team eingeführt werden.

Fazit: Einige praktische Tipps für die Hundeerziehung und die Fortbildung zum Pädagogik-/Therapiebegleithundeteam

- Eine gute soziale Bindung des Hundes zum Halter/zur Halterin ist unerlässlich. Diese sollte durch bindungsfördernde Spiele und lustvolles Üben gefestigt werden. Das können z. B. Versteckspiele, Zerrspiele und gemeinsames Rennen, Toben und Raufen sein.
- Innerhalb der Mensch-Hund-Beziehung sollte sich der/die Halter/in »zum Mittelpunkt der Welt« machen (natürlich nur für den Hund!). Gemeinsame Spiele sollten seitens des Menschen gut beendet werden können. Es empfiehlt sich, ein besonderes Kommando für das Beenden von Spiel und Übung einzuführen (z. B. »Ende« oder »Pause«).
- Auch empfiehlt sich das Erlenen eines Kommandos für ein generelles Verbot, so dass eine Handlung bzw. ein Verhalten des Hundes jederzeit gestoppt werden kann (z. B. »Nein«).
- Die Verwendung von Motivationsobjekten wie Spielzeug, attraktives Leckerli oder Clicker und Leckerli in Kombination oder Lob bzw. Bestätigung der sozialen Beziehung sind für die Übungen wichtig. Insbesondere stärkt jedoch die freudige Zuwendung des Menschen und das gegenseitige Beobachten und richtige Deuten die Bindung zwischen Mensch und Hund.
- Der Hund sollte vor dem Training nicht gefüttert werden, da ein Leckerli beim satten Hund verständlicherweise nicht mehr die gewünschte Wirkung als Belohnung zeigt und ein satt gefressener Hund ist außerdem auch behäbiger und benötigt seine Energie für die Verdauung. Ferner vergrößert ein voller Magen die Gefahr einer Magendrehung (▶ Kap. 2.5.4).
- Grundsätzlich ist es selbstverständlich, dass für regelmäßige körperliche Auslastung des Hundes gesorgt ist und der Tierschutz immer beachtet wird. Das Lernen während der Fortbildung von Mensch und Hund braucht als Pendant immer auch freie, lange Spaziergänge zur Entspannung und Entwicklung körperlicher Kondition, am besten zusammen

mit Artgenossen. Je nach Individuum und Rasse sind die Bedürfnisse nach Auslastung von Körper und Geist sehr unterschiedlich. Ein körperlich nicht ausgelasteter, »überdrehter« Hund oder ein überlasteter Hund wird kaum in der Lage sein, sich für die Übungen im Training ausreichend zu konzentrieren und motiviert zu sein.

- Konsequenz bedeutet, dass der/die Halter/in immer möglichst dasselbe Verhalten, Sicherheit und Gelassenheit zeigt (Körpersprache, Stimmlage, Kommandos). Damit entsteht eine Zuverlässigkeit in der Beziehung zwischen Mensch und Tier, die für die Fortbildung wichtig ist. Nicht nur der Hund lernt in der Fortbildung, auch der/die Halter/in ist gefragt, sein/ihr Vermögen und Unvermögen zu reflektieren und dazuzulernen.
- Verbale Kommandos: Die verwendeten Signalwörter sollen kurz und prägnant sein. Sie sollten sich mit Blick auf unterschiedliche Übungen in Betonung und Vokalen voneinander unterscheiden. Es ist darauf zu achten, dass immer dasselbe Signalwort/Kommando für die jeweilige Übung verwendet wird. Dies soll in einem freundlichen Ton und gemäßigter Lautstärke erfolgen. Eine höhere Lautstärke hat keinen stärkeren Aufforderungscharakter. Betonung und Klang der Stimme, des Ausdrucks sollten bei den einzelnen Kommandos möglichst gleich bleiben. Mimik und Körpersprache sollten auch einheitlich zu den mündlichen Kommandos passen und immer gleich sein. Der Hund nimmt nicht nur die Stimme wahr, sondern den Gesamtkontext und den Gesamtausdruck des Menschen.
- Sichtzeichen: Wenn zusätzlich zu verbalen Kommandos auch Mimik und Körpersprache eingesetzt werden, ist das für den Hund hilfreich. Das können eine bestimmte Mimik, eine gewisse Körperhaltung und/oder ein bestimmtes Handzeichen sein. Die Verständigung mittels körpersprachlichen Ausdrucks ist für einen Hund in der Regel sehr viel einfacher wahrzunehmen, als ausschließlich akustische Kommandos. Selbstreflexion und Rückmeldung über die körpersprachlichen Signale sind daher durch Ausbilder/innen unbedingt erforderlich, da der Mensch einen Teil der Körpersprache unbewusst tätigt und somit selbst häufig nicht bemerkt, wie er sich dem Hund gegenüber ausdrückt.
- Vor jedem Trainingsbeginn sollte eine klare Vorstellung vom Lernziel vorhanden sein. Gezielte Vorstellungen erleichtern die Umsetzung in entsprechende Energie und schaffen Klarheit und auch im Nachhinein eine bessere Basis für die (Selbst-)Reflexion.
- Komplexe Übungen werden nicht als kompakte Einheit trainiert, sondern in mehrere Einzelschritte zerlegt. Wenn Hund und Mensch die

einzelnen Schritte ausführen können, werden diese zur gesamten Übung nach und nach zusammengesetzt. Umfangreiche Hilfestellungen für den Hund (Kommando und Führung mittels Körpersprache) können dann später nach und nach so abgebaut werden, dass der Hund dann die Übung allein auf ein verbales oder körpersprachliches Kommando durchführen kann.

- Zustände und Situationen, die von Stress und Angst geprägt sind, hindern Hund und Mensch und müssen vermieden werden. Der Hund lernt schlechter oder ist gar unfähig zu lernen. Wenn der/die Halter/in selbst angespannt, gestresst oder verärgert ist, sollte die Person in diesem Zustand niemals mit dem Hund trainieren. Die Übungen sollten verschoben werden, bis wieder eine entspannte und lernförderliche Atmosphäre vorherrscht.
- Übungssequenzen zwischen den Unterrichtsblöcken der Fortbildung: Mehrere kurze Übungseinheiten (ca. 5 Minuten) am Tag sind effektiver als eine lange Übungssequenz. Auch auf Spaziergängen sollten Trainingseinheiten spielerisch stattfinden können. Übungen sollten beendet werden, solange ein Hund noch motiviert ist und lustvoll arbeitet. Hundeausbildung soll Freude bereiten, sowohl dem Hund als auch dem Menschen. Ziel ist es, mit einem motiviertem Hund zu arbeiten und nicht mit einem Hund, der sich unwohl fühlt. Für manche Pädagogik-/Therapiebegleithundeteams kann auch während der Fortbildungszeit zu Hause ein Intervalltraining hilfreich sein. Einige Tage wird mittels mehrerer kurzer Übungseinheiten trainiert, dabei werden die Übungen abwechselnd an den Tagen vertieft. Dann folgen einige Tage Übungspause und danach folgen wieder einige Übungstage. Je nach Bedarf, Lebens- und Arbeitsrhythmus kann jedes Team die Trainingseinheiten für sich erproben.

2.5 Erste Hilfe für den Hund im Notfall

Kenntnisse von Erste-Hilfe-Maßnahmen am Hund sind dringend notwendig und werden zum Teil in der praktischen Fortbildung vermittelt. Diese sollten für jede/n Halter/in selbstverständlich sein, sind es aber in der Regel nicht. Sie werden auch selten in den Hundeschulen thematisiert. Erste Hilfe ist im Notfall anzuwenden, bis ein/e Tierarzt/Tierärztin zur Stelle ist bzw. der Hund dorthin gebracht wird. Trotz besten Risikomanagements können immer Unfälle, Verletzungen und Erkrankungen auftreten, so dass grundlegende Kenntnisse für die Erste Hilfe am Hund zum Schutze des Tieres und aller beteiligten Personen bedeutsam sind.

Die nachfolgenden Informationen sind nur als ein Leitfaden für eine erste Notfallversorgung zu verstehen. Dieser Leitfaden kann und darf keinesfalls die Konsultation eines/r Tierarztes/Tierärztin ersetzen, eine fachlich fundierte Diagnose und Behandlung nach der Ersten Hilfe im Notfall muss zwingend durch eine/n Tierärztin/Tierarzt erfolgen. Daher ist es zunächst wichtig, die entsprechenden Telefonnummern von Tierärzten/innen immer zur Verfügung zu haben. Ob in der heimischen Umgebung oder auf Reisen bzw. im Urlaub, die Kontaktdaten zu Tierärzten/innen und Kliniken in der Nähe sollten immer vorhanden sein. Eine Datenspeicherung im Mobiltelefon und eine schriftliche Notiz sind hilfreich. Dies gilt nicht nur für bereits bekannte Tierarztpraxen, sondern auch für die Kontaktdaten (Adresse und Telefonnummern) einer Tierklinik in der Nähe, denn Kliniken verfügen in der Regel über einen 24-Stunden-Notruf, so dass auch außerhalb der Sprechzeiten eine Behandlung erfolgen kann. Wenn ein Notfall vorliegt, sollte nach den Erste-Hilfe-Maßnahmen sofort beim Tierarzt angerufen werden, dann kann sich die Praxis bzw. Klinik bereits auf die Situation einstellen und sich vorbereiten (Lausberg 1999, S. 10f).

Trotz aller Aufregung ist es absolut wichtig, den ersten Schrecken zu überwinden, um ruhig und überlegt handeln zu können. Nur so kann vermieden werden, dass der Hund zusätzlich geschädigt wird oder andere Personen gefährdet werden. Der Hund sollte nach Möglichkeit angeleint werden, wenn er sich nicht in einer eingezäunten Umgebung oder in der Wohnung befindet, insbesondere wenn der Hund ängstlich oder panisch ist. In Panik und mit starken Schmerzen sind Hunde gegebenenfalls unberechenbar und orientierungslos (Niewöhner 2014, S. 9), auch wenn sie im Alltag zuverlässig und gehorsam sind. Wenn in der Situation vom Menschen ausgehend möglichst viel Ruhe vorherrscht, der Hund leise und ruhig angesprochen werden kann, ist das sicher hilfreich. Direkter Augenkontakt mit dem Hund sollte jedoch in jedem Fall vermieden werden.

Die Handlungsabläufe, die erforderlich für die Erste-Hilfe-Maßnahmen sind, sollten vor der Handlung nochmal durchdacht werden, um die Erinnerung an das Gelernte zu verdeutlichen und wenn möglich, sollte Hilfe geholt werden.

In den nachfolgenden Kapiteln wird es zunächst um die Inhalte einer Notfallapotheke für zu Hause bzw. auf Reisen gehen. Danach wird aufgezeigt, wie dem Hund entsprechende Medikamente verabreicht werden. Anschließend wird eine korrekte Vorgehensweise zur Kontrolle der Vital-

2.5 Erste Hilfe für den Hund im Notfall

zeichen bzw. des Kreislaufes des Hundes dargestellt. Abschließend werden Erste-Hilfe-Maßnahmen für unterschiedliche Notfallsituationen aufgezeigt und weitere wichtige Hinweise zur Vermeidung von Gefahrensituationen gegeben.

Es ist wichtig, z. B. Herz-/Kreislaufprobleme beim Hund zu erkennen und Sofortmaßnahmen durchführen zu können. Ein Hund, der wild tobt oder z. B. im Sommer in einem überhitzten Raum arbeitet oder zu lange in der Sonne war, kann Kreislaufprobleme bekommen und/oder z. B. einen Hitzschlag erleiden. Die Sofortmaßnahmen für die Notfallversorgung bei Verletzungen und starken Blutungen (Stauchungen, Brüchen, Wunden usw.), die Sicherung der Vitalfunktionen, die Lagerung etc. sollten durchgeführt werden können.

Nach den ersten Maßnahmen sollte dann der/die Tierarzt/Tierärztin kontaktiert werden, der in der Nähe ist. Um vor allem größere Hunde transportieren zu können, ist häufig Hilfe notwendig. Mit einem Handtuch, einer Decke und ggf. der Stabilisierung durch Stöcke oder Bretter können auch große Hunde getragen werden. Kleine Hunde können mit einer Hand unter dem Hinterteil, mit der anderen vorne, unterhalb des Brustkorbs, getragen werden. Wird der Hund nach einem Unfall oder einer Verletzung im Auto transportiert, sollte er möglichst durch eine zusätzliche Person unter Kontrolle sein, die nicht das Auto steuert oder in einem abgetrennten Teil des Autos bleiben (z. B. Transportbox oder durch ein Gitter abgeteilter Kofferraum). Ein Hund, der bei Bewusstsein ist, sollte seine Körperhaltung selbstständig einnehmen können. Instinktiv wird er die richtige Schonhaltung einnehmen, außerdem wird durch diese Freiheit zusätzlicher Stress für den Hund vermieden.

Nur Hunde, die bewusstlos sind, sollten in der stabilen Seitenlage transportiert werden. Dabei sollte der hintere Teil des Körpers in eine leicht höhere Position gebracht werden, z. B. mit einer Decke unter dem Hinterteil. Der Hund sollte immer auf der gesunden Seite gelagert werden (Ausnahme bei Brustkorb- und Lungenverletzungen, s. unten). Um einen Hund auf die Seite legen zu können, wird er vorsichtig an den Beinen gefasst, der Mensch hockt dabei auf den Knien seitlich (im rechten Winkel) am Hund (an der gesunden Seite) und greift mit den Armen über den Hund. Dann können die Beine vorsichtig und langsam vom Menschen weg nach vorne gezogen werden, sofern an diesen keine Verletzungen vorhanden sind. So gleitet der Hund vorsichtig über die Oberschenkel des Menschen in eine Seitenlage (Niewöhner 2014, S. 1f).

Handelt es sich nicht um einen Unfall oder direkt erkennbare Notfallsituationen, gibt es jedoch Hinweise des Hundes für Erkrankungen oder

Ängste, die seitens der Halter des Hundes bzw. der Pädagogen/innen oder Therapeuten/innen zu erkennen und richtig zu deuten sein müssen. Nachfolgend sind einige beobachtbare Anzeichen aufgelistet, die bei Stress, Angst, Unsicherheit, Schmerzen oder Krankheit vorhanden sein können:

- Stress über längere Zeit: Bewegungsunruhe, allgemein nervöser Eindruck, der Hund dreht und wendet sich, er hechelt.
- Angst über längere Zeit: Der Hund hechelt, die Rute zeigt nach unten und ist ggf. zwischen den Hinterläufen eingeklemmt. Es gilt, die Ursache zu erforschen und abzustellen.
- Unsicherheit: Der Hund sucht häufig Blickkontakt mit dem/der Halter/in, ist unruhig und zögerlich in der Bewegung. Er beginnt bestimmte Bewegungen, hört dann aber wieder damit auf.
- Schmerzen: Der Hund hechelt, hinkt und/oder ist steif in der Bewegung. Er schüttelt sich beispielsweise, fiept, jault oder jammert.
- Krankheit: Der Hund wirkt schwach und energielos. Ggf. hustet er (es gibt unterschiedliche Zwingerhusten-Viren, nur gegen einige wird geimpft) und/oder hat Fieber (ab 39°C). Er zeigt durch bestimmte Bewegungen oder dadurch, dass er sich ungewöhnlich oder gar nicht bewegt an, dass er erkrankt ist oder eine Verletzung hat.

Auch bei diesen Beobachtungen sollten die Ursachen fachkundig von Tierärzten/innen abgeklärt werden. Die nachfolgenden Informationen für die Notfallversorgung entstammen weitgehend dem Buch der Tierärztin Imke Niewöhner (2014).

2.5.1 Apotheke für zu Hause

Eine Notfallapotheke sollte zur Notfallversorgung eines Hundes vorhanden sein und Folgendes beinhalten (Niewöhner 2014, S. 75f):

- 1 Maulkorb oder Schnauzenbänder
- 1 Krallenzange
- 1 Schere (gebogen, spitz-stumpf)
- 1 Pinzette
- 1 Zeckenzange/Zeckenhaken
- 1 Fläschchen Jodlösung (Betaisodona®)
- 1 Fläschchen Wasserstoffperoxid (3 %ig)
- 1–2 Päckchen Elektrolytlösung (z. B. Oralpädon)

2.5 Erste Hilfe für den Hund im Notfall

- 1–2 Ampullen Calcium (z. B. Calcium-Frubiase)
- 2-mal Verbandwatte auf Rolle
- 2 flexible, selbsthaftende Mullbinden
- 1 Rolle Klebeband für Verbände
- Pfotenschutzschuh (evtl. in zwei Größen)
- 1 Kühlkissen
- 2 Einwegspritzen (10 ml, 20 ml)
- 1 Fieberthermometer
- 1 Esmarchschlauch
- 4–5 Wundauflagen, Kompressen
- 1 kleine Taschenlampe
- Kochsalzlösung (0,9 % Kochsalzlösung aus der Apotheke zum Spülen der Augen bei Verletzungen)
- Evtl. 2 Akupunkturnadeln oder notfalls andere, feine Nadeln
- Je nach Größe des Hundes 15–60 Kohlekompretten
- Halskragen
- OP-Body
- Dreieckstuch
- Vaseline

Ergänzend kann für eine erweiterte Hausapotheke weiteres Material angeschafft werden (a. a. O.):

- Diarsanyl-Paste
- Apis-Globuli C 30
- Rescue-Tropfen oder Globuli (Bachblüten)
- Wecesin-Wundpuder
- Euphrasia Augentropfen (Einzeldosen)
- Podophyllum peltatum D4 Globuli

Niewöhner (2014, S. 75) empfiehlt eine »(…) kleine Extratasche mit ›absoluten‹ Notfallutensilien auf jeden Spaziergang mitzunehmen«. Dazu zählen vor allem:

- Verbandszeug
- 1 Mullbinde
- 1 Pinzette
- 1 Zeckenzange
- evtl. ein Stück Esmarchschlauch
- feine Nadeln für Akupunkturpunkte

Keinesfalls dürfen Medikamente aus der Humanmedizin für den Hund verwendet werden. Der unsachgemäße Gebrauch von Medikamenten für Menschen, die nicht von Tierärzten für einen Hund bestimmt sind, kann zu schweren Nebenwirkungen, bleibenden Schäden und sogar zum Tod des Tieres führen.

2.5.2 Verabreichen von Medikamenten

Medikamente werden dem Hund auf unterschiedliche Weise verabreicht. Dabei ist unbedingt die vorgesehene Einnahme und Behandlung zu beachten (die von Tierärzten empfohlen werden), damit das Medikament auch die gezielte Wirkung erreichen kann und der Hund keinen Schaden erleidet. Im Folgenden werden die unterschiedlichen Einnahmemöglichkeiten kurz erläutert.

Gabe von Tabletten

Der einfachste Weg ist es, dem Hund frühzeitig beizubringen, dass Tabletten grundsätzlich etwas Positives sind. Hundedrops oder Vitamintabletten für Hunde können gelegentlich als Belohnung eingesetzt werden, damit der Hund die Aufnahme positiv verknüpft. Ansonsten können Tabletten z. B. in Leberwurst, Dosenfutter oder Ähnlichem versteckt und angeboten werden. Dieses Vorgehen funktioniert allerdings meist nur wenige Male, denn der Hund wird die Tabletten irgendwann aus dem Futter aussortieren.

Besser ist es daher, die Tablette in der Leberwurst zu verstecken, den Fang des Hundes mit der einen Hand zu öffnen und die »Tablettenpackung« mit der anderen Hand vorsichtig nach hinten auf die Zunge zu schieben. Anschließend kann der Fang vorsichtig so lange zugehalten werden, bis der Hund geschluckt hat. Dieser Vorgang geht auch ohne Leberwurst vonstatten, dann sollte der Hund jedoch einigermaßen stillhalten, damit die Tablette auch weit genug im Rachen platziert werden kann. Vorsicht ist geboten, denn die Tablette darf nicht zu tief verabreicht werden, damit sie nicht versehentlich in die Luftröhre gelangt oder der Hund sich nicht verschluckt. Globuli nehmen viele Hunde auch so aus der Hand auf, sie können im Futter mit aufgenommen werden oder dem Hund in die Innenseite einer Lefze gegeben werden.

Verabreichen von Tropfen und Salbe

Das Verabreichen von Tropfen und Salben kann auf unterschiedliche Weise ausgeführt werden. Es ist unbedingt darauf zu achten, für welche Körperstellen die Tropfen bzw. Salben vorgesehen sind und nur dort sind sie anzuwenden.

- Verabreichen in das Maul
  Zur Verabreichung von Tropfen und Salben wird das Maul umfasst, die Lefze auf einer Seite heruntergezogen und in diese Lefze die Flüssigkeit eingeträufelt bzw. der Salbenstrang eingegeben. Auch eine Spritze ohne Kanüle kann zur Verabreichung verwendet werden. Dabei gilt es ebenfalls zu beachten, dass die Flüssigkeit bzw. Salbe nicht in den Rachen hineingespritzt wird, um ein Verschlucken bzw. eine Aufnahme in der Luftröhre zu verhindern.
- Einbringen in die Augen
  Augentropfen sollten grundsätzlich nur dem liegenden Hund verabreicht werden, da er hierbei bedeutend ruhiger sein dürfte und somit die Gefahr einer Augenverletzung geringer ist. Dabei sollten zudem nur Spritzen oder Medikamententuben mit abgerundeten Spitzen verwendet werden. Diese müssen außerdem unbedingt sauber sein und sauber gehalten werden. Das untere Augenlid wird leicht heruntergezogen und die Flüssigkeit eingeträufelt. Anschließend das Lid wieder schließen und ggf. bei Bedarf die Flüssigkeit oder Salbe, bei geschlossenem Lid, vorsichtig verreiben.
- Einbringen in die Ohren
  Ohrentropfen werden dem Hund in der sitzenden Position verabreicht, damit die Flüssigkeit auch das innere Ohr erreichen kann. Die Flüssigkeit wird vorsichtig in das entsprechende Ohr eingeträufelt, der Hund sollte anschließend einen Moment still halten und das Ohr wird für einige Sekunden vorsichtig zugedrückt. Meist wird der Hund anschließend den Kopf schütteln, was zu einer besseren Verteilung der Flüssigkeit im Ohr führen sollte. Eine Salbe hingegen sollte immer nur mit sauberen Fingern in das Ohr eingerieben werden. Niemals dürfen Wattestäbchen oder ähnliche Hilfsmittel verwendet werden, da diese zu Verletzungen im Ohr führen können. Anschließend kann die Salbe vorsichtig mit den Fingern einmassiert werden.

2.5.3 Kontrolle des Kreislaufs und der Vitalzeichen

Der Kreislauf eines Hundes sollte gelegentlich kontrolliert werden, um seinen normalen Kreislaufzustand zu kennen. Bei etwaigen Krankheitssymptomen können dann leichter Veränderungen des Kreislaufs als solche festgestellt werden. Um den Kreislauf des Hundes zu überprüfen, kann eine einfache Blutdruck- und Pulskontrolle durchgeführt werden.

Blutdrucksituation durch Beurteilung der Schleimhäute

Grundsätzlich sollten bei einer normalen Blutdrucksituation die Schleimhäute sowohl in den Augen als auch im Maul blass rosarot, feucht und glänzend sein. Die weißen Anteile des sichtbaren Auges sind die so genannten Skleren. Wenn die Augenlider ein wenig gespreizt werden, sind sie sichtbar und von klar weißer Farbe, auch mal bläulich schimmernd und klar abgegrenzt. Die Schleimhaut am Auge kann beurteilt werden, wenn das Unterlid vorsichtig nach unten gedrückt wird, das obere Lid gleichzeitig vorsichtig auf den Augapfel gedrückt wird, so dass sich die Nickhaut nach vorn wölbt. In normalem Zustand ist die Schleimhaut blass rosarot (Niewöhner 2014, S. 16; Lausberg 1999, S. 15). Eine dunkelrote Färbung der Bindehaut deutet auf einen hohen Blutdruck hin, eine blassrosa bis weißlich rosa Färbung hingegen auf einen niedrigen Blutdruck.

Beide Aussagen sind jedoch mit Vorsicht zu bewerten. Viele Hunderassen leiden an einer chronischen Bindehautentzündung, bedingt durch das zuchtbedingte Herabhängen der Augenlider oder Störungen der Augen durch Haarwuchs. Die Bindehaut ist bei diesen Rassen ständig gereizt und entzündet sich somit dauernd.

Eine weitere Möglichkeit der Kreislaufkontrolle besteht darin, die Rückfüllzeit der Kapillare in der Schleimhaut im Maul des Hundes zu testen. Dazu wird das Maul des Hundes leicht geöffnet und mit einem Finger vorsichtig auf das Zahnfleisch am Oberkiefer des Hundes gedrückt, bis eine leichte Druckstelle entsteht. Der Finger wird weggenommen und die Druckstelle sollte – nach der normalen Weißfärbung durch den Druck – anschließend relativ schnell wieder durchblutet werden und die ursprüngliche Färbung annehmen. Die normale Durchblutung dauert weniger als zwei Sekunden (Niewöhner 2014, S. 16). Eine langsamere Färbung der Druckstelle deutet auf niedrigen Blutdruck hin, sehr viel schnellere Einfärbung auf hohen Blutdruck. Schwierig ist diese Methode allerdings bei Hunden mit schwarzem oder sehr dunklem Zahnfleisch, da die Umfärbung kaum zu erkennen sein dürfte.

Pulskontrolle

Der Puls des Hundes in normalem Zustand liegt bei großen Hunden im Normbereich von 60 bis 100 Schlägen pro Minute, bei kleinen Hunden zwischen 80 und 120 Pulsschlägen pro Minute. Bei Welpen und Junghunden kann der Puls deutlich höher liegen und bis zu 210 Schläge pro Minute betragen (Niewöhner 2014, S. 14). Lausberg gibt eine Pulsfrequenz von 70 bis 100 Schläge pro Minute bei großen Hunden und 90 bis 120 Schläge bei kleinen Hunden an (Lausberg 1999, S. 12).

Auch hier ist eine sporadische Pulskontrolle die Voraussetzung für eine konkrete Pulsbestimmung des Hundes im Krankheitsfall. Dabei sollte der Puls in der Ruhephase, nach Bewegung, in Aufregung etc. gemessen werden, um die normalen Reaktionen des eigenen Hundes zu kennen. Unregelmäßigkeiten im Pulsschlag des Hundes sind keine Herzrhythmusstörungen, sondern sind – im Gegensatz zum Menschen – beim Hund durchaus normal.

Der Puls kann einerseits direkt an der Brustwand gefühlt werden, dann spürt der Mensch den Herzspitzenstoß. Andererseits lässt sich der Puls eines Hundes sehr gut an der Innenseite des Hinterbeins, an der Oberschenkelarterie tasten. Die Arterie verläuft an der Innenseite unterhalb des Hüftgelenks. Der Hund sollte dabei auf der Seite liegen. Die Arterie wird mit ein bis zwei Fingern erstastet, keinesfalls mit dem Daumen (der menschliche Daumen verfügt über einen eigenen Puls und verfälscht daher die Wahrnehmung). Der Puls wird dann 30 Sekunden lang gezählt, mit zwei multipliziert und so ist der Pulsschlag pro Minute berechnet.

Berechnung der Atemfrequenz

Die Berechnung der Atemfrequenz des Hundes kann durch ein Zählen der Auf- und Abbewegungen des Brustkorbs erreicht werden. Auch kann der Mensch seine Wange vor die Nase halten, um die Atemfrequenz zu spüren. Dabei sollte allerdings auf die Sicherheit geachtet werden, denn ein verletzter Hund wird auf diese Annäherung ggf. unfreundlich reagieren. Ist es windstill, kann ein Taschentuch vor die Nase des Hundes gehalten werden und die Atmung wird durch die Bewegung des Tuchs sichtbar. Wie beim Pulsschlag, werden 30 Sekunden lang die Atemzüge des Hundes gezählt und verdoppelt, um eine Frequenz pro Minute zu errechnen. Der Normalbereich der Atemfrequenz liegt zwischen 10 bis 30 Atemzüge pro Minute, wobei große Hunde eher 10, kleine Hunde eher 30 Atemzüge vollziehen. Wichtig zu beachten ist, dass bei einem hechelnden Hund keine Atemfrequenz gemessen werden kann. Hecheln ist keine Atmung, sondern eine Ventilation des so genannten Totraums, die der Abkühlung des Hundes dient (Niewöhner 2014, S. 15). Lausberg gibt eine Atemfrequenz bei großen Hunden von 20 bis 30 pro Minute und bei kleinen Hunden von 30 bis 50 an (Lausberg 1999, S. 12).

Messen der Körpertemperatur

Die normale Körpertemperatur eines Hundes liegt zwischen 38,0 und 39,0 C°. Welpen können eine etwas höhere Temperatur von bis zu 39,5 C° haben. Die Messung der Körpertemperatur wird bei Hunden rektal, also im After, vorgenommen. Dazu wird ein digitales Fieberthermometer benutzt. Das Thermometer sollte vorher mit ein wenig Vaseline bestrichen werden. Dann wird der Hund auf die Seite gelegt oder steht möglichst ruhig. Danach wird die Rute mit einer Hand angehoben, mit der anderen das Thermometer vorsichtig in den After eingeführt, vorsichtig festgehalten und durch Hinschauen kontrolliert. Je nach Größe des Hundes wird das Thermometer zwei bis vier Zentimeter in den After eingeführt. Mit den Fingern der Hand, die das Thermometer halten, sollte ein Fächer gebildet werden und mit ein bis zwei Fingern wird gleichzeitig ein Abstand zum Hinterteil des Hundes fixiert, damit es bei Abwehrbewegungen nicht hineinrutschen kann und es keine Verletzungen gibt (Niewöhner 2014 S. 15).

2.5.4 Erste Maßnahmen im Notfall

Grundsätzlich sollte ein Hund an das Anlegen eines Maulkorbs oder einer Maulschlinge gewöhnt sein. Dies erleichtert im Notfall die Untersuchung und Behandlung erheblich, insbesondere dann, wenn der Hund Schmerzen hat. Er befindet sich in einer Ausnahmesituation und wird im Sinne einer normalen Abwehrreaktion möglicherweise den/die Halter/In oder andere Personen beißen. Eine Maulschlinge kann mit einer breiten Mullbinde angelegt werden, sofern kein Maulkorb verfügbar ist (Niewöhner 2014, S. 10ff). Dazu wird eine Schlaufe vorgefertigt, diese wird mit dem Knoten nach oben um das Hundemaul gelegt. Die Enden der Mullbinde werden einmal unter dem Kinn überkreuzt, danach unterhalb der Ohren hinter den Kopf geführt und dort werden die Enden zugebunden (a. a. O.; Lausberg 1999 S. 21f). Eine Schlinge darf keinesfalls angelegt werden, wenn

- der Hund an der Nase verletzt ist,
- Atemnot zeigt oder
- erbrochen hat bzw. erbricht,
- ein Fremdkörper im Rachenraum liegt,
- der Hund bewusstlos ist oder Bewusstlosigkeit droht.

Bei Rassen mit sehr kurzen Nasen ist ebenfalls Vorsicht geboten (a. a. O.).

Erstmaßnahmen nach einem Unfall oder einer Bissverletzung

Nach einem Unfall oder einer Bissverletzung durch einen anderen Hund sollte der Hund unbedingt sofort angeleint werden. Oftmals stehen die Hunde unter Schock und reagieren zunächst ganz normal, bis dann der Schock nachlässt und der Hund die Schmerzen spürt. Er reagiert dann meist unkontrolliert. Einen panischen Hund wieder einzufangen und zu untersuchen, ist extrem schwierig und risikoreich. Selbst wenn ein Hund ansonsten gehorsam ist, befindet er sich in einer Ausnahmesituation und kann dementsprechend ungewöhnlich reagieren. Der Hund kann auch an einem Zaun, Geländer oder einem Baum mit einer Leine fixiert werden, so dass sein Halsband eng an diesem Gegenstand anliegt, er aber noch genügend Bewegungsfreiheit hat. Allerdings sollten der Kopf und der Körper dabei in einer stabilen Lage sein (Lausberg 1999, S. 20f). Bei der Untersuchung des Hundes wird in der gleichen Reihenfolge vorgegangen wie bei einem Menschen:

1. Überprüfung der Atmung
2. Überprüfung des Pulsschlags
3. Ausschluss von Wirbelsäulenverletzungen
4. Stoppen bedrohlicher Blutungen
5. Versorgung offener Brüche
6. Schockbehandlung

Beatmung und Herzmassage dürfen nur dann durchgeführt werden, wenn sichergestellt ist, dass keine Atmung und kein Puls mehr vorliegen und wenn der Hund ohne Reanimation keine Überlebenschance hätte. Bei Kreislaufversagen empfiehlt sich Reanimation und das Notfall-ABC (Niewöhner 2014, S. 17ff).

Notfall-ABC: A wie Atmung sichern, B wie Blutkreislauf kontrollieren und sichern, C wie »c«entrales Nervensystem:

A – Atmung sichern

Bei einem Atemstillstand des Hundes muss sofort gehandelt werden. Da die lebenswichtigen Organe nicht mehr mit Sauerstoff versorgt werden, kann der Hund sterben oder es können dauerhafte Schäden entstehen. Es sollt wie folgt vorgegangen warden:

- Kontrolle der Atmung (s. oben),
- Maul kontrollieren und die Atemwege des Hundes freilegen,
- verlegten Kehlkopf von Gegenstand oder Erbrochenem befreien und die Zunge des Hundes nach vorne legen,
- leichtes Überstrecken des Kopfes.

Setzt die Atmung nach diesen Maßnahmen nicht wieder ein, muss mit der Beatmung begonnen werden. Die Beatmung soll dabei der Größe des Hundes entsprechend angepasst werden. Ein Hund von etwa 20 Kilogramm Körpergewicht atmet pro Zug etwa 300 Milliliter Luft ein, das wäre etwas mehr als ein größerer Kaffeebecher voll. Die menschliche Lunge verfügt über ein deutlich größeres Volumen, daher sollte die Beatmung gut dosiert und vorsichtig durchgeführt werden. Bei einem Atemstillstand wird der Hund mit der Mund-zu-Nase-Methode beatmet (Niewöhner 2014, S. 17):

- Der Hund wird auf die Seite gelegt.
- Der Kopf wird gestreckt, eine Hand fixiert den Kopf.
- Die zweite Hand umfasst das Maul ringförmig (Zunge darf nicht mehr heraushängen).
- Der Mund wird auf den gebildeten Ring der Hand aufgesetzt.
- Vorsichtig wird ein Teil der Ausatemluft des Menschen in die Nasenlöcher des Hundes geblasen.
- Dabei sollte sich der Brustkorb des Hundes ausdehnen.
- Der Vorgang sollte acht bis zwölf Atemzüge pro Minute durchgeführt werden, bei kleinen Hunden etwas häufiger.
- Der Hund darf auf diese Weise keinesfalls längere Zeit beatmet werden, er sollte sobald wie möglich von einem/einer Tierarzt/Tierärztin intubiert werden.

Falls keine Spontanatmung einsetzt und kein Puls mehr fühlbar ist, braucht der Hund sofort eine Herz-/Lungen-Wiederbelebung, damit der

Kreislauf wieder in Gang gesetzt wird. Eine Herzmassage darf niemals an einem schlagenden Herzen verübt werden, somit darf sie auch keinesfalls an einem gesunden Hund trainiert werden (a. a. O.).

B – Blutkreislauf kontrollieren und sichern

Wenn der Puls nicht mehr fühlbar ist, weder an der Brustwand noch an der Oberschenkelarterie (s. oben), dann wird folgendermaßen vorgegangen (a. a. O.):

- Es erfolgt ein Schlag mit der Faust auf den Brustkorb des Hundes, die Kraft des Schlages muss an die Größe des Hundes angepasst werden. Der »präcardiale Faustschlag« kann im besten Fall dazu führen, dass der Herzschlag spontan wieder einsetzt.
- Erneute Prüfung von Herzschlag bzw. Puls.
- Beginn der Herzmassage bei sehr kleinen Hunden und Welpen:
Der Hund liegt möglichst auf der rechten Seite, kann aber auch hochgehalten bzw. im Stehen gehalten werden. Dies gilt aber ausschließlich für kleine Rassen. Das Herz liegt links, also muss die linke Seite des Hundes oben liegen, um eine Herzmassage durchführen zu können. Eine Hand liegt am Rücken des Hundes, direkt auf der Wirbelsäule und erzeugt somit etwas Gegendruck. Dann wird mit der anderen Hand das Brustbein umgriffen und der Brustkorb zwischen dem Daumen und den Fingern mit einem Impulsdruck zusammengedrückt. Eine zweite Möglichkeit ist die, mit der anderen Hand die linke Vorderpfote des Hundes leicht diagonal nach vorne zu ziehen, bis das Bein gestreckt ist. Dann wird das Bein wieder zurück gegen den Brustkorb gedrückt, die andere Hand am Rücken sorgt für den Gegendruck. Vorsicht ist geboten, denn zu starker Druck kann zu Rippenbrüchen führen. Es werden 30 Stöße bzw. Drücke gegeben und anschließend wird der Hund zwei Mal beatmet. Dieses wird in drei Zyklen wiederholt. Danach wird kontrolliert, ob das Herz bzw. die Atmung wieder einsetzen.
- Beginn der Herzmassage bei großen Hunden:
Der große Hund liegt auf der rechten Seite. Eine Hand liegt flach auf der linken Brustwand auf, die andere Hand wird mit dem Handballen auf die untere Hand gelegt. Dann werden kurze Stöße mit dem Handballen der oberen Hand auf die untere Hand gegeben, wobei auch hier der Druck der Stöße an die Größe des Hundes anzupassen ist. Es werden auch bei großen Hunden 30 Stöße gegeben und anschließend zwei Mal beatmet. Dieses wird in drei Zyklen wiederholt. Danach wird kon-

trolliert, ob das Herz bzw. die Atmung wieder einsetzen. Zur Selbstkontrolle ist es hilfreich, die Stöße mitzuzählen, damit eine Kontrolle über die Wiederbelebung herrscht.

C – »C«entrales Nervensystem

Es folgt die Kontrolle des zentralen Nervensystems, dabei geht es um folgende Fragen (Niewöhner 2014, S. 18): »Ist der Hund bei Bewusstsein? Wenn ja, wie ist sein Verhalten? Nimmt er die Umwelt noch wahr und zeigt er Reaktionen? Kann er Bewegungen verfolgen? Reagieren seine Pupillen auf Lichteinfall?«

Ist der Hund ohne Bewusstsein, dann muss er in die stabile Seitenlage gebracht werden, wobei der hintere Teil des Hundes etwas erhöht liegt. Dann geht es um die Prüfung der Pupillen des Hundes und die Nutzung von zwei Akupunkturpunkten, die auch veterinärmedizinische Laien in einer Notsituation anwenden können (a. a. O.). Mit einer kleinen Taschenlampe wird die Reaktion der Pupillen auf Lichteinfall so getestet, dass der Schein der Lampe in jeweils ein Auge gehalten wird. Die Pupillen sollten sich bei Lichteinfall schnell verkleinern und vor allem auch bei beiden Augen in derselben Geschwindigkeit. Sollte diese bei beiden Augen unterschiedlich sein, muss der Hund, abgesehen von anderen Verletzungen, ohnehin sofort zu einem Tierarzt/einer Tierärztin. Es können Schädigungen des Gehirns vorliegen.

Nicht zuletzt können die Akupunkturpunkte L 26 und He 9 mit einer Akupunkturnadel oder einer feinen Stecknadel stimuliert werden. L 26 befindet sich am unteren Rand des Nasenspiegels des Hundes in der Mitte, direkt am Übergang der Nase zum fellbedeckten Teil, He 9 befindet sich an der Vorderpfote des Hundes. An der inneren Seite der äußeren Kralle, dort wo die Kralle aus der Haut wächst (a. a. O.).

Schockbehandlung

Ein medizinischer Schock stellt wie bei Menschen auch bei Hunden einen lebensbedrohlichen Zustand dar, er kann verschiedene Ursachen haben, hervorgerufen z. B. durch einen allergischen Schock, durch Blutverlust bzw. innere Blutungen, Herzinfarkt, Herzrhythmusstörungen, nach Hirnverletzungen, Blutvergiftungen oder durch einen zu niedrigen Blutzuckerspiegel (Diabetes) (Niewöhner 2014, S. 21ff).

Die Symptome des Schocks sind ein flacher, schneller Puls, eine kalte Körperoberfläche und eine verlängerte kapillare Rückfüllzeit (s. oben). Der

Hund muss auch hier sofort zu einer/einem Tierärztin/Tierarzt (a. a. O.). Folgende Maßnahmen sind hilfreich:

- Anleinen des Hundes,
- stabile Seitenlage des Hundes,
- Zudecken bzw. Wärmen mit einer Jacke oder Decke,
- Kontrolle des Kreislaufs.
- Bei Bewusstlosigkeit sollten die Atemwege freigelegt werden, damit keine Erstickungsgefahr durch Zunge oder Erbrochenes besteht.

Starker Blutverlust bzw. bedrohliche Blutungen

Nicht nur äußerlich sichtbare Blutungen, auch innere Blutungen sind bedrohlich. Daher sollten immer auch kleinere Wunden bei einem Hund tierärztlich untersucht werden, wenn dieser z. B. gebissen worden ist. Durch das Schütteln nach dem Zubiss eines anderen Hundes kann sich das Gewebe unter der Bissstelle großflächig loslösen, so dass im Gewebe bis zu Handteller große Ablösungen entstehen, die äußerlich nicht sichtbar sind. Dabei besteht außerdem eine hohe Infektionsgefahr und oftmals ist eine Drainage erforderlich.

Ein Hund mit einem Körpergewicht von ca. 15 Kilogramm verfügt über etwa 1,35 Liter Blut im Körper. Bei Verlust eines Drittels davon besteht akute Lebensgefahr für den Hund. Bei bedrohlichen Blutungen wird zunächst das oben beschriebene ABC-Kontrollvorgehen durchgeführt. Sind die Atemwege frei, der Hund atmet und sein Herz schlägt, dann sollten sofort die Blutungen gestoppt werden. Dies geschieht mittels Druckverband und Abbinden (Niewöhner 2014, S. 23ff; Lausberg 1999, S. 30f). Ideal ist es, wenn das notwendige Verbandsmaterial zur Verfügung steht (ggf. ist ein Auto mit einem Erste-Hilfe-Kasten in der Nähe.) Es gibt außerdem Erste-Hilfe-Pakete für Hunde, die zur Aufbewahrung im Auto sehr gut geeignet sind.

1. Eine möglichst saubere Wundauflage oder eine Kompresse wird auf die Wunde gelegt.
2. Dann eine Mullbinde um die Wundauflage wickeln.
3. Anschließend ein bis zwei Verbandspäckchen oder eine aufgerollte Mullbinde auf die Wundauflage drücken und mit Zug weiter umwickeln. Dabei soll Zug auf die Päckchen bzw. die Wundauflage gebracht werden, so wird mehr Druck auf die Verletzung bzw. blutenden Gefäße erzeugt.

4. Sollte die Blutung nicht stoppen, kann der Verband nochmals gelockert und erneut mit noch mehr Druck aufgebracht werden.

Meist steht jedoch kein hygienisches Verbandsmaterial zur Verfügung. Es können auch Dreieckstücher, Socken, ein Halstuch etc. verwendet werden und der Druck des Verbands kann z. B. mit einem Feuerzeug auf der Wundauflage erhöht werden, welches auf ein Stoffpäckchen gedrückt wird. In jedem Fall ist es wichtig, die Blutung überhaupt zu stoppen, ob nun hygienisches Material vorliegt oder nicht. Ein Druckverband darf nur kurzzeitig auf der Wunde verbleiben, da ansonsten starke Schwellungen entstehen können. Eine Tierklinik oder Tierarztpraxis ist schnellstmöglich aufzusuchen.

Druckverbände dürfen allerdings nur bei Blutungen aufgelegt werden, bei denen sich keine Fremdkörper in der Wunde befinden. Fremdkörper dürfen niemals aus der Wunde herausgezogen werden, da dies die Blutung weiter verstärken könnte. Der Fremdkörper sollte mit einem Tuch oder Ähnlichem vorsichtig fixiert werden.

In Ausnahmefällen, bei sehr starken und spritzenden Blutungen, kann eine Wunde abgebunden werden. Optimal ist ein spezieller Stauschlauch, aber im Notfall können auch dehnbare Gewebe wie dünne Mullbinden, Gummischläuche, Schnürsenkel, Socken bzw. Nylonstrümpfe genutzt werden. Es sollte nie an einem Gelenk, sondern immer oberhalb eines Gelenkes abgebunden werden, welches wiederum oberhalb der blutenden Wunde liegt. Beim Abbinden wird ein einfacher Knoten nach und nach fester gezogen, bis die Blutung deutlich weniger wird oder im besten Fall aufhört. Danach wird der Knoten mit einer Schleife gesichert. Kommt sie nicht zum Stillstand, sollte zusätzlich noch ein Druckverband aufgelegt werden (Niewöhner 2014, S. 24f). Der Zeitpunkt des Abbindens sollte dem/der Tierarzt/Tierärztin später mitgeteilt werden können.

Knochenbrüche

Bei einem Knochenbruch an den Gliedmaßen wird ein Bein nicht mehr belastet, es hängt schlaff herunter oder in einer ungewöhnlichen Position herab. Ein geschlossener Bruch ist unter Umständen schwer zu erkennen, aber die betroffene Stelle wird anschwellen, verformt und stark erwärmt sein. Ggf. entstehen auch knirschende Geräusche. Bei einem offenen Bruch ist die Haut verletzt und Knochenteile ragen heraus, wobei auch starke Blutungen vorhanden sein können.

Der Knochenbruch sollte möglichst nicht bewegt werden (Lausberg 1999, S. 40). Er kann ggf. mit einer Schiene und einem Tuch vorsichtig in vorhandener Position fixiert werden, er darf aber keinesfalls gerichtet und geschient werden. Ein offener Bruch kann vorsichtig mit einem sauberen Tuch abgedeckt werden. Die Kreislaufsituation des Hundes sollte überwacht und der Hund muss warmgehalten werden. Eine sofortige tierärztliche Versorgung ist zu gewährleisten (Niewöhner 2014, S. 44).

Vergiftungen

Bei Vergiftungen ist es für den Laien sehr schwierig, eine richtige Diagnose zu stellen. Das einzig sichere Anzeichen für eine Vergiftung besteht, wenn die Aufnahme eines Giftköders oder einer giftigen Substanz beobachtet worden ist. Die Symptome können je nach Substanz sehr unterschiedlich sein. In jedem Fall kann nur ein/e Tierarzt/Tierärztin helfen und ist bei Verdacht sofort anzurufen und zu konsultieren. Diese/r kann Vitamin K 1 verabreichen und bei frühzeitiger Behandlung das Leben des Hundes möglicherweise retten (Niewöhner 2014, S. 57ff). Grundsätzlich ist es hilfreich, sich über Giftköder zu informieren. Darüber hinaus gibt es Internetseiten (z. B. https://www.giftkoeder-radar.com), die aktuell über ausgelegte Giftköder in den jeweiligen Regionen informieren. Außerdem ist es wichtig, die Telefonnummer der zuständigen Giftnotrufzentralen parat zu haben (s. unten: Nützliche Adressen).

Die Vergiftungen von Hunden können vielfältige Ursachen haben. Sie können sich mit Rattengift oder Substanzen im Haushalt vergiften (Lausberg 1999, S. 62ff). Auch enthalten Lebensmittel wie beispielsweise Weintrauben und Schokolade für Hunde giftige Substanzen (s. unten »Gifte aus dem Alltag« und Niewöhner 2014, S 58f).

Anzeichen einer unklaren Vergiftung sind häufig Schwäche, Erbrechen, Speichelfluss, Reizung der Augen- und/oder Mundschleimhaut, Durchfall, Zittern, Kreislaufzusammenbruch, Krämpfe, Blut in Erbrochenem, in Kot oder Urin. Die Blaufärbung der Zunge und Atemnot oder eine blasse Färbung der Schleimhäute können ebenfalls Symptome für eine Vergiftung darstellen.

Erstmaßnahmen bei Vergiftungen:

- Probe des Giftes aufbewahren, wenn möglich (Inhaltsstoffe auf Beipackzetteln von Produkten im Haushalt, Produktbeschreibung mit in die Tierarztpraxis nehmen) bzw.

- Probe des Kots oder Erbrochenen mit zum Tierarzt nehmen;
- Kohletabletten verabreichen, diese können zumindest kurzfristig einen Teil des Giftes binden;
- wenn der Hund nicht krampft, sollte er Wasser trinken können, es darf ihm aber nichts eingeflößt werden;
- den Hund nicht selbst zum Erbrechen bringen;
- keinesfalls eine Maulschlaufe anlegen.

Rattengift

Rattengift wirkt zeitverzögert, daher lässt sich meist zunächst kein Zusammenhang für den/die Halter/in erkennen, es sei denn, die Aufnahme des Giftes wurde beobachtet. Die darin enthaltenen Wirkstoffe wie Cumarin, Bromadiolon, Wafarin und/oder Difenacoum hemmen die Blutgerinnung und es kommt zu inneren Blutungen, die zum Tod führen. Auch sind Nervengifte beigemischt, die zu Lähmungen der Atmung und des Herzens führen und in einem Kreislaufzusammenbruch enden. Vergiftungserscheinungen treten erst drei bis fünf Tage nach der Giftaufnahme auf. Der Hund wird schlapp, blutiger Speichel, Nasenbluten und blutiger Urin bzw. Kot können sichtbar werden. Der Tierarzt wird Vitamin K1 als Gegenmittel einsetzen. Bei rechtzeitiger Behandlung sind die Aussichten relativ gut (a. a. O.).

Schneckenkorn

Symptome zeigen sich meist nach ein bis zwei Stunden nach der Aufnahme. Der Hund zeigt Speichelfluss, eine schwere Atmung und Atemgeräusche, Angst und Unruhe, Erbrechen, Durchfall, Lähmungen, einen steifen Gang und einen niedrigen Puls. Es zeigt sich ein heftiger Verlauf, der Hund bekommt Krämpfe und schließlich kommt es zum Tod. Die Gabe von 10 bis 15 Kohletabletten (bei kleinen Hunden und doppelt so viele bei großen Hunden) kann kurzzeitig helfen, das Gift zu binden. In Wasser aufgelöst und verabreicht wirken sie am besten. Dann den Hund sofort in eine Tierarztpraxis bringen (a. a. O.).

Gifte aus dem Alltag

Lebensmittel, Haushaltsmittel, Mineralöle und bestimmte Pflanzen sind für Hunde giftig. Diese werden nachfolgend nur zusammengefasst dargestellt und sind im Detail z. B. bei Niewöhner (2014, S. 58ff) nachzulesen.

Zu giftigen Lebensmitteln zählen vor allem Alkohol, Avocado, Bohnen, Knoblauch, Bärlauch, rohes Schweinefleisch, Schokolade und Kakao sowie Süßstoff (Xylit, in vielen Lebensmitteln enthalten), Weintrauben, Rosinen und Zwiebeln. Bei Aufnahme dieser Lebensmittel ist sofort eine Tierarztpraxis aufzusuchen. Weitere giftige Mittel aus Haushalt und Gartenbedarf sind Dünger, Frostschutzmittel, Insektizide und Medikamente für Menschen (insb. Schmerzmittel). Mineralöle sind giftig und in Putzmitteln und Unkrautvernichtern enthalten. Bei Vergiftungen mit Säuren oder Laugen empfiehlt es sich, Handschuhe zu tragen, wenn der Hund behandelt wird. Giftige Pflanzen sind zahlreich, dazu zählen insbesondere Efeu, Eibe, Buchsbaum, Engelstrompete, Goldregen, Herbstzeitlose, Maiglöckchen, Mistel, Nachtschattengewächse (z. B. Tomate, Kartoffeln, Paprika, Engelstrompete, Aubergine, Tollkirsche, Stechapfel), Oleander, Robinie, Topfazalee, Weihnachtsstern, Christusdorn und Wolfsmilchgewächse (a. a. O.).

Magendrehung

Eine Magendrehung tritt häufiger bei größeren Hunden auf als bei kleinen Hunden und ist immer lebensbedrohlich (Lausberg 1999, S. 87f). Große Rassehunde wie z. B. Schäferhunde, Doggen, Deutsch Langhaar und Berner Sennen trifft diese Gefahr häufiger. Das Risiko einer Magendrehung erhöht sich vor allem dann, wenn große Futtermengen mit einer Mahlzeit gegeben werden und hauptsächlich Trockenfutter verabreicht wird. Daher ist eine Verteilung der Futtermenge auf zwei bis mehrere kleine Portionen täglich ratsam. Eine Metanalyse mehrerer Studien zeigt außerdem, dass weitere Risikofaktoren eine Magendrehung begünstigen können. Dazu zählen u. a. genetische Faktoren, ein höheres Lebensalter, das Temperament des Hundes, die Futterzusammensetzung bzw. -qualität sowie Aufregung und Stress des Hundes vor, während und nach der Fütterung (Hellweg, Zentek 2005). Gesicherte Erkenntnisse zur Vermeidung von Magendrehungen liegen noch nicht vor, jedoch sollte auf mehrere Mahlzeiten täglich, eine gute Futterqualität und Ruhe vor, während und nach der Fütterung geachtet werden.

Die Haltebänder des Magens werden bei großer Belastung überdehnt, hinzu können noch Fehlgärungen kommen. Der Magen »verdreht sich« aus der eigentlich notwendigen Position und Venen können dabei abgeklemmt werden. Lausberg beschreibt, dass der Begriff »Magendrehung« fachlich nicht korrekt sei, da sich der Magen nicht verdreht, sondern eigentlich in bestehender Position verbleibt und es aber zu einer Drehung von vorne nach hinten bzw. einer Umstülpung des Magens kommt (Lausberg 1999, S. 87). Durch die entstehenden Gärungsgase bläht der Bauchraum auf, werden andere Organe gequetscht bzw. verdrängt und in ihrer Funktion eingeschränkt. Umliegende Arterien pumpen weiterhin Blut in den Magen-Darm-Trakt, es entstehen Stauungen und Flüssigkeiten gelangen in den Bauchraum (a. a. O.). Bei Verdacht auf eine Magendrehung ist sofort eine Tierklinik aufzusuchen, da der Hund umgehend operiert werden muss.

Die Anzeichen für eine Magendrehung zeigen sich u. a. durch Unruhe, den Versuch des Hundes, zu erbrechen, Speichelfluss und einen stark aufgeblähten Bauch. Diese Aufgasung im Bauchraum ist »hörbar«, wenn man mit den Fingerspitzen auf der rechten Seite des Hundes hinter den Rippen auf den Hund klopft. Das Geräusch klingt hohl, wie das Klopfen auf einen Luftballon. Die Tierklinik sollte möglichst schon beim Anruf über diesen Verdacht informiert werden, damit die Vorbereitungen für eine Operation getroffen werden können. Entsprechende Operationen können erfolgreich sein, wenn sie sofort stattfinden und nicht bereits eine Blutvergiftung und eine zu starke Schädigung des Gewebes eingetreten sind (Niewöhner 2014, S. 26).

Verbrennungen

Hunde können sich an Wärmequellen (z. B. heißem Wasser, Kamin, Herd, Grill, Pfannen mit Öl), Chemikalien und Stromquellen verbrennen. Die Symptome unterscheiden sich je nach Schweregrad und Ursache der Verbrennung. Verbrennungen durch Öle sind meist die schwerwiegenden. Drei Schweregrade werden bei Verbrennungen unterschieden (Lausberg 1999, S. 57f). Grundsätzlich tritt durch die verletzten Hautschichten ein Serum aus und vorhandene Brandwunden infizieren sich häufig. Nicht zuletzt können zusätzlich Rauchvergiftungen (Qualm bei Grill und Feuer) und Lungenentzündungen entstehen.

Die Haut des Hundes schwillt an, ist rot oder verbrannt (bei Verbrennung durch Hitze), weiß (durch Lauge) oder braun (durch Säure). Das Fell ist an der betreffenden Stelle versengt oder fällt aus, es können sich Brandblasen bilden und der Hund verspürt Schmerzen, die Haut ist stark berührungsempfindlich (Niewöhner 2014, S. 38f).

Folgende Erstmaßnahmen können durchgeführt werden: Die eigenen Hände sollten geschützt werden, Brandblasen keinesfalls öffnen. Die Hautflächen sollten bestenfalls zehn bis 15 Minuten unter möglichst fließend kaltem Wasser abgekühlt werden. Eine kühlende (kaltes Wasser) Kompresse kann vorsichtig auf die Wunde gelegt werden und vorher vorsichtig mit einem sterilen Tupfer (keinesfalls Watte!) abgetupft werden. Kühlakkus oder Eisbeutel, auch Lebensmittel aus dem Gefrierschrank können zunächst hilfreich für die Kühlung der Hautstellen sein. Bei einer zusätzlichen Rauchvergiftung sollte der Hund an die frische Luft. Es sollten keine Salben etc. aufgetragen, der Hund sobald wie möglich zu einer Tierarztpraxis gebracht werden (a. a. O.).

Unterkühlung und Erfrierungen

Hunde, die bei Kälte weglaufen und längere Zeit frieren, die nass und dabei Wind ausgesetzt sind oder die an Flüssen oder einem See in Eis einbrechen, erleiden Unterkühlungen. Dabei wird nur wenig Blut in den Außenbereich es Körpers gelangen und es entsteht eine Mangeldurchblutung und Sauerstoffmangel (Niwöhner 2014, S. 53). Es gilt, den Hund vorsichtig (!) aufzuwärmen, ggf. mit einer Jacke oder Decke und ihn an einen nicht allzu warmen Ort zu bringen. Der Hund kann zum Aufwärmen auch eine warme Flüssigkeit (keine heiße!) zu sich nehmen. Niewöhner schlägt vor, ggf. Brühe oder Leberwurst mit Wasser zu erwärmen und dem Hund anzubieten (a.a.O). Bei Nutzung einer Wärmflasche muss immer eine Decke oder ein Handtuch zwischen Wärmflasche und Hund liegen. Bei Nutzung eines Föns sollte nur die unterste Wärmestufe verwendet werden. Der Hund sollte keinesfalls auf eine Heizdecke gelegt werden, da zu viel Wärme bei Unterkühlung sehr schmerzhaft ist und durch eine starke Erwärmung die plötzlich verstärkte Durchblutung der Hautgefäße die inneren Organe schädigen kann. Somit ist ein vorsichtiges Aufwärmen des Hundes erforderlich. Bei Atem- bzw. Herzstillstand muss der Hund entsprechend der Reanimationsvorgaben (ABC) wiederbelebt werden.

Stromschlag

Oftmals erscheint der Hund nach einem Stromschlag erholt, die Schäden (Herzrhythmus-Störungen, Füllen der Lunge mit Wasser) treten oft erst nach Tagen auf. Hunde erhalten häufiger einen Stromschlag durch Weidezaungeräte, die sehr schmerzhaft sind und oft auch Panik auslösen. Der Hund sollte sofort angeleint werden. Stromschläge können auch durch Steckdosen oder angenagte Kabel erfolgen, was meist bei Welpen passiert. Auch eingeschaltete Elektrogeräte können eine Gefahr darstellen und Hund können außerdem vom Blitz getroffen werden (Lausberg 1999, S. 61). Wichtig ist, dass der Hund nicht mehr an dem Stromkreis hängt, bevor er berührt wird, sonst erhält auch der Mensch einen Schlag. Somit sollten Sicherung oder Stecker gezogen werden, bevor der Hund berührt wird. Bei Weidezäunen kann ein Holzbesenstiel oder eine Holzlatte bzw. ein Ast verwendet werden, um den Hund von dem Stromzaun zu lösen. Feuchtes oder nasses Gras leitet auch Strom, daher ist Vorsicht geboten.

Ein Stromschlag wirkt sich massiv auf die Frequenz des Herzens aus, daher sollte der Hund sofort zu einem Tierarzt/einer Tierärztin gebracht werden (Niewöhner 2014, S. 37f). Auch sollten Brandwunden im Maulbereich kontrolliert werden. Der kann nach dem Schlag ggf. krampfen oder auch kollabieren bzw. bewusstlos werden oder einen Herzstillstand erleiden. Möglicherweise gehen Kot und Urin ab. Es sollten bei Herz-/Kreislaufstillstand entsprechende Maßnahmen zur Reanimation (▶ Kap. 2.5.4) durchgeführt werden.

Hitzschlag

Ein Hitzschlag wird meist durch ein Einsperren des Hundes im Auto bei sommerlichen Temperaturen ausgelöst. Kein Hund sollte im Sommer im geparkten Auto längere Zeit verbleiben. Die Temperatur kann hier innerhalb kürzester Zeit auf über 55 Grad steigen, trotz geöffneter Fenster. Bereits bei Außentemperaturen von 20 Grad (!) heizt sich die Temperatur so stark im Auto auf, dass das Risiko für den Hund lebensbedrohlich werden kann. Hunde können die Körpertemperatur nicht durch Schweißabsonderung regulieren, wie dies beim Menschen der Fall ist. Sie können lediglich Hecheln oder sich auf kühle Flächen legen, um sich etwas abzukühlen. Daher sind Hunde sehr empfindlich bei Wärme bzw. Hitze.

Auch zu viel Bewegung an warmen Tagen kann schnell zu einem Hitzschlag führen. Manche Hunde sind dabei gefährdeter als andere (z. B. alle Hunderasse mit verkürztem Maul und flacher Nase, langhaarige Rassen, übergewichtige und ältere Hunde).

Ein Hund mit einem Hitzschlag wird stark hecheln, unruhig sein, Speichelfluss zeigen und ggf. kollabieren. Die ersten Maßnahmen bestehen darin, die Körpertemperatur des Hundes langsam zu senken und ihm Wasser zum Trinken anzubieten (keinesfalls Wasser einflößen). Der Hund sollte in den Schatten oder an einen kühleren Ort gebracht werden, er kann mit einem nassen Handtuch abgekühlt werden, allerdings auf der Bauchseite. Er sollte sich auf das nasse Handtuch legen, ein Hund sollte immer nur an Bauch und Brust gekühlt werden, wobei mit der Kühlung immer zunächst an den Beinen begonnen wird (Lausberg 1999, S. 86). Es darf kein nasses Handtuch auf den Rücken des Hundes gelegt oder er darin eingewickelt werden. Es kann auch ein vorsichtiges Begießen mit Wasser an Beinen und Bauch (z. B. aus Schlauch oder Gießkanne) erfolgen.

Ggf. kann auch ein nasses Tuch auf den Kopf gelegt werden. Der Kopf sollte grundsätzlich gestützt werden, der Hund wird schwach und ängstlich sein. Keinesfalls sollte er in Wasser gelegt werden oder Ähnliches, die Abkühlung sollte wie oben beschrieben erfolgen. Auch können die Gliedmaßen vorsichtig massiert werden.

Vom Hitzschlag abzugrenzen ist ein Sonnenstich. Dieser wird häufig durch Schwimmen des Hundes im Sommer ausgelöst, denn die Wasseroberfläche reflektiert das Licht sehr stark und es kommt zu einer Wärmewirkung im Schädel- und Nackenbereich, wobei – anders als beim Hitzschlag – die Blutzirkulation des Gehirns erheblich gestört wird. Dem Hund wird übel und er muss in der Regel erbrechen. Der Hund sollte demnach beim Schwimmen immer wieder lange Pausen einlegen und sich unbedingt im Schatten aufhalten, damit ein Sonnenstich vermieden wird.

Erstickungen und Atemnot

Erstickungsanfälle können unterschiedliche Ursachen haben. Vorsicht ist immer beim Ballspiel geboten, da Hunde häufig mit zu kleinen Bällen spielen. Insbesondere, wenn diese aus der Luft gefangen werden, können sie sich in der Maulhöhle festsetzen.

> Außerdem können »Unfälle mit Verletzungen von Brustkorb und Lunge, Insektenstiche in der Maulhöhle, Fremdkörper in den Atemwegen, Luftröhrenkollaps (vor allem bei Zwergrassen), Schädel-Hirn-Trauma nach einem Unfall Beeinflussung der lebenswichtigen Atemsteuerung im Gehirn« zu Atemnot und Erstickung führen (Niewöhner 2014, S. 25).

Erkennbar wird dies durch einen vorgestreckten Hals, zurückgezogene Lefzen und ein Pumpen im Brust- und Bauchbereich. Der Hund hat Angst und weit geöffnete Augen, er wird breitbeinig stehen und der Puls schnellt in die Höhe (a. a. O.). Außerdem kann es zu vermehrtem Speichelfluss kommen. Ggf. reibt er sein Maul auf dem Boden entlang oder geht mit der Pfote an sein Maul. Auch färben sich die Schleimhäute blau ein. Atemnot eines Hundes ist ein absoluter Notfall und erfordert ebenfalls schnelles Handeln.

Zunächst sollte das Maul geöffnet und nach einem Fremdkörper gesucht werden. Es geht leichter, wenn zwei Personen vor Ort sind, dann kann eine Person das Maul öffnen und die andere nachsehen. Dazu muss eine Hand den Unterkiefer, die andere den Oberkiefer halten und mit Daumen und Zeigefinger auf die Lefzen gedrückt werden, damit der Kiefer auseinander gedrückt werden kann. Dabei sollte die Lefze auf den Zähnen aufliegen. Der Hund wird ggf. zubeißen und beißt dann erst auf seine Lefze, damit verringert man die Verletzungsgefahr des Menschen. Der Fremdkörper sollte nun vorsichtig entfernt werden. Ist der Hund bewusstlos, kann mit einem Löffelstiel der Gegenstand entfernt werden, dies birgt allerdings eine hohe Verletzungsgefahr und sollte nur vorsichtig und bei Bewusstlosigkeit durchgeführt werden. Der Hund sollte beatmet werden (s. oben). Es kann auch versucht werden, an der Zunge zu ziehen oder einen kräftigen Druck auf den Brustkorb auszuüben, damit der Atemreflex wieder einsetzt (a. a. O.). Zur Lösung des Fremdkörpers kann, insbesondere bei kleineren Gegenständen, auch der Hund an den Hinterbeinen hoch gehalten werden und ein Schlag auf den Brustkorb und zwischen die Schulterblätter erfolgen. Wenn ein größerer Fremdkörper in der Maulhöhle festliegt, kann dieser ggf. gekürzt werden und der Hund dann auf die Seite gelegt werden, wobei der Fremdkörper möglichst rundum gepolstert werden sollte.

Bei Verletzungen des Brustbereichs mit folgender Atemnot ist der Hund auf der verletzten Seite zu lagern, was bei anderen Verletzungen eben nicht erfolgen soll. Aber so kann die unverletzte Seite des Hundes mit dem unbeschädigten Teil der Lunge entlastet werden und der Hund kann besser atmen (a. a. O., S. 26).

Bei kleinen Hunden kann es, wie oben bereits beschrieben, hilfreich sein, ihn an den Hinterbeinen hochzuhalten und den Hund einige Male hin und her zu schwingen. Ein großer Hund kann um den Brustkorb gefasst und hochgehoben werden, so dass der Kopf nach unten hängt. Dann wird der Hund kurz ruckartig nach unten bewegt, ohne ihn dabei fallen zu lassen. Große Hunde dürfen nicht an den Hinterbeinen angehoben werden, da diese ausgekugelt werden könnten. Wenn diese Maßnahmen nicht zum Erfolg geführt haben, sollte der so genannte »Heimlich-Handgriff« angewendet werden[5]: Dazu wird der Hund auf die Seite gelegt.

- Kleine Hunde:
  Eine Hand wird auf dem Rücken positioniert. Mit der anderen Hand wird in das Bauchfell unterhalb des Rippenbogens gegriffen und mit dem Handballen kräftig und ruckartig nach innen/oben (zu starke Einwirkung kann zu Verletzungen führen) gedrückt.

---

5 Anschaulich dargestellt z. B. bei nachfolgender Quelle: http://www.erste-hilfe-beim-hund.de/cgi-php/rel00a.prod/joomla/Joomla_1.6/index.php/heimlich-griff. Stand 07.06.2017

- Große Hunde:
  Der Hund liegt seitlich auf dem Rücken. Beide Handballen werden auf den Bauch des Hundes unterhalb des Rippenbogens gelegt und kräftig, ruckartig nach innen/oben (zu starke Einwirkung kann zu Verletzungen führen) gedrückt. Der Handgriff kann wiederholt werden, bis der Fremdkörper entfernt ist.
  Der Hund sollte nach dieser Maßnahme in jedem Fall tierärztlich untersucht werden, da durch die ungeübte Anwendung des Handgriffes Schäden entstehen können!

2.5.5 Weitere wichtige Hinweise zum Schutz des Hundes

Nachfolgend werden einige wichtige Hinweise zur Vermeidung von Gefahrensituationen für den Hund und konkrete Maßnahmen zum Schutze des Hundes während des pädagogischen bzw. therapeutischen Einsatzes dargestellt. Abschließend werden zusammenfassend wichtige Voraussetzungen für den Einsatz des Hundes mit Blick auf seine gesundheitliche Prüfung und eine angemessene Versicherung sowie z. B. Hygienemaßnahmen in der Einrichtung dargestellt.

Einige Hinweise für die Vermeidung von Gefahrensituationen

- Untersuchungen sollten mit dem Hund eingeübt werden. So wird eine Untersuchung im Notfall auch stressfreier sein. Der Hund sollte sich an allen Körperstellen untersuchen lassen, ohne sich dagegen zu sträuben. Ein entsprechend vorbereiteter Hund wird sich dann auch sehr viel ruhiger bei einer tierärztlichen Untersuchung verhalten. Eine positive Verknüpfung des Hundes für den Tierarztbesuch gelingt dann, wenn bereits im Welpenalter einige Besuche beim Tierarzt stattfinden, ohne dass der Hund eine negative Erfahrung (z. B. Festhalten oder Schmerz beim Impfen) macht. Einfach nur ein Besuch und eine Belohnung mit Leckerli können schon langfristig wirksam sein, so dass der Hund sich künftig freut, wenn er die Praxis betritt. Somit kann eine Untersuchung sehr viel einfacher sein und oftmals ohne Maulkorb bzw. ohne Narkose erfolgen, denn jede Narkose bedeutet immer auch ein Risiko für den Hund.
- Ein Spiel mit Stöcken und zu kleinen Bällen sollte immer vermieden werden. Insbesondere schnelle Hunde erreichen einen geworfenen Stock oft schon dann, bevor dieser auf dem Boden aufkommt. Dann

passiert es, dass der Hund sich den Stock hinten in den Gaumen oder Rachen rammt und dabei verletzt, zum Teil sogar sehr schwer. Aus derartigen Verletzungen resultieren schwer zu behandelnde Wunden mit großer Entzündungsgefahr. Bälle stellen immer eine Gefahr dar, da sie in der Maulhöhle feststecken können. Dies kann zu Atemnot und Erstickung führen. Ein normal großer Tennisball ist bereits für Hunde, die etwas kleiner sind als Labradore, eine große Gefahr (Niewöhner 2014, S. 26). Daher sollten Bälle mit einem daran befestigten Seil benutzt und die richtige Größe des Balles beachtet werden.

- Wenn eine Operation des Hundes vorgenommen wird, sollten die so genannten Wolfskrallen bei der Gelegenheit mit entfernt werden. Häufig entstehen Verletzungen an den Wolfskrallen, diese bluten sehr stark und heilen oft nur schlecht. Ob das sinnvoll ist oder nicht, kann der behandelnde Tierarzt/die Tierärztin entsprechend beurteilen und dazu beratend zur Seite stehen.
- Das Laufen am Fahrrad im Sommer führt auf warmen, geteerten Straßen und Wegen schnell zu Wunden und Brandblasen an den Hundepfoten. Daher sollten diese Ausflüge eingeschränkt werden. Grundsätzlich ist bei warmen Temperaturen darauf zu achten, dass der Hund nicht auf stark aufgeheizten Belegen läuft.
- Der Hund sollte zwischen Herbst und Frühjahr nur selten gebadet werden. Meist trocknen die Hunde in dieser Zeit nicht schnell genug und bleiben in der Unterwolle zu lange feucht. Dies kann u. a. zu Gelenkerkrankungen führen. Hilfreich kann vor allem bei Hunden mit längerem Fell ein »Hundebademantel« aus aufsaugendem Material sein (im Handel erhältlich), damit die Restfeuchte aus dem Fell genommen wird.
- Ein Hund liegt im Arbeitsraum, im Haus oder in der Wohnung meist am Boden. Dort entsteht unter den Türen oft ein starker und kälterer Luftzug, dem der Hund dann ausgesetzt ist. Somit sollte ein zugfreier Platz genutzt werden.
- Ein Hund ist in Straßennähe und an der Straße immer anzuleinen. Auch ein gehorsamer Hund kann sich erschrecken und auf die Straße springen.
- In der Dämmerung bzw. Dunkelheit sollte ein Hund immer durch ein Blinkhalsband gesichert sein. Auch sind zusätzlich angebrachte reflektierende Warnwesten für Hund und Halter/in sowie Taschenlampen empfehlenswert.

Weitere Maßnahmen zum Schutz des Hundes während der Arbeit

- Kenntnisse der Anatomie des Hundes verhindern, dass der Hund in Situationen bzw. Positionen gebracht wird, die ihm schaden und die er körperlich nicht ausführen bzw. aushalten kann. Wenn Klienten/innen zu grob mit dem Hund umgehen, hat der Schutz des Hundes immer oberstes Gebot und er muss vor denjenigen geschützt werden, die unangemessen mit ihm umgehen. Der Pädagogik-/Therapiebegleithund lernt zwar, dass er keine Aggressionen zeigen bzw. nicht beißen darf. Damit nehmen wir ihm aber auch seine Möglichkeit des Selbstschutzes bzw. seiner Verteidigung. Demzufolge ist der/die Hundeführer/in dafür verantwortlich, den Hund zu schützen bzw. zu verteidigen. Sobald der Hund Anzeichen von Stress oder Angst zeigt, ist die Arbeit mit dem Hund zu unter- oder abzubrechen bzw. sind die auslösenden Faktoren zu beseitigen.
- Der Hund benötigt immer eine Rückzugsmöglichkeit während der Arbeit, wo er ungestört ist. Das kann ein Raum für Ruhepausen sein, eine Box oder ein Platz auf einer Decke. So kann der Hund sich zurückziehen und ausruhen, denn die pädagogische bzw. therapeutische Arbeit ist für den Hund anstrengend. Ein Hund benötigt etwa 12 bis 18 Stunden Ruhephasen am Tag, die er verteilt über den Tag zur Verfügung haben sollte. Daraus ergibt sich, dass der Hund nur wenige Einheiten pro Woche arbeiten darf, wobei dazwischen immer Ruhepausen, Spaziergänge oder Spielphasen einzuplanen sind (Wohlfahrt und Mutschler geben fünf Einheiten pro Hund pro Woche an, 2016, S. 191). Die Belastbarkeit ist je nach Hund und Intensität der Arbeit unterschiedlich. Der Halter/die Halterin sollte den Hund sehr gut beobachten und keineswegs überfordern.
- Beim Transport des Hundes im Auto ist auf Sicherheit zu achten. Ein Hund gilt juristisch gesehen als »Ladung« und muss entsprechend gesichert werden. Die Vorschriften zu einer korrekten Ladungssicherung befinden sich in § 22 der Straßenverkehrs-Ordnung (StVO). Für Haustierbesitzer, die ihre Vierbeiner mit dem Auto transportieren, ist vor allem § 22 Absatz (1) bedeutsam: »Die Ladung einschließlich Geräte zur Ladungssicherung sowie Ladeeinrichtungen sind so zu verstauen und zu sichern, dass sie selbst bei Vollbremsung oder plötzlicher Ausweichbewegung nicht verrutschen, umfallen, hin- und herrollen, herabfallen oder vermeidbaren Lärm erzeugen können. Dabei sind die anerkannten Regeln der Technik zu beachten« (Bundesjustizministerium 2013). Jeder Hund, der sich frei im Auto bewegen kann, wird bei einem Unfall zum Wurfgeschoss und hat kaum keine Überlebungschance. Gut geeignet

für einen sicheren Transport sind entsprechende Schutzgitter im Auto oder spezielle Transportboxen, die je nach Größe des Hundes zur Verfügung stehen und entsprechend befestigt werden sollten.
* Selbstverständlich ist im Sinne des Tierschutzes eine artgerechte Haltung und Ernährung. Auch muss für einen Hund immer Wasser zum Trinken zur Verfügung stehen, darauf ist auch während der Arbeit zu achten. Regelmäßige Spaziergänge sind ohnehin selbstverständlich. Ausgedehnte Spaziergänge mit Freilauf in natürlicher Umgebung, regelmäßiges Spiel und Spaß zum Ausgleich zur Arbeit im Pädagogik-/Therapiebegleithundeteam sind für Mensch und Hund ebenfalls notwendig, sinnvoll und erholsam. Außerdem sollte dem Hund regelmäßiger Kontakt zu Artgenossen zur Verfügung stehen.

Wichtige Voraussetzungen für den Einsatz des Hundes in pädagogischen bzw. therapeutischen Settings

* Der Hund muss alle drei Monate zu einem Gesundheitscheck in einer veterinärmedizinischen Praxis vorgestellt werden.
* Sowohl der Gesundheitscheck (Gesundheitsattest) als auch regelmäßige Impfungen und Entwurmungen sind schriftlich von Tierärzten/innen nachzuweisen.
* Wie oben bereits beschrieben, sind eine artgerechte Haltung und Ernährung selbstverständlich. Hunde, die mit Rohfleisch gefüttert werden, stellen unter Umständen ein Risiko für die Klientel dar. Hierüber sollte gründlich nachgedacht werden. Die Infektionsgefahr (z. B. mit Salmonellen) ist jedoch denkbar, laut Wohlfahrt und Mutschler in Kanada bereits nachgewiesen und jedes Risiko sollte möglichst minimiert werden (Wohlfahrt, Mutschler 2016, S. 215).
* Floh- und Zeckenhalsbänder sind bei der Arbeit nicht erlaubt, weil diese Gifte enthalten. Es gibt entsprechende Medikamente und weitere Mittel zur Verabreichung (z. B. Knoblauchgranulat, ägyptisches Schwarzkümmelöl), über die man sich beim Tierarzt bzw. Tierärztin, in der Literatur und im Internet (z. B. Ziegler 2011; http//:pernaturam.de) informieren kann.
* Die Berufshaftpflicht- oder Gemeindeunfallversicherung sollte über den Einsatz des Pädagogik-/Therapiebegleithundes informiert werden. Der Halter/die Halterin sollte eine schriftliche Bestätigung darüber erhalten. Je nach Arbeitgeber ist darauf zu achten, welche Versicherung zuständig ist und dass der Arbeitgeber den Hund als Pädagogik-/Therapiebegleithund anmeldet.

- Eine Hundehaftpflichtversicherung als Pädagogik-/Therapiebegleithund ist in der Regel teurer als eine normale Haftpflichtversicherung, aber zwingend erforderlich.
- Eine Pädagogik-/Therapiebegleithundeausbildung von Hundehalter/in und Hund sollte schriftlich nachgewiesen werden können. Liegt eine Bescheinigung über die bestandene Prüfung und die Bescheinigung des Arbeitgebers vor, dass der Hund regelmäßig eingesetzt wird, kann auch eine Ermäßigung der Hundesteuer beantragt werden. Darüber hinaus sind die laufenden Kosten für den Hund und spezielle Materialien von Pädagogen/innen bzw. Therapeuten/innen in der Regel steuerlich absetzbar.
- Hygiene: Neben der Entwicklung eines Hygieneplans für die Einrichtung (z. B. sollte der Hund nicht in eine Küche oder zu den sanitären Anlagen), der Zustimmung der Kollegen/innen etc. gilt es zu beachten, dass z. B. kein Einsatz bei Patienten/innen mit geschwächtem Immunsystem oder offenen Wunden erfolgen darf.
- Ansonsten ist nachgewiesen, dass die Infektionsübertragung von Mensch zu Mensch in der Regel deutlich höher ist als von einem Hund zum Menschen (Weber, Schwarzkopf 2003). Wenn der Hund regelmäßig tierärztlich untersucht und den Leitlinien entsprechend behandelt wird, eine günstige Ernährung erfolgt und auf die Hygiene geachtet wird, ist ein Einsatz entsprechend den Rahmenbedingungen des Hauses bzw. der Einrichtung mitsamt Hygieneplan in aller Regel problemlos.

3

Der praktische Einsatz eines Pädagogik-/ Therapiebegleithundeteams

Das Kapitel stellt den wesentlichen Kern der theoretischen und praktischen Fortbildung dar, denn es fokussiert auf den praktischen Einsatz in unterschiedlichen beruflichen Settings. Die praktischen Fortbildungseinheiten können hier nicht ausführlich dargelegt werden, jedoch mündet dieses Kapitel in dem Ziel, ausgewählte Unterstützungsmöglichkeiten und Übungen in Bezug auf die jeweilige(n) Zielperson(en) pädagogischen bzw. therapeutischen Handelns aufzuzeigen. Zunächst erfolgt eine Einführung wiederum mit Blick auf den Hund im beruflichen Kontext. Dazu werden wichtige Aspekte im Umgang mit dem Hund benannt und ihre Bedeutung für den Einsatz herausgestellt. Überlegungen zur einzuhaltenden Fluchtdistanz eines Hundes, zu vermeidende Bewegungen und Verhaltensweisen zum Schutz des Hundes sowie Regeln für den Umgang mit dem Hund sind hier maßgebend. Anschließend folgen einige Grundlagen, die für tiergestützte Interventionen im Allgemeinen bedeutsam sind. Dazu zählen die unterschiedliche Formen tiergestützter Interventionen, die Funktionen, welche die Tiere in der Zusammenarbeit erfüllen können, die Bedeutung

3 Der praktische Einsatz eines Pädagogik-/Therapiebegleithundeteams

des Beziehungsdreiecks zwischen Klientel, Hund und professionell tätiger Person mit Blick auf die Haltung und Reflexion von Pädagogen/innen bzw. Therapeuten/innen.

Ein weiteres Kapitel folgt mit dem Ziel, ausgewählte Zielgruppen und Handlungsfelder für den Einsatz eines Pädagogik-/Therapiebegleithundeteams nach der Fortbildung darzustellen. Notwendige Fähigkeiten des Hundes als Voraussetzung für den Einsatz sowie die Zielgruppen und Handlungsfelder werden dazu skizziert und umrissen. Die Handlungsfelder und Praxisbeispiele verdeutlichen nachfolgend sehr konkrete Unterstützungsmöglichkeiten in den Bereichen

- Altenhilfe, Geriatrie, Gerontopsychiatrie,
- Menschen mit ausgewählten psychischen und sozialen Problemlagen bzw. psychischen Erkrankungen,
- Menschen mit Abhängigkeiten bzw. Suchterkrankungen,
- (Heil-)Pädagogische Arbeit im weitesten Sinne,
- Arztpraxen,
- häusliche Unterstützung sowie die
- Zusammenarbeit mit Menschen mit einem Parkinson-Syndrom und mit einem Appalischen Syndrom (Wachkoma).

Diese ausgewählten Handlungsfelder und Praxisbeispiele verdeutlichen anhand konkreter Beispiele aus der Praxis die Unterstützungsmöglichkeiten eines Pädagogik-/Therapiebegleithundeteams der verschiedenen Berufsgruppen im Sozial- und Gesundheitswesen bzw. in pädagogischen Kontexten.

Während der Fortbildung des M.I.T.T.T. setzen sich die Gruppen der Teilnehmer/innen aus Personen mit unterschiedlichen beruflichen Qualifikationen zusammen. Sie sind in verschiedenen Handlungsfeldern und Einrichtungen tätig, verfügen über unterschiedliche Berufserfahrungen und sollen im Rahmen der Fortbildung für das je eigene Handlungsfeld die Unterstützungsmöglichkeiten des Einsatzes als Pädagogik-/Therapiebegleithundeteam gestalten lernen. Darüber hinaus eröffnet aber auch die Vielfalt der beruflichen Qualifikationen, Erfahrungen und Perspektiven ein »über den eigenen Tellerrand hinausschauen« und führt zu erweiterten Blickwinkeln. Vor diesem Hintergrund wird mit ausgewählten Beispielen die Spannbreite der Möglichkeiten versucht darzulegen.

3.1 Der Hund im Einsatz in pädagogischen und therapeutischen Settings

Fluchtdistanz

Jeder Hund benötigt eine so genannte Fluchtdistanz. Diese bezieht sich auf eine individuell unterschiedliche Entfernung, die ein Hund im räumlichen Verhältnis zur Bedrohung als Fluchtmöglichkeit wertet.

> »Jedes Tier flieht vor einem überlegenen Gegner, sobald sich dieser über eine gewisse Entfernungsgrenze hinaus nähert« (Haupt 2011, S. 36).

Bewegt sich ein Mensch oder Tier innerhalb dieser Distanz bzw. Entfernungsgrenze, erscheint dem Hund die Flucht nicht mehr möglich und er wird drohen oder auch angreifen, da er das Überschreiten dieser gewissen Entfernungsgrenze als Bedrohung wahrnimmt. Bleibt dem Hund jedoch genug Raum über diese Entfernungsgrenze hinaus, wird er voraussichtlich fliehen, wenn er eine Annäherung als Bedrohung empfindet. Wird diese Grenze bzw. Fluchtdistanz nicht unterschritten, hat der Hund die Möglichkeit zur Flucht und würde diese auch nutzen.

Dies bedeutet für die Pädagogik/Therapie:

Wenn der Hund im pädagogischen bzw. therapeutischen Setting mitarbeitet und sowohl im gewohnten Umgang als z. B. auch mit temperamentvollen, quirligen Personen/Kindern oder verhaltensauffälligen Menschen in einem Raum ist, gilt es mehr denn je, die Fluchtdistanz des Hundes zu berücksichtigen. Die Verantwortung dafür liegt unbedingt beim Halter bzw. bei der Halterin des Hundes. Liegt der Hund in einer Ecke, wird er sich schneller in die Enge gedrängt fühlen, da die Fluchtmöglichkeiten begrenzter sind und die Fluchtdistanz schneller unterschritten werden kann. Daher soll der Hund möglichst in der Mitte des Raumes abgelegt werden, denn so gerät er deutlich seltener in Stresssituationen, die durch eine Unterschreitung der Fluchtdistanz zustande kämen. Er kann sich besser zurückziehen bzw. fliehen, wenn ausreichend Raum um ihn herum vorhanden ist.

Der Hund darf Menschen gegenüber keine Aggressionen zeigen und niemanden beißen. Auch ein ruhiger und verlässlicher Hund kann in Bedrängnis geraten. Damit er gar nicht erst in Bedrängnis gerät und diese Anforderung an einen Pädagogik-/Therapiebegleithund erfüllen kann, ist es Aufgabe der Pädagogen/innen bzw. Therapeuten/innen, den Hund immer mit der Möglichkeit zur Einhaltung seiner Fluchtdistanz entsprechend zu schützen. Nicht zuletzt ist es auch vor diesem Hintergrund wichtig, dass Ausdruck und Körpersprache des Hundes richtig von Halter bzw. Halterin eingeschätzt werden. Nur so ist letztlich ausreichend Sicherheit für alle Beteiligten in einem pädagogischen bzw. therapeutischen Setting gewährleistet. Das bedeutet wiederum, dass der professionell tätige Mensch als Teil eines Beziehungsdreiecks zwischen ihm, Klient/in und Hund oder auch in der Zusammenarbeit mit dem Hund und einer Gruppe von Klienten/innen immer den Hund und die Klienten/innen gleichermaßen im Blick haben muss. Dies erfordert ein hohes Maß an Übersicht, Umsicht und Konzentration auf die Gesamtsituation.

Zu vermeidende Bewegungen beim Hund

Im Gegensatz zum Menschen kann ein Hund seine Vorderläufe nicht spreizen. So ist es verboten, dem Hund auf die Schulterblätter zu drücken, um ihn z. B. in das Kommando »Platz« zu legen. Auch das Hochlegen der Vorderläufe des Hundes ist problematisch, da diese Bewegung den Hunderücken stark belasten kann. Soll der Hund z. B. mit hochgelegten Vorderläufen auf eine Bank einen Tunnel formen, ist das eine Übung, die nur selten ausgeführt werden sollte. Darüber hinaus ist ein Ziehen an den Vorder- und Hinterläufen unbedingt zu untersagen, da die Gelenke ausgekugelt werden können. Pädagogen/innen und Therapeuten/innen haben dafür Sorge zu tragen, dass weder sie noch ihre Klientel diese Bewegungen beim Hund ausführen, um das Tier zu schützen.

Zum richtigen Umgang mit Welpen

Werden bereits Welpen in die berufliche Praxis mitgenommen, um diese frühzeitig an das Umfeld zu gewöhnen, dann sind besondere Regeln zu beachten. Ein Welpe sollte nicht von anderen Personen und nicht von Kindern hochgehoben bzw. auf den Arm genommen werden. Dies gilt es grundsätzlich zu vermeiden, denn nicht nur die Gefahr eines Absturzes ist extrem groß. Besonders Kinder tragen einen Hund häufig in ungünstiger Position, was für den Welpen unangenehm ist oder sogar zu Schmerzen und Schäden führen kann. Kinder sind außerdem häufig dazu geneigt, den Welpen oder auch einen kleinen Hund an den Vorderläufen hochziehen zu wollen. Auch dies ist zu unterbinden, denn das Verletzungsrisiko ist hoch. Grundsätzlich sind Welpen und junge Hunde vor derartigen Übergriffen zu schützen. Insbesondere junge Hunde verknüpfen derartig negative Erfahrungen schnell und können dann unerwünschte Verhaltensweisen zeigen.

Auch sollten keine Zerrspiele mit einem Welpen durchgeführt werden, da Welpen noch über ein instabiles Milchgebiss verfügen und dieses geschädigt werden kann.

Notwendige Vorüberlegungen vor dem Einsatz und zum ersten Kontakt mit dem Hund

Bevor der Hund als Begleitung in pädagogische bzw. therapeutische Prozesse eingebunden werden kann, sollte sich jede/r Pädagoge/in bzw. jede/r Therapeutin nachfolgende Fragen stellen und diese entsprechend beantworten können. Diese Vorüberlegungen sind notwendig, um eine gelingende Einbindung des Hundes in die Arbeit gewährleisten zu können. Als Hilfestellung können nachfolgende Fragen beantwortet werden:

- Bestehen bei Patienten/innen bzw. Klienten/innen möglicherweise Allergien gegen Tierhaare bzw. Hunde oder sonstige gesundheitliche Risiken?
- Hat die Person Angst vor Hunden oder sogar eine Phobie?
- Ist der Einsatz bei der Person grundsätzlich sinnvoll?
- Welchen konkreten pädagogischen bzw. therapeutischen Zweck soll der Einsatz des Hundes bei der/dem Betroffenen erfüllen? Welche Ziele werden verfolgt und formuliert?
- Wie genau soll der Kontakt zum Hund aufgebaut werden? Wie bereite ich den ersten Kontakt vor?
- Wie gestalten sich die räumlichen Voraussetzungen? Wie ermögliche ich dem Hund die erforderliche Rückzugsmöglichkeit und ausreichend Fluchtdistanz?
- Wie sollte sich der Hund beim Erstkontakt verhalten, wenn ängstliche, temperamentvolle, verhaltensauffällige oder besonders freudige Personen dabei sind?
- Welche Regeln sollten Klienten/innen bzw. Patienten/innen in Bezug auf den Umgang mit dem Hund und im Vergleich zu anderen Hunden beigebracht werden?

Die geplante Zusammenarbeit mit dem Hund sollte vorab mit Klienten und/oder Angehörigen besprochen werden. Ist dies nicht möglich oder sinnvoll, dann erfordert die Gestaltung des Erstkontakts weitere Überlegungen. Häufig erschrecken sich Menschen, wenn plötzlich ein Hund im

3.1 Der Hund im Einsatz in pädagogischen und therapeutischen Settings

Arbeitszimmer oder Aufenthaltsraum anwesend ist oder ohne Vorankündigung ein Zimmer betritt. Die Kontaktaufnahme soll entsprechend angekündigt und vorbereitet werden. Der Erstkontakt bzw. die Kontaktaufnahme ist der erste wichtige Schritt für einen sinnvollen pädagogischen bzw. therapeutischen Einsatz. Wie genau der erste Kontakt verlaufen soll, hängt jeweils von den Beteiligten ab und kann nicht standardisiert werden. Hilfreich können z. B. eine Fotowand oder ein Foto- oder Aufklärungsbuch mit Bildern des Hundes und entsprechenden Erklärungen sein, um den Patienten/innen bzw. Klienten/innen die Möglichkeit zu geben, sich erst einmal auf den Hund einstellen zu können. Dabei kann in der Regel eingeschätzt werden, ob eventuell eine übermäßige Freude, Vorbehalte oder Ängste vorhanden sind. Hat jemand manchmal Angst vor Hunden oder vor bestimmten Hunden, kann der Pädagogik-/Therapiebegleithund schrittweise eingeführt werden, wenn trotzdem mit einem Hund gearbeitet werden soll. Dies kann zunächst durch das Betrachten von Fotos und Videos geschehen, später aus größerer Entfernung, die nach und nach verringert wird etc. (bei einer Phobie sollte nur von ausgewiesenen Fachleuten, die im Umgang mit Phobien qualifiziert sind, mit einem Hund gearbeitet werden). Alle Klienten/innen müssen unbedingt selbst das Tempo des Kennenlernens bestimmen können. Eine Begrüßung kann vorab besprochen werden und dann z. B. dauerhaft in nachfolgenden Treffen als Begrüßungsritual eingeführt werden.

Abb. 4: Ein mögliches Begrüßungsritual (mit freundlicher Genehmigung von Karl Mayer, paed-dog)

Wie oben bereits geschrieben, ist eine Rückzugsmöglichkeit für den Hund eine wichtige Voraussetzung zu seinem Schutz. Unter Beachtung der Fluchtdistanz ist es günstig, den Hund in einem etwas größeren Raum in der Mitte abzulegen. So kann z. B. ein/e Klient/in um den Hund herum gehen und hat immer die Möglichkeit, zurückzuweichen. Dies ist insbesondere für ängstliche Personen oder in der Arbeit mit Gruppen sinnvoll, zumal die Betrachtung eines Hundes aus unterschiedlichen Perspektiven hilfreich ist, denn ein Hund sieht nicht von allen Seiten gleich »bedrohlich« aus. Der Hund sollte in dieser Situation ruhig liegen bleiben können, auch wenn jemand voller Freude auf ihn zu rennt. Ein Hund, der plötzlich aufspringt, kann bedrohlich wirken und dies führt nicht zu den gewünschten Ergebnissen.

Dringend notwendig ist die Aufklärung der Klientel dahingehend, dass der Umgang mit anderen Hunden keinesfalls mit einem Pädagogik-/Therapiebegleithund gleichgesetzt werden darf. Andere Hunde werden in vergleichbaren Situationen möglicherweise anders reagieren und sind nicht unbedingt so vorsichtig und geduldig, wie ein ausgebildeter Pädagogik-/Therapiebegleithund. Eine wichtige Regel beinhaltet, dass die Klientel den Anweisungen der Pädagogen/in bzw. Therapeuten/in folgen soll. Auch bei anderen Hunden sind immer zunächst die Halter/innen zu fragen, ob der Hund berührt werden darf. Dies stellt zum Schutze der Patienten/innen bzw. Klienten/innen im Alltag eine wichtige Voraussetzung dar.

Für den ersten und auch weiteren Kontakt können beispielsweise folgende Regeln aufgeschrieben bzw. besprochen werden, die auf eine Plakatwand in der Klasse, im Therapiezimmer oder im Arbeitszimmer aufgehängt werden können. Sie können gemeinsam erarbeitet und z. B. bemalt oder auch bebildert werden, je nach Situation und Klientel.

Kasten 1: Regeln im Umgang mit dem Hund

Regeln im Umgang mit dem Hund!

1. »Auch wenn ein Hund noch so lieb aussieht, finde erst heraus, ob er dich mag!«
2. »Fasse keinen Hund an, bevor du nicht seinen Besitzer gefragt hast!«
3. »Fasse einen Hund dann vorsichtig an, der Hund muss Dich dabei sehen können, damit er sich nicht erschreckt!«
4. »Schreie den Hund niemals an. Nimm Rücksicht. Er hat ein sehr empfindliches Gehör!«

5. »Schaue einem Hund nie starr in die Augen. Er fühlt sich dadurch zum Kampf herausgefordert!«
6. »Renne nicht zu schnell herum. Nimm Rücksicht, auch ein Hund kann sich erschrecken.«
7. »Störe einen Hund nie beim Fressen und nimm ihm nie sein Futter weg! Das duldet auch der friedlichste Hund nicht.«
8. »Ziehe einen Hund nie am Schwanz! Das mag er nicht.«
9. »Komme beim Spielen seinen Zähnen nicht zu nahe. Auch im Spiel jagen oder fangen Hunde gerne etwas.«
10. »Hat ein Hund zugeschnappt, halte still, dann wird es für ihn uninteressant. Meist will er nur spielen.«
11. »Auch wenn Du mal Angst hast, laufe nie vor einem Hund davon. Er hat einen Jagdinstinkt und ist viel schneller als Du. Besser stehen bleiben!«

Charakterliche Eigenschaften und Fähigkeiten eines Pädagogik-/Therapiebegleithundes

Während der Fortbildung zum Pädagogik-/Therapiebegleithundeteam wird nicht nur die Bindung zwischen Hund und Halter/in beobachtet und ausgebaut. Die Ausbilder/innen nehmen während der Fortbildungseinheiten sehr genau das Verhalten der Hunde im Kontakt zu Menschen und anderen Hunden in den Blick. Die Situation während der Fortbildungseinheiten ist für die Hunde bereits von Stressoren geprägt. Einige Hunde reagieren darauf deutlicher mit Anspannung, andere weniger. Die Praxisblöcke der Fortbildung erfolgen in der Gruppe und somit gemeinsam mit zunächst fremden Personen und Hunden, die den gesamten Tag über zusammen sind. Sie sind gemeinsam in einem großen Raum, trainieren in der Natur und können auch im Wald zusammen frei laufen. Die praktischen Übungen werden erklärt, eingeübt und wiederholt, phasenweise auch unter absichtlich erschwerten Bedingungen (z. B. durch einen höheren Lärmpegel während der Geländeübungen oder das Zuschauen der anderen Teilnehmer/innen und Hunde). Über die Fortbildungseinheiten hinweg verschaffen sich die Ausbilder/innen nicht nur einen Eindruck von der Beziehung zwischen den Hunden und den dazu gehörigen Menschen, sondern ebenso erhalten sie einen Eindruck von den Verhaltensweisen und Fähigkeiten des jeweiligen Hundes und des Menschen im Umgang mit ihm. Die Reflexionen dazu sollen den Teilnehmer/innen ihr Verhalten, ihren Ausdruck und das Beobachten und Verhalten des Hundes verdeutlichen.

Grundsätzlich benötigt ein Hund ein Mindestalter von acht Monaten zu Beginn der praktischen Unterrichtsblöcke der Fortbildung und muss mindestens 18 Monate alt sein, bevor die Prüfungen der Fortbildung abgenommen werden. Er soll als zukünftiger Pädagogik-/Therapiebegleithund nachfolgende Eigenschaften mit sich bringen:

- Gelassenheit: Auch ein temperamentvoller Hund ist für diese Ausbildung geeignet. Dennoch ist eine Grundvoraussetzung, dass der Hund auch in anstrengenden Situationen, die während der Fortbildung häufiger vorhanden sind, seine Gelassenheit im Wesentlichen beibehält und nicht überfordert wird bzw. reagiert. In der praktischen Arbeit sollte der Hund auch seine Gelassenheit beibehalten können, wenn ungewohnte Situationen vorherrschen. Er sollte möglichst selbstsicher sein und sich auf seine/n Halter/in verlassen, wenn er mal verunsichert wird.
- Freundlichkeit: Für diese Arbeit ist es erforderlich, dass der Hund sich möglichst über jede Person freut und freundlich auf (fremde) Menschen zugeht und auch mit ihnen mitgeht. Er braucht eine starke Bindung zu seinem Bindungsmenschen, dennoch soll er sich auch auf andere Menschen einlassen und gelassen bleiben, wenn die Bindungsperson weggeht bzw. für kurze Zeit nicht sichtbar ist.
- Zutrauen: Ein verängstigter und misstrauischer Hund ist nicht geeignet. Der Hund sollte grundsätzlich zutraulich sein und in gewöhnlichen Kontaktsituationen keine Angst oder Unsicherheit zeigen.
- Ruhe und Selbstsicherheit: Diese Attribute können vom Menschen durchaus auch auf den Hund übertragen werden. Der Hund wird immer mal in Stresssituationen geraten und »Verhaltensfehlern« von Menschen ausgesetzt sein. Daher soll er nicht zu empfindlich sein und Fehler möglichst schnell »verzeihen« können. Er sollte somit möglichst stabil hinsichtlich seiner psychischen Verfassung sein und sich darüber hinaus nicht zu schnell erschrecken bzw. schnell wieder beruhigen, wenn eine ungewohnte Situation entsteht (wie z. B. ungeschickte Bewegungen eines Menschen, ungewohnte Geräusche).
- Lärm: Wie oben bereits beschrieben, ist der Hund an die Geräuschkulisse seines späteren Arbeitsfeldes langsam zu gewöhnen. Er soll in jedem Fall auch mal Lärm aushalten können oder auch an technisch verursachte Geräusche (z. B. durch ein Beatmungsgerät) gewöhnt werden. Selbstverständlich darf keine zu hohe Belastung des Hundes erfolgen,

aber der Hund sollte seine Sicherheit behalten und der Halter/die Halterin hat genau darauf zu achten, dass der Hund nicht überfordert wird.
- Schmerzempfinden: Der Hund sollte nicht übermäßig schmerzempfindlich sein. Wenn z. B. ein Kind doch mal an der Rute zieht oder der Hund leicht gekniffen wird, sollte er nicht gleich zu sehr erschrecken.
- Motivation: Der Hund sollte ebenso wie der Halter/die Halterin viel Freude an der Arbeit haben. Die Arbeit soll einen Lustgewinn auch für den Hund erbringen und dann wird er auch zeigen, dass er motiviert arbeitet. Er sollte auch gut motivierbar über Futter, Zuspruch oder Spieltrieb sein, da diese Belohnungen für die praktische Zusammenarbeit im Team immer wieder von Bedeutung sind. Gleichzeitig sollte der Hund nicht übermäßig motiviert bzw. überdreht sein und dadurch unkonzentriert werden.

Prinzipiell sind die wichtigsten Kriterien dahingehend zu beachten, dass der Hund zum einen zu Halter bzw. Halterin passt und umgekehrt. Daher kann es keine Verallgemeinerungen dazu geben, welcher Hund bzw. Mensch geeignet oder nicht geeignet ist. Darüber hinaus ist bedeutsam, welche Aufgaben in Zusammenarbeit mit welcher Klientel auf den Hund zukommen. Diese können wiederum sehr unterschiedlich innerhalb einer Tätigkeit bzw. Einrichtung sein, so dass abgewogen und ausprobiert werden kann, wofür sich der Hund besonders gut eignet und wofür vielleicht auch nicht. Wichtig sind eine gelungene Sozialisierung des Hundes und eine gewissenhafte Erziehung. Die gute Bindung zum Menschen ist die Grundvoraussetzung für eine gelingende Zusammenarbeit im Team. Ebenso die gegenseitige Verständigung, welche im Laufe der Teamentwicklung verbessert und vertieft werden soll. Es ist schwer zu sagen, welcher Hund für die tiergestützte Pädagogik und Therapie geeignet ist und welcher nicht. Hunde aus dem Tierschutz können sich eignen, dennoch raten einige Autoren/innen davon ab, weil in der Regel zu wenig über die Sozialisation und die Erfahrungen des Hundes bekannt ist. Ebenso können Herdenschutzhunde und Hütehunde geeignet sein, dennoch haben sie teilweise aufgrund der ausgeprägten Instinkte unter Umständen eher ungünstige Voraussetzungen (Wohlfahrt, Mutschler 2016, S. 121f). Pauschal sollte kein Urteil gefällt werden. Grundsätzlich scheint es viel mehr von Bedeutung, die oben genannten Kriterien in den Blick zu nehmen und es zu versuchen. Wenn ein Welpe angeschafft wird mit dem Ziel, ein Pädagogik-/Therapiebegleithund werden zu sollen, dann können auch sämtliche Testverfahren keine gesicherte Vorhersage treffen. Es sollte bei dem Wunsch immer auch klar und deutlich sein, dass ein Tier in seiner Entwicklung nicht berechenbar ist und sich im Verlauf der Zusammenarbeit herausstellen kann, dass der Hund besser ein Familienhund bleiben sollte. Manchmal passt der Hund nicht so recht zu den Aufgaben im Berufsfeld, manchmal will der Mensch sich nicht wirklich reflektieren und entwickeln und gelegentlich werden die Anforderungen in der beruflichen Praxis an ein Pädagogik-/Therapiebegleithundeteam unterschätzt. Der Wunsch des Menschen gemeinsam mit dem Hund zu leben und zu arbeiten ist vorhanden, sollte jedoch immer auch die Fähigkeiten von Mensch und Hund berücksichtigen. Gelegentlich werden die Fähigkeiten des Hundes überschätzt und der Aufwand der Fortbildung unterschätzt. Dennoch liegen die Chancen bei einer guten Sozialisation und Erziehung des Hundes, einer guten Bindung zwischen Mensch und Hund und einer Reflexions- und Entwicklungsbereitschaft beim Menschen recht hoch, gemeinsam zu lernen und sich als Pädagogik-/Therapiebegleithundeteam zu qualifizieren.

3.2 Tiergestützte Interventionen

Im anglo-amerikanischen Raum wird schon seit geraumer Zeit professionell mit tiergestützten Interventionen gearbeitet. Forschungsarbeiten und Richtlinien zur begrifflichen Abgrenzung sowie die Gründung von Verbänden und eine Anerkennung von entsprechenden zertifizierenden Einrichtungen hat dort eine längere Tradition. Laut Vernooij und Schneider (2013, S. 29) wurden in den 1990er Jahren unterschiedliche Formen tiergestützter Interventionen beschrieben bzw. Kategorien gebildet. In den Vereinigten Staaten von Amerika existiert ein Dachverband für Tiergestützte Interventionen namens Delta Society. Dort wurde bereits in den 1970er Jahren eine begriffliche Unterscheidung von unterschiedlichen Formen der Tiergestützten Arbeit vorgenommen und an konkreten Kriterien orientiert. Dabei ging es nicht nur um eine Abgrenzung von der wohltuenden Wirkung von Haustieren zum professionellen Umgang mit tiergestützter Intervention, sondern auch um die Formulierung von gewünschten Zielen, die mit dem Einsatz der Tiere einhergehen sollten. Bereits damals hat die Delta Society die Unterscheidung von Tiergestützten Aktivitäten (engl.: animal assistet activities) und Tiergestützter Therapie (engl.: animal assistet therapy) vorgenommen und die Unterschiede anhand von Kriterien, Einflussmöglichkeiten und Zielen, durchführenden Personen, dem Ausbildungsstand der Tiere, dem zeitlichen Verlauf und der Dokumentation der Ereignisse bzw. Effekte festgelegt (Delta Society 1996 zit. nach Vernooij, Schneider 2013, S. 33).

3.2.1 Kategorisierung Tiergestützter Interventionen

Vernooij und Schneider (2013, S. 33ff) haben nach der Prüfung und Formulierung verschiedener Definitionen und Kriterien letztlich vier unterschiedliche Formen Tiergestützter Interventionen versucht voneinander abzugrenzen, die im deutschsprachigen Raum vorhanden sind. Dabei gelten die Kriterien in ähnlicher Form, wie es die Delta Society bereits 1996 vorgegeben hatte. Mit Blick auf die Interventionsformen ergibt sich dabei eine Unterscheidung nach dem wesentlichen Ziel der Intervention und der Zielgruppe (▶ Tab. 3; Vernooij, Schneider 2013, S. 46).

Diese vier Unterscheidungen der Interventionsform sollen laut Autorinnen hinsichtlich der Ziele als auch der Qualifikation der anbietenden Personen von oben nach unten in aufsteigender Weise betrachtet werden (a. a. O.). Ob damit eine Wertung im Sinne der Komplexität der Zielsetzungen und der Qualifikation der Anbieter/innen Tiergestützter Interventionen verbunden ist, wird nicht deutlich. Eine solche Wertung erschiene in der Praxis nicht unbedingt möglich und wäre auch nur bedingt nachvollziehbar, denn Kriterien für eine derartige Wertung werden nicht ausreichend formuliert. Auch hängt eine Wertung von Qualitätskriterien ab, die hinsichtlich der Abgrenzung der Formen weniger sinnvoll erscheinen als eine grundsätzliche Forderung einer qualitätsvollen und qualitätsgesicherten Tiergestützten Intervention sein sollte. Qualitätsvolles Handeln meint hier eine Integration in berufliches Handeln unter Einbeziehung von Handlungsschritten wie Planung, Zielformulierung, Durchführung, Dokumentation und Evaluation. Damit geht es um berufliches Handeln unabhängig davon, ob es sich um fördernde, pädagogische und/oder therapeutische Prozesse handelt. Eine Bewertung beinhaltet immer auch die Perspektive der Zielpersonen. Diese wertenden Personen mit Blick auf unterschiedliche Definitionen bzw. Formen Tiergestützter Interventionen werden jedoch nicht näher erläutert (▶ Kap. 6). Nicht zuletzt fassen die Autorinnen Vernooij und Schneider dann zunächst diese vier Kategorien später zu nur noch drei Kategorien zusammen (2013, S. 48ff), indem die Tiergestützte Förderung entfällt bzw. angesichts der Breite pädagogischer Handlungsfelder subsummiert wird. Dazu später einige kritische Anmerkungen.

Tab. 3: Formen von TGI unter Einbezug der möglichen Zielgruppen

Interventionsform	Zielbegriff	Zielgruppen
Tiergestützte Aktivität	Wohlbefinden und Lebensqualität	Menschen jeden Alters
Tiergestützte Förderung	Entwicklungsfortschritt	• junge Kinder • Kinder mit Beeinträchtigungen • Patienten mit Rehabilitation (z. B. nach einem Schlaganfall)
Tiergestützte Pädagogik	Lernfortschritt	Kinder und Jugendliche mit Problemen im emotionalen und sozialen Bereich
Tiergestützte Therapie	Lebensgestaltungskompetenz	Kinder, Jugendliche und Erwachsene, die aufgrund psycho-physischer Störung oder Erkrankung eine therapeutische Behandlung benötigen

Tiergestützte Aktivität

Tiergestützte Aktivitäten beziehen sich der Definition von Vernooij und Schneider (2013, S. 34f) entsprechend auf Maßnahmen in erzieherischen, rehabilitativen und sozialen Prozessen, die durch den Einsatz von Tieren unterstützt werden. Übergreifende Ziele sind die Erhöhung des Wohlbefindens und eine Verbesserung der Lebensqualität der betroffenen Menschen. Die Maßnahmen werden von Personen durchgeführt, die ehrenamtlich tätig sind oder über eine berufliche Ausbildung in dem Praxisfeld verfügen. Die Personen und auch die Tiere benötigen per definitionem keine Ausbildung, sondern das Tier lediglich eine Eignung, die den Einsatz des Tieres zulässt. Beispielsweise kann hier ein Besuchshund gemeint sein, dessen Halterin entweder ehrenamtlich in einem Altenheim tätig ist und den Hund zur Freude der Bewohner/innen regelmäßig zu Besuch mitbringt. Die Halterin könnte aber auch qualifizierte Altenpflegerin sein und ihren Hund gelegentlich zu Besuch mitbringen, denn Ziel der tiergestützten Aktivität ist, wie oben bereits beschrieben, die allgemeine Verbesserung des Wohlbefindens bzw. der Lebensqualität der Bewohner/innen. Wenn keine weiteren zielgerichteten Handlungen mit dem Hund erfolgen, außer dass dieser Freude vermittelt, sich streicheln lässt, vielleicht einen kleinen Spaziergang mit mobilen Klienten/innen unternimmt und zu Gesprächen anregt, dann würde diese Tiergestützte Intervention als »Tiergestützte Aktivität« gekennzeichnet werden. Inwieweit durch diesen Einsatz jedoch Ziele verfolgt bzw. erreicht werden würden, die sich in den nachfolgenden Definitionen finden, ist eine andere Frage. Kennzeichnung scheint vielmehr die Tatsache zu sein, dass keine konkreten Handlungsziele mit gewünschten Effekten für einzelne Klienten/innen im Rahmen professioneller, methodischer Vorgehensweisen im beruflichen Kontext formuliert werden und keine Ausbildung von Halter/in und Tier mit Blick auf einen gezielten Einsatz erforderlich ist. Die Erhöhung von Lebensqualität und die Verbesserung des Wohlbefindens sollten dann als allgemeine und übergreifende Zielsetzungen bestehen bleiben, ohne diese in konkrete Planungen beruflichen Handeln einzubeziehen.

Tiergestützte Förderung

Tiergestützter Förderung bezieht sich angesichts der Definition auf die Basis eines (individuellen) Förderplans (Vernooij, Schneider 2013, S. 37), wobei in der Jugendhilfe und in der Behindertenhilfe der Begriff individuelle »Hilfeplanung« verwendet wird (SGB VIII § 36; SGB XII §§ 67–69). Grundsätzlich geht es darum, vorhandene Ressourcen und Kompetenzen der Zielgruppen mit dem Einsatz eines Tieres im Sinne Tiergestützter Förderung zu stärken. Vorausgesetzt wird eine berufliche Qualifikation der anbietenden Personen in dem jeweils gesundheitsbezogenen, (heil-)pädagogischen bzw. sozialen beruflichen Kontext. Außerdem benötigt das eingesetzte Tier eine entsprechende Ausbildung für die Tiergestützte Förderung. Übergreifendes Ziel ist die Förderung von Entwicklungsfortschritten (a. a. O.), die je nach individueller Situation der Betroffenen geplant und durchgeführt wird. Die entsprechenden Maßnahmen können sich auf unterschiedliche Lebensbereiche, individuelle Einschränkungen und Behinderungen und das soziale Umfeld beziehen.

Tiergestützte Pädagogik

Tiergestützte Pädagogik bezieht sich auf Maßnahmen, die konkrete Zielvorgaben beinhalten und entsprechende Lernprozesse initiieren, durchführen und evaluieren. Durch diese Maßnahmen sollen insbesondere emotionale und soziale Kompetenzen in Lernsituationen verbessert werden. Die Lernfortschritte beziehen sich demnach weniger auf erlerntes Wissen, sondern per definitionem auf die Entwicklung emotionaler und sozialer Kompetenzen. Diese Form setzt ebenfalls pädagogisch qualifizierte Mitarbeiter/innen voraus und ein für die Einsätze entsprechend qualifiziertes Tier (Vernooij, Schneider 2013, S. 38ff).

Tiergestützte Therapie

Tiergestützte Therapie bezieht sich auf zielgerichtete Maßnahmen, die auf der Basis eines Therapieplans erfolgen. Hierbei liegt der Fokus auf einer »(...) gezielten Einwirkung auf bestimmte Persönlichkeits- oder Leistungsbereiche, auf der Verarbeitung von Erlebnissen, auf der Lösung von emotionalen Blockaden, auf der Reduzierung sozialer Ängste. (...)« (Vernooij, Schneider 2013, S. 43). Voraussetzungen für die Tiergestützte Therapie sind wiederum qualifizierte Personen, die in therapeutischen Handlungsfeldern tätig sind, nach einem Therapiekonzept arbeiten und das ausgebildete Tier in das therapeutische Handeln bzw. Setting mit einbeziehen.

Mit Blick auf diese Kategorisierung und einen Klärungsversuch bezüglich der Begrifflichkeiten im deutschsprachigen Raum empfehlen die genannten Autorinnen eine Dreiteilung, indem sie die Tiergestützte Förderung als eine Unterkategorie und die neue hinzu gezogene Tiergestützte Didaktik als eine weitere Unterkategorie zu einer Kategorie der »Tiergestützten Pädagogik« zusammenführen würden. Die Tiergestützte Therapie wird als Kategorie (oder Oberbegriff) in die Unterkategorien Tiergestützte Fokaltherapie, Tiergetragene Therapie und Tiergestützte (Kinder-)Psychotherapie aufgeteilt (a. a. O., S. 53). In der Herleitung dieser Zuordnungen wird deutlich, dass im anglo-amerikanischen Raum lediglich zwei Kategorien anerkannt sind, die Tiergestützten Aktivitäten und die Tiergestützte Therapie, die – wie eingangs bereits beschrieben – seitens der Delta Society (1996) entsprechend benannt werden. Wohlfahrt (2017) legt wiederum die Definitionen einer Arbeitsgruppe der IAHAIO (International Association of Human Animal Interaction Organizations) dar (IAHAIO 2014 zit. nach Wohlfahrt 2017, S. 25ff). Auch hier werden Tiergestützte Interventionen in Tiergestützte Therapie, Pädagogik und Aktivitäten unterteilt und nach Handlungsfeldern, Qualifikationen der professionell Tätigen, Vorgehensweisen und Zielen systematisiert. Darüber hinaus wird noch eine Erweiterung der genannten Definition von Tiergestützter Therapie durch den Europäischen Dachverband für tiergestützte Therapie (ESAAT: European Society for Anmimal Assisted Therapy) nahegelegt, in der es um die Prozess- und Beziehungsgestaltung im Beziehungsdreieck geht, die therapeutisch tätigen Berufsgruppen benannt werden und die Fortbildung zur »Fachkraft für tiergestützte Therapie« mit entsprechenden Aufgaben beschrieben wird (Wohlfarth 2017, S. 29).

3.2.2 Funktionen des eingesetzten Tieres und Interaktionsformen

Der Einsatz eines Tieres verfolgt einen Zweck, denn die entsprechenden Ziele wurden mit Blick auf Tiergestützte Aktivität, Förderung, Pädagogik und Therapie in einem übergreifenden Sinne verdeutlicht. Somit stellt sich die Frage danach, welche Funktionen einem Tier zukommen, wenn es in Kontakt mit einer Person aus der Zielgruppe für Tiergestützte Interventionen kommt und je nach Setting mit dem Tier entsprechend gearbeitet wird.

Das Tier kann dabei unterschiedliche Funktionen erfüllen, die nachfolgend kurz dargelegt werden. Laut Vernooij und Schneider (2013) handelt es sich bei diesen Funktionen um das Tier als Übergangsobjekt, als Motivationsobjekt, als Identifikations- oder Projektionsobjekt und als Situations- bzw. Sozialkatalysator (S. 152ff). Diese Funktionen können während des Interventionsverlaufs wechseln oder sich auch gemeinsam erfüllen. Die Beschreibung dient lediglich der Verdeutlichung des Nutzens, den das Tier als Bestandteil oder »Objekt« (wobei dieser Begriff sich offenbar eher im Sinne des Zweckes und weniger im Gegensatz zu einem Subjekt deuten lassen sollte) im Rahmen der Interaktion zwischen Halter/in, Klient und Tier mit sich bringt. Entsprechende Funktionen sind nachfolgend hinzugefügt.

Übergangsobjekt – Brückenfunktion

Mit dem Begriff Übergangsobjekt ist die Funktion des Tieres im Prozess der Kontaktaufnahme und des Beziehungsaufbaus im pädagogischen bzw. therapeutischen Setting gemeint. Dabei dient das Tier dem Übergang zum Beziehungsaufbau von der Klientel hin zum/zur Pädagogen/in bzw. Therapeuten/in, quasi als Brücke zwischen der professionell tätigen Person und dem Klienten/der Klientin (a. a. O.).

Motivationsobjekt – Aktivierungsfunktion

Das Tier dient der Motivation der Zielperson Tiergestützter Intervention. Es motiviert und aktiviert im Sinne der Zielsetzung der professionellen Arbeit und erhöht die Bereitschaft der Klienten/innen, sich auf Entwicklungs- und Lernprozesse einzulassen und die Handlungen, die im Prozess der Maßnahmen angestrebt werden, durchzuführen (a. a. O.).

Identifikations-/Projektionsobjekt – Stellvertreterfunktion

Hier stellt das Tier eine Möglichkeit für die Klientel dar, sich mit dem Tier zu identifizieren und damit mehr oder weniger bewusst das Tier als ein Abbild der eigenen Bedürfnisse, Wünsche, Probleme etc. zu betrachten. Diese Funktion ermöglicht es je nach Situation, dieses Eigene im Umgang mit dem Tier ausleben, besprechen, reflektieren zu können. Die Projektion auf das Tier bietet für die Klientel die Chance, eigene Gefühle, Bedürfnisse etc. auf dieses »Objekt« verlagern zu können. Diese Prozesse finden zunächst weitgehend unbewusst statt. Dieser Vorgang bietet im Rahmen der Intervention dann die Möglichkeit, diese »nach außen« verlagerten Gefühle, Bedürfnisse etc. auch außerhalb zu bearbeiten und damit einem pädagogischen bzw. therapeutischen Prozess erst zugänglich zu machen (a. a. O.).

Situations-/Sozialkatalysator – Soziale Klimafunktion

Fungiert das Tier als Katalysator, wird es nicht gezielt in die pädagogischen bzw. therapeutischen Prozesse einbezogen, sondern allein seine Gegenwart wirkt beruhigend, entspannend und vertrauensfördernd in der Situation und ermöglicht eine günstige Atmosphäre für die Beziehungsaufnahme und -gestaltung zwischen Klientel und Pädagoge/in bzw. Therapeut/in (a. a. O.).

Abb. 5: Ein gutes soziales Klima (mit freundlicher Genehmigung von Karl Mayer, paeddog)

Die Interaktionsformen im Rahmen Tiergestützter Interventionen entsprechen der Organisation des professionellen Settings, in dem die Interaktionen stattfinden. Demnach sollte die Interaktion für die Arbeit vorab bedacht und geplant werden. Der Begriff »Interaktion« beinhaltet je nach wissenschaftlicher Ausrichtung unterschiedliche Schwerpunkte in der Definition. Mit sozialer Interaktion ist im pädagogischen Sinne die Wechselwirkung im Kontakt zwischen Menschen (und Tieren) gemeint, die sich in Aktionen und Reaktionen widerspiegeln. Eine Abgrenzung zur Kommunikation ist schwierig, da Interaktionen in engem Zusammenhang mit sozialer Interaktion stehen. Dabei geht es um Vorgänge, die im Kontakt zwischen Menschen und Tieren geschehen. Die Organisation von Interaktionen gestaltet sich unterschiedlich und kann in der Tiergestützten Intervention als freie, gelenkte oder ritualisierte Interaktion eingesetzt werden. Eine freie Interaktion zwischen Klient und Tier wird nicht oder möglichst wenig seitens der Pädagogen/Therapeuten gesteuert bzw. beeinflusst. Beispielsweise lässt sich im freien Spiel zwischen Mensch und Tier eine gute Möglichkeit finden, dass Klienten/innen sich frei bewegen und ausleben können. Diese Situation bietet die Chance zur Beobachtung der Klienten/innen im Umgang mit sich und dem Tier in dieser Interaktion und eröffnet den Klienten wiederum ein hohes Maß an Freiheit in der Situation. Auch in der freien Interaktion trägt die professionelle Person die Verantwortung und hat die Situation mit Blick auf Mensch und Tier unter Kontrolle, so dass bei unangemessenen Verhaltensweisen jederzeit ein Eingreifen möglich ist (Vernooij, Schneider 2013, S. 150).

Eine gelenkte Interaktion wird durch den/die Pädagogen/in bzw. Therapeuten/in gezielt gesteuert, wobei eine Zielsetzung vorab für den jeweiligen Kontext vorhanden ist. Sowohl das Tier als auch das planvolle Anleiten bzw. Handeln der Klienten wird seitens der professionellen Person gelenkt. Dabei sollte kein starres Handlungsmuster erwartet werden, es wird jederzeit flexibel entsprechend den Anforderungen an die Situation und den Bedürfnissen des Tieres bzw. der Klienten reagiert. Letztlich wird die so genannte ritualisierte Interaktion in der Tiergestützten Intervention eingesetzt. Im Sinne eines Rituals, eines sich regelmäßig wiederholenden Ablaufs von Handlungen, werden diese genutzt. Rituale geben Sicherheit, sie sind gleichbleibend und werden zu gegebenem Anlass bzw. Zeitpunkt wiederholt. Diese Rituale sollte das Tier beherrschen und die Klientel kann sie entsprechend lernen (a. a. O.). Dabei kann es sich z. B. um ein Begrüßungsritual handeln, um einen festen Bestandteil im Alltag (z. B. Fütterung und Pflege des Tiers in einer stationären Einrichtung). Rituale werden von den Beteiligten erlernt und festigen das Handeln, das Selbstwertgefühl, dienen der Vorfreude und Freude bei der gelingenden Durchführung und bringen Sicherheit in das emotionale Erleben und das Handeln im Alltag.

3.3 Die Bedeutung der professionellen Haltung im Beziehungsdreieck

Eine besondere Herausforderung für die pädagogisch bzw. therapeutisch tätigen Personen liegt in der Interaktion im Rahmen eines Beziehungsdreiecks zwischen den Klienten/innen, dem Hund und der pädagogisch bzw. therapeutisch arbeitenden Person selbst. Ob die Aktivitäten bzw. Interventionen in einer Gruppe oder mit Einzelpersonen erfolgen, spielt dabei eine eher untergeordnete Rolle, wenngleich es einer umfassenden Aufmerksamkeit bedarf, die Gruppe, den Hund und das eigene Handeln gleichermaßen im Blick zu haben.

Auch in der Zusammenarbeit des Pädagogik-/Therapiebegleithundeteams mit einzelnen Klienten ist die für die Interventionen und Prozesse verantwortliche Person immer gefordert, alle Beteiligten mit ihren jeweiligen Aktionen und Reaktionen, Bedürfnissen, Motiven und Handlungen zu berücksichtigen. Insbesondere während der Anfangszeit der praktischen Tätigkeit als Pädagogik-/Therapiebegleithundeteam kann es schwierig sein, die professionelle Aufmerksamkeit gleichermaßen auf die Klientel, den Hund und die pädagogischen bzw. therapeutischen Interventionen mitsamt Begleitung durch den Hund gleichmäßig zu verteilen. Damit ist eine Herausforderung gegeben, die sich von pädagogischen bzw. therapeutischen Settings ohne Hund unterscheidet und geübt werden muss. Die Wahrnehmung der Interaktionen, die Anleitung in Situationen und die Planung und Bewertung von Maßnahmen, Handlungsschritten und -mustern der Klientel erfordern ebenso viel Aufmerksamkeit wie die Aktionen, Reaktionen bzw. Bedürfnisse des Hundes. Mit einiger Übung wird es zunehmend leichter gelingen, die Wahrnehmung in dieser umfangreichen Weise zu schulen und die Aufmerksamkeit weniger auf die Klientel oder den Hund zu fokussieren, sondern vielmehr auf das gesamte Geschehen.

In diesem Beziehungsdreieck sind darüber hinaus einige kommunikationsbezogene Grundlagen zu beachten. Neben den Axiomen von Watzlawick zur Kommunikation (Watzlawick et al. 2011) gilt es auch, die eigene Haltung und Gesprächsführung zu reflektieren. Es ist davon auszugehen, dass zumindest einige kommunikationstheoretische, psychologische bzw.

3.3 Die Bedeutung der professionellen Haltung im Beziehungsdreieck

sozialpsychologische Grundlagen und Gesprächsführungstechniken in allen Berufsausbildungen bzw. Studiengängen im Sozial- und Gesundheitswesen hinlänglich bekannt sind. Da die Qualifizierung in einem der Berufszweige für die Fortbildung zum Pädagogik-/Therapiebegleithundeteam vorausgesetzt wird, soll nachfolgend nur kurz auf einige wichtige Aspekte der professionellen Haltung Bezug genommen werden.

Im Sinne von Rogers (2012) und einer klientenzentrierten Kommunikation, Beratung und/oder Therapie bzw. grundsätzlich während der Gesprächsführung soll keine »direktive« Kommunikation mit der Klientel erfolgen. Es geht vorwiegend darum, keine Ratschläge, Interpretationen, Ermahnungen oder Erklärungen zu geben. In der Kommunikation steht nicht das Problem der Person im Mittelpunkt des Geschehens, sondern der Klient/die Klientin sollte im Rahmen des Beziehungsangebotes zu einem besseren Selbstverständnis gelangen können (Weinberger 2011). Diese Aspekte drücken eine entsprechende innere Haltung von Pädagogen/innen bzw. Therapeuten/innen aus, die sich darin widerspiegelt. Bezogen auf die Zusammenarbeit mit einem Hund (bzw. Tier) sind weitere Aspekte zu beachten. In der Interaktion im Beziehungsdreieck wird eine direktive Kommunikation mit dem Hund erforderlich sein, wenn z. B. Kommandos gegeben werden. Auch erfolgt manche Aufforderung oder Anleitung hinsichtlich der Klientel in eher direktiver Kommunikation. Somit ist auf den Wechsel von direktiver und nicht-direktiver Kommunikation besonders zu achten. Wenn es um Entwicklung- und Lernfortschritte, die Verbesserung der Lebensqualität und Lebensgestaltungskompetenz geht, sollte immer wieder auf eine nicht-direktive Kommunikation zurückgegriffen werden können.

Grundsätzlich besteht außerdem die Gefahr, dass der Hund sehr viel stärker im Mittelpunkt des Geschehens steht und nicht mehr die Klientel. Hier gilt es, die eigene Kommunikation und die Situation zu reflektieren und immer wieder in eine entsprechende Balance im Beziehungsdreieck zu bringen, damit dann letztlich durch die Erfahrungen mit dem Beziehungsangebot und der Beziehungsgestaltung zwischen Klientel, professioneller Person und dem Hund im Team ein pädagogischer bzw. therapeutischer Plan verfolgt bzw. Prozess gestaltet werden kann.

Das Menschenbild und die Persönlichkeitstheorie Rogers (2012) bilden die Grundlage des klientenzentrierten Konzepts. Demzufolge strebt der Mensch grundsätzlich nach konstruktiver Veränderung und Selbstverwirklichung. Dabei wird die Einzigartigkeit des Menschen betont, seine Fähigkeit, frei zu wählen und sich entscheiden zu können. Der Mensch besitzt außerdem die grundsätzliche Fähigkeit, sich zu erhalten und weiterzuentwickeln und das Erleben wird mit dem gesamten Organismus gespürt und bewertet (dies wird als Aktualisierungstendenz bezeichnet). Die Selbstaktualisierungstendenz wird durch das Erleben genährt, indem der Mensch sich »mit den Augen« der bedeutsamsten Bezugspersonen (oder auch eines Tieres) bewertet. Es kann dabei auch eine Inkongruenz entstehen, die nicht im Sinne von Erfahrungen mit dem gewünschten Selbstbild übereinstimmt (Weinberger 2011, S. 22ff).

Diese Ansätze mit Blick auf ein Menschenbild und den Wandel bzw. die Veränderungsmotive bieten interessante Gestaltungsoptionen für die Zusammenarbeit von Mensch und Tier im Team. Tiergestützte Pädagogik, Förderung und Therapie bieten angesichts der Wahrnehmung von Körper, Geist und Seele des Menschen im Gesamterleben und in Interaktionen mit Tieren umfassende Möglichkeiten zu Veränderungen (Ganser 2017). Laut Weinberger (a. a. O.) gilt es im Veränderungsprozess, eine Übereinstimmung zwischen Selbstkonzept und organismischen Erfahrungen zu ermöglichen, um letztlich Ängste, Spannungen und Verteidigungsverhalten abzubauen bzw. zu verändern, wenn diese Übereinstimmung erreicht wird. Notwendig ist dazu eine weitgehende Akzeptanz in einer Beziehung, ohne Aufbau von Angst- bzw. Verteidigungsverhalten, die durch die Zusammenarbeit mit Tieren durch die »Echtheit« des tierischen Wesens vereinfacht werden kann. Auch gilt es, in der Beziehungsgestaltung (zwischen Mensch und Mensch sowie zwischen Mensch und Tier) das Zulassen negativer Gefühle zu begünstigen (selbstverständlich nur unter der Maßgabe des Schutzes von Mensch und Tier). Erscheinen diese Interaktionen möglich, kann ein Veränderungsprozess angestoßen und fortgeführt, das Selbstkonzept nach und nach erweitert werden, denn es besteht häufig eine Diskrepanz zwischen realem und idealem Selbstkonzept (Weinberger 2011, S. 22ff).

Für die praktische Arbeit und die Haltung von Pädagogen/innen bzw. Therapeuten/innen sind dem klientenzentrierten Konzept zufolge sechs zentrale Kategorien besonders bedeutsam. Dabei handelt es sich um einfühlendes Verstehen (Empathie), unbedingte Wertschätzung sowie Echtheit und Kongruenz, Selbstexploration und eine kritische Reflexion nichtadäquater Verhaltensweisen seitens der professionell handelnden Personen selbst. Und zuletzt sollte für die Klientel ein so genanntes Focusing ermöglicht werden, denn infolgedessen werden Veränderungsprozesse im Sinne der Klientenzentrierung voranschreiten können (Ganser 2017, S. 43ff). Damit ist im weitesten Sinne gemeint, der Klientel die Möglichkeiten zu bieten bzw. den (inneren) Raum zu schaffen, mit der Aufmerksamkeit »in sich hinein zu horchen«, sich zu fokussieren bzw. die eigene Aufmerksamkeit nach innen richten zu können (Weinberger 2011, S. 38ff).

Für die Zusammenarbeit mit dem Tier bzw. dem Hund bedeutet dies ferner, dass ein Tier in pädagogischen bzw. therapeutischen Settings ein Individuum mit einem Namen, bestimmten Eigenheiten, Vorlieben, Abneigungen, Ängsten, Bedürfnissen, Lebensäußerungen ist und diese auch entsprechend kommentiert werden sollten. Letztlich kann das Tier dann auch leichter die Funktion eines »Identifikations- bzw. Übertragungsobjektes« einnehmen und außerdem den Raum für die Aufmerksamkeit der Klientel »nach innen« eröffnen, z. B. im Vergleich der Befindlichkeiten des Tieres und der jeweils eigenen (Stellvertreterfunktion).

Mit Blick auf die Zusammenarbeit der Klientel mit einem Pädagogik-/Therapiebegleithundeteam kann es hilfreich sein, seitens der professionellen Person die Begegnungen zwischen Mensch und Tier auch verbal zu begleiten und zu moderieren, sofern es in der Situation angemessen erscheint. Dieses Vorgehen kann die Konzentration erhöhen. Aber auch schweigsame bzw. stille Phasen in der Begegnung zwischen Klient/in und Hund sind sinnvoll. Ruhe und Entspannung sowie eine stille Atmosphäre können ebenfalls die Konzentration der Klientel auf den Hund und auf sich selbst erhöhen. Ein weiterer Aspekt kann für die Gespräche genutzt werden: Zeigen sich z. B. Misserfolge im Training bzw. bei Übungen zwischen Klientel und Hund, kann dies Anlass bieten, auch negative Gefühle und Erfahrungen zu verbalisieren.

Begegnungen zwischen Mensch und Hund können grundsätzlich empathisch auf das Tier bezogen ausgerichtet moderiert werden (z. B. wenn der Hund sich etwas nicht traut, wenn er etwas nicht tut, was er eigentlich laut Kommando tun sollte etc.). Erfolgt die Arbeit mit dem Tier in einer stationären Einrichtung, kann das spätere Aufgreifen der Erfahrungen aus der Zusammenarbeit mit dem Hund im weiteren Alltag, in Konfliktsituationen und in Bezug auf erwünschtes Verhalten der Klientel (z. B. ruhiges Sprechen, eindeutige Ansagen, freundlicher Umgang, sorgfältige Handlungen) hilfreich sein. Dies gilt ebenfalls für den Vergleich des Verhaltens der Klientel mit dem Verhalten des Hundes bzw. den Konsequenzen für den Hund (z. B. zu hoher Lärmpegel als Belastung für den Hund).

Keinesfalls darf das Tier bzw. der Hund jedoch als Druckmittel verwendet werden, indem z. B. ein Zurückweichen des Hundes benutzt wird, um einem Kind zu vermitteln, dass der Hund das Kind aufgrund irgendeiner Handlung nicht mehr mag. Im Sinne des Tierschutzes ist es ohnehin wichtig, dass der Hund nicht instrumentalisiert wird, er ist nicht allein Mittel zum Zweck, wenn er auch unterschiedliche Funktionen erfüllen kann. Die Bedürfnisse des Hundes sind immer zu beachten und zu berücksichtigen. Nur wenn die Beziehung zwischen Hund und Halter/in stimmig und harmonisch ist, kann ein Hund wirklich sinnvoll eingesetzt werden. Dann können in den pädagogischen bzw. therapeutischen Settings auch die sozio-emotionalen Aspekte zur Geltung kommen, die für die Zusammenarbeit wichtig sind. Ein reibungsloser Ablauf der pädagogischen bzw. therapeutischen Prozesse kann erfolgen, wenn sich der/die Pädagoge/in bzw. Therapeut/in während jeder Situation auf sich und den Hund verlassen kann und der Hund sich umgekehrt auf den/die Hundehalter/in.

3.4 Ausgewählte Zielgruppen und Handlungsfelder

Da eine pädagogische bzw. therapeutische oder verwandte Qualifikation eine wichtige Voraussetzung für die Fortbildung als Pädagogik-/Therapiebegleithundeteam darstellt, sind nachfolgend einige Zielgruppen und Handlungsfelder exemplarisch dargestellt. Darüber hinaus sind auch weitere Einsatzfelder im Gesundheits-, Bildungs- und Sozialwesen vorhanden und denkbar, die jedoch nicht in der gesamten Fülle dargestellt werden können. Der nachfolgende Kasten zeigt somit eine Auswahl von möglichen Einrichtungen und Handlungsfeldern, in denen die Arbeit eines Pädagogik-/Therapiebegleithundeteams je nach beruflicher Qualifikation der handelnden Person nach der Fortbildung erfolgen kann.

Kasten 2: Exemplarische Einrichtungen und Handlungsfelder

- Kindergärten
- Schulen (alle Schulformen)
- Wohnheime (Kinder-, Jugend- und Behindertenhilfe)
- Einrichtungen der Erwachsenenbildung
- Alten- und Pflegeeinrichtungen
- Hospize
- Krankenhäuser
- Arztpraxen
- Pädiatrie
- Psychologische Begleitung
- Beratung im Gesundheits-, Bildungs-und Sozialwesen
- Ergotherapie
- Physiotherapie
- Logopädie
- Neurologie/Psychiatrie
- Suchtkrankenhilfe
- Rehabilitation
- Geriatrie/Gerontopsychiatrie
- Kinder-/Jugend-Psychotherapie
- Psychologische Psychotherapie

3.4 Ausgewählte Zielgruppen und Handlungsfelder

Mit Blick auf unterschiedliche Erkrankungen, Einschränkungen, Behinderungen und/oder gesundheitliche bzw. psychische und soziale Problemlagen kann ein Pädagogik-/Therapiebegleithundeteam in verschiedenen Situationen zum Einsatz kommen. Wie bereits oben beschrieben, geht es im weitesten Sinne um die Verbesserung der Lebensqualität, die Erhöhung des Wohlbefindens, die Förderung von Entwicklungs- und Lernfortschritten, die Verbesserung der Lebensgestaltungskompetenzen und letztlich um die Persönlichkeitsentwicklung. Der nachfolgende Kasten zeigt eine Auswahl unterschiedlicher Krankheitsbilder bzw. möglicher Problemlagen auf, die unterschiedlichen Konkretisierungsebenen zugeordnet sind und keinen Anspruch auf Vollständigkeit haben.

Kasten 3: Mögliche Krankheitsbilder bzw. gesundheitliche Problemlagen

- Agnosie
- Amputationen
- Angststörungen
- Anorexia-/Bulimia nervosa
- Antriebsarmut
- Apallisches Syndrom/ Wachkoma
- Apoplex
- Arthritis/Rheuma
- Aufmerksamkeits-Defizit-(Hyperaktivitäts-)Störung (ADS/ADHS)
- Autismus-Spektrum-Störungen
- Bindungsstörungen
- Cerebralparese
- Demenzerkrankungen
- Depressionen
- Down-Syndrom
- Dyspraxie
- Entwicklungsverzögerung, -störungen
- Erkrankungen des Bewegungs- und Stützapparates
- Guillain-Barré-Syndrom
- Hörstörungen/Taubheit
- Hospitalismus
- Hypotonus/Hypertonus
- Körperbehinderung
- Lern-/Entwicklungsverzögerung
- Konzentrationsstörungen
- Kontaktstörungen
- Knochenbrüche/Bruchverletzungen
- Krebserkrankungen
- Lähmungen
- Missbrauch/Misshandlung
- Multiple Sklerose
- Muskeldystrophien
- Muskelerkrankungen
- Neurologische Erkrankungen
- Neurosen
- Morbus Parkinson
- Phobien
- Traumata, PTBS
- Psychische Deprivation
- Psychosen
- Sehstörungen/Blindheit
- Sensorische Integrationsstörungen
- Sprech-/Sprachstörungen

3 Der praktische Einsatz eines Pädagogik-/Therapiebegleithundeteams

- Sterbende Menschen
- Suchterkrankungen
- Teilleistungsschwächen
- Tetraspastik
- Trauerbegleitung
- Verhaltensstörungen
- Wahrnehmungsstörungen

Ein Pädagogik-/Therapiebegleithundeteam hat zahlreiche Möglichkeiten in unterschiedlichen Settings, die jeweiligen Klienten/innen bzw. Patienten/innen zu begleiten, zu unterstützen und zu fördern. Stellt sich die Frage, in welchen Bereichen sich ein Hund besonders gut einsetzen lässt? Der nachfolgende Kasten zeigt eine Auswahl:

Kasten 4: Ausgewählte Unterstützungsmöglichkeiten

- Abbau von Ängsten
- Abbau von psychischem Stress
- Alltagsstrukturierung
- Aufbau von Körperspannung
- Auditive Aufmerksamkeit
- Auditives Gedächtnis
- Auge-Hand-Koordination
- Bewegungstraining obere Extremitäten
- Bewegungstraining untere Extremitäten
- Beziehungsaufbau/Bindungen
- Emotionale Entwicklung
- Empathie
- Entspannung
- Feinmotorik
- Gleichgewicht
- Gruppenspiele drinnen/draußen
- Grobmotorik
- Körpernähe zulassen
- Körperwahrnehmung
- Kommunikation
- Konzentration
- Kraftdosierung
- Lagerung/Lockerung
- Lauftraining/Rollstuhltraining
- Motivation bei Antriebsschwäche
- Nähe und Distanz
- Naturerfahrung
- Protopathische Wahrnehmung
- Ruhepunkt finden
- Soziales Lernen
- Sprachanregung
- Taktil, kinästhetisch
- Trostspender
- Verbalisieren von Gefühlen, Erlebnissen
- Vertrauensaufbau

3.4.1 Fähigkeiten des Hundes für die Begleitung in pädagogischen bzw. therapeutischen Einsätzen

Bei Betrachtung der oben genannten Unterstützungsmöglichkeiten stellt sich wiederum die Frage: »Was sollte der Hund eventuell für diese Einsatzbereiche lernen?« Die Fortbildung zeigt vielfältige Möglichkeiten auf, wie ein Hund bestimmte Übungen lernen kann. Ein zukünftiger Pädagogik-/Therapiebegleithund sollte je nach Einsatzgebiet und individuellen Eigenschaften beispielsweise nachfolgende Übungen lernen bzw. Fähigkeiten entwickeln. Der Hund sollte z. B.

- vorsichtig Leckerli aus der Hand nehmen (ohne die Zähne einzusetzen), auch wenn dies festgehalten wird und vorsichtig Leberwurst von Körperteilen lecken können;
- auf folgende Stimmkommandos und Handzeichen entsprechend reagieren: »Sitz, Platz, Steh, Ablegen auf Entfernung, Hier« (oder vergleichbare Worte);
- sich nicht bedrängt fühlen oder aufstehen, wenn Menschen über ihn steigen;
- sich streicheln lassen, auch gegen den Strich des Fells;
- die Lagerung von spastisch gelähmten Menschen zulassen und dabei geduldig liegen bleiben (je nach Größe und Beschaffenheit des Hundes);
- sich von mehreren Personen als »Kopfkissen« benutzen lassen, somit können Personen ihren Kopf auf dem Rücken oder Rumpf ablegen (je nach Größe des Hundes);
- einen Ball mit Pfoten oder Schnauze wegschießen bzw. wegrollen;
- gelassen liegen bleiben, obwohl mehrere Leckerlis ausgelegt werden. Er sollte den Radius um sich herum kennen, in dem er nicht auf die Leckerlis zugreifen darf und er steht nicht auf, wenn Leckerli an ihm vorbei rollen;
- über eine Wippe gehen;
- durch einen Tunnel krabbeln bzw. laufen und sich darin ablegen lassen;
- Menschen durch sanftes Schubsen zum Streicheln auffordern;
- mit einem speziellen Würfel »würfeln« können;
- aus einem speziellen Holzsteckspiel die Hölzer herausziehen und apportieren;
- sich verkleiden, frisieren, kämmen, bürsten lassen, auch wenn die Hände der Personen dabei etwas ungeschickt sein könnten;
- freudig mit fremden Menschen mitgehen können, z. B. zum Spaziergang;

- »leinenführig« sein und somit ohne Zug an der Leine mitlaufen;
- sich vorsichtig umarmen lassen (allerdings nicht einengen), damit man ihm Geheimnisse erzählen kann;
- sich an der Rute anfassen lassen, um z. B. Kinder auf dem Rollbrett ziehen zu können (je nach Größe und Beschaffenheit des Hundes);
- sich auf einem Rollbrett schieben lassen;
- Zerrspiele friedlich ausführen können, ohne dabei zu wild oder gar aggressiv zu reagieren;
- weggeworfene Gegenstände apportieren;
- sich auf den Boden legen, herumrollen können oder sich im Stehen um sich selbst drehen;
- über schräge Flächen und über rutschige Böden laufen;
- über Bänke laufen;
- durch einen Parcours laufen;
- auf einen Stuhl springen und darauf sitzen bleiben;
- in einem Rollenspiel Kinder »aus einer Schlucht« ziehen;
- mit Spezialgeschirr laufen können, z. B. für die Arbeit mit Parkinsonpatienten/innen;
- auf bestimmten »Gegenständen« (z. B. Bank, Stuhl, Baumstamm) das Kommando »Platz« ausführen;
- vorsichtig über liegende Menschen steigen;
- sich abhorchen, in die Ohren gucken, verbinden lassen;
- sich ins Maul schauen oder die Zähne putzen lassen;
- »Pfötchen« geben;
- Bälle mit der Schnauze auffangen;
- auf einer Schaukel sitzen können, alleine oder als Begleitung;
- sich als »führender Hund« an der Rute anfassen lassen;
- sich nass machen, durchkneten und wieder abtrocknen lassen;
- sich mit einem »Igelball« abrollen lassen;
- auf Zuruf von fremden Personen reagieren, z. B. im Gruppenspiel;
- sich von Lärm nicht abschrecken lassen und gelassen bleiben;
- auch gelassen bleiben, wenn viele lärmende Kinder sich wild um ihn herum bewegen;
- sich an einer langen Leine zu einer Person hinziehen lassen;
- sich wegschieben lassen.

Diese genannten Fähigkeiten sind je nach Beschaffenheit und Eigenschaften des Hundes zu fördern. Nicht jeder Hund ist für alle genannten Übungen geeignet. Dennoch sind die meisten der genannten Fähigkeiten hilfreich und sinnvoll, je nach Handlungsfeld und methodischem Vorgehen der Pädagogen/innen bzw. Therapeuten/innen. Die Möglichkeiten hängen von der körperlichen und psychischen Beschaffenheit des Hundes ab, ein Hund mit langem Fell wird sich möglicherweise nicht gern bürsten lassen, ein wasserscheuer Hund wird sich nicht nass machen lassen etc. Inzwischen existieren auch einige Bücher mit Arbeits- und Spielideen, Bastelanleitungen für Materialien für den Einsatz in unterschiedlichen Handlungsfeldern (▶ Kap. 3.4.2).

3.4.2 Handlungsfelder und Praxisbeispiele

Dieses nachfolgende Kapitel beschreibt die unterschiedlichen Handlungsfelder, Zielgruppen und Einsatzmöglichkeiten für ein Pädagogik-/Therapiebegleithundeteam. Hier wird kein Anspruch auf Vollständigkeit erhoben, sondern der Versuch unternommen, ein breites Spektrum aufzuzeigen. Die Zielgruppen werden jeweils mit Blick auf potentielle Unterstützungsmöglichkeiten durch die Integration eines Hundes in das methodische Handeln vorgestellt. Dabei werden konkrete Übungen vorgestellt, die je nach individuellem Bedarf verändert, ergänzt bzw. angepasst werden sollten. Es werden Fallbeispiele aus den jeweiligen Handlungsfeldern dargestellt, die mit Zielsetzungen und praktischen Übungen versehen sind. Jede professionell tätige Person sollte die Ziele der Arbeit im Pädagogik-/Therapiebegleithundeteam vorab formulieren, die Übungen planen und entsprechend der Situation, der Klientel und der Bedarfssituation individuell zuschneiden und weiter konkretisieren. Insofern sind die Ausführungen für eine Therapieplanung oder pädagogische Förderung nicht konkret genug, sondern müssen in der Berufspraxis auf der Basis der jeweiligen Modelle und Methoden entsprechend angepasst, verfeinert bzw. individualisiert werden. Im Bereich der Pflege würde die Arbeit in die Pflegeplanung eingebracht, im Bereich der Ergo- und Physiotherapie würde die Planung entsprechend des Heilmittelkatalogs und des ICF oder in Verbindung mit der Sensorischen Integration systematisiert etc.

Zu den nachfolgend ausgewählten Zielgruppen und Handlungsfeldern zählen ältere Menschen in Einrichtungen der Altenhilfe, Geriatrie bzw. Gerontopsychiatrie, Menschen mit ausgewählten psychischen bzw. sozialen Problemlagen, Menschen mit Abhängigkeitserkrankungen in Bereichen der Suchthilfe sowie Kinder, Jugendliche und Erwachsene in pädagogischen Einrichtungen bzw. Handlungsfeldern. Ferner werden Übungen in der Arztpraxis und im häuslichen Bereich erläutert. Abschließend werden spezielle Unterstützungsmöglichkeiten für Menschen mit einem Parkinson-Syndrom und Menschen mit einem Apallischen Syndrom (Wachkoma) dargestellt.

Die nachfolgende Tabelle zeigt einige praktische Beispiele auf, um die Nutzung der Fähigkeiten des Hundes für ausgewählte Unterstützungsmöglichkeiten in pädagogischen bzw. therapeutischen Zusammenhängen zu verdeutlichen.

Tab. 4: Übungsmöglichkeiten in der Praxis

Unterstützungsmöglichkeiten	Übungsmöglichkeiten in der Praxis
Feinmotorik:	Klient/in holt Leckerli aus verschiedenen Behältern (ggf. mit unterschiedlichen Formen, Farben und Verschlüssen) und lässt sie über eine Rampe oder durch ein Rohr zum Hund rollen.
Grobmotorik:	Der Hund wird auf Kommando an unterschiedlichen Stellen abgelegt, der/die Klient/in soll auf dem Rollbrett dorthin fahren und darf ihn streicheln.
Kraftdosierung:	Bürsten und Kämmen verlangen Kraftdosierung. Auch das Sitzen auf dem Rollbrett erfordert eine gute Kraftdosierung, wenn die Person sich vom Hund ziehen lässt.
Bewegungsplanung:	Der Hund formt ein Hindernis, das überwunden werden soll. Klient/in soll einen Gegenstand holen, der sich z. B. hinter dem Hund befindet. Auch die Planung, der Aufbau und ein Durchlauf durch einen Parcours mit entsprechenden Hindernissen erfordert die Planung der Bewegungsabläufe.
Körperwahrnehmung:	Taktile Reize wie z. B. das Fell fühlen, den Hund streicheln oder die Leberwurst von bestimmten Körperteilen ablecken lassen.
Psychomotorik:	Der Hund wird in der Bewegungsbaustelle auf eine Abenteuerreise geschickt. Klient/in folgt dem Hund.
Entspannung:	Die Hand auf den liegenden Hund legen lassen und die Person soll versuchen, gleichzeitig mit dem Hund zu atmen.
Konzentration:	Aufmerksamkeit darauf lenken, was der Hund tut und diese Übungen nachahmen lassen, z. B. »Sitz, Platz, Steh, Hier« auf Handzeichen. Verschiedene Rechenaufgaben, Spiele mit dem Hund gemeinsam durchführen.
Auditive Aufmerksamkeit:	Wenn der Hund »Schieß« ruft (das Kommando erfolgt durch den Halter/die Halterin), darf die Person den Ball schießen. Musik wird bei Spielen eingesetzt und gestoppt.
Auditives Gedächtnis:	Verschiedenartige Förmchen werden mit Leckerli versehen, der/die Klient/in soll dann das entsprechend beschriebene

3.4 Ausgewählte Zielgruppen und Handlungsfelder

Tab. 4: Übungsmöglichkeiten in der Praxis – Fortsetzung

Unterstützungsmöglichkeiten	Übungsmöglichkeiten in der Praxis
	Förmchen (z. B. klein und rot) holen. Das Leckerli daraus ist für den Hund.
Sprachanregung:	Kommandos werden verbalisiert, auch mit unterstützter Kommunikation, und diese werden vom Hund ausgeführt. Der/die Halter/in lässt den Hund entsprechend auf Handzeichen reagieren.
Brücke zwischen Klient/in und Pädagoge/in bzw. Therapeut/in:	Was ein Klient einem anderen Menschen (noch) nicht erzählen kann oder möchte, erzählt er vielleicht dem Hund, z. B. beim Spazieren gehen oder während einer Einzelsitzung. Danach kann ggf. ein Gespräch darüber mit dem Pädagogen/Therapeuten leichter sein und besser einem anderen Menschen erzählt werden, weil alle Wörter bereits geformt und gesprochen worden sind.
Abbau von Ängsten:	Der Hund krabbelt/läuft durch einen Tunnel und kann darin abgelegt werden. Eine ängstliche Person kann z. B. an der anderen Seite des Tunnels warten. Vielleicht findet die Person nach einigen Übungen dann auch den Mut, mit dem Hund durch den Tunnel zu krabbeln.
Gruppenspiele:	Der Hund liegt in der Mitte eines Stuhlkreises. Ein Beutel mit Leckerli wird hinter dem Rücken der Sitzenden weiter gereicht. Wenn die Musik aufhört, darf derjenige, der den Beutel in dem Moment hält, dem Hund ein Leckerli geben.
Rollenspiele:	Beim Tierarzt: Der Hund ist verletzt, muss untersucht und verbunden werden. Beim Friseur: Der Hund ist beim Friseur, wird gebürstet.
Motivation bei Antriebsschwäche:	Mit Zerrspielchen, Apportierspielen, Parcoursarbeit, Gruppenspielen etc. werden antriebsschwache Menschen zu Bewegung und zum Mitmachen bei Spielen bzw. Übungen motiviert (s. auch Tagesstrukturierung).
Tagesstrukturierung:	Handlungen mit dem Hund bieten eine Tagesstruktur. Dies kann der tägliche Spaziergang sein, das Reinigen der Pfoten nach dem Spaziergang, der Einkauf für den Hund, die Futterzubereitung oder auch die Fellpflege oder bestimmte, regelmäßige Übungen.
Basale Stimulation:	Basale Stimulation kann z. B. bei Wachkomapatienten/innen erfolgen, in dem der Hund diese vorsichtig mit der Schnauze stupst und zum Streicheln auffordert oder Körperteile ableckt, die zuvor mit Leberwurst benetzt worden sind.

Tab. 4: Übungsmöglichkeiten in der Praxis – Fortsetzung

Unterstützungsmöglichkeiten	Übungsmöglichkeiten in der Praxis
Ruhepunkt finden:	Den Kopf auf den Hund legen lassen, vor allem wenn Klient/in sich vorher bewegt bzw. getobt hat. Gemeinsam mit Hund hinlegen und ausruhen.
Lagerung:	Körperteile einer Person werden auf dem Hund gelagert, damit die spastisch gelähmten, verkrampften Gliedmaßen sich entspannen können.

Abb. 6: Gemeinsam einen Ruhepunkt finden (mit freundlicher Genehmigung von Karl Mayer, paeddog)

Nachfolgend werden Möglichkeiten zur Unterstützung von Klienten/innen bzw. Patienten/innen durch ein Pädagogik-/Therapiebegleithundeteam in unterschiedlichen Handlungsfeldern bzw. mit verschiedenen Zielgruppen exemplarisch dargestellt. Je nach Handlungsfeld und Klientel ist jede/r Pädagoge/in bzw. Therapeut/in selbst gefragt, kreativ zu werden und Material für die jeweils ausgewählten Übungen zu erwerben, zusammenzustellen oder selbst herzustellen. Wie oben bereits beschrieben, sind einige gute Bücher (z. B. Kahlisch 2015; Agsten, Führing, Windscheif 2011) oder Spielesammlungen für die Arbeit mit einem Hund in pädagogischen bzw. therapeutischen Kontexten zu finden.

Altenhilfe, Geriatrie und Gerontopsychiatrie

Zielgruppen

Vor dem Hintergrund des demografischen Wandels zeigt sich eine zunehmende Zahl älter werdender Menschen in der deutschen Gesellschaft. Die Handlungsfelder Altenhilfe und Geriatrie gewinnen somit für Berufstätige im Sozial- und Gesundheitswesen immer mehr an Bedeutung. Das Feld der Altenhilfe schließt unterschiedliche Maßnahmen und Institutionen ein, wobei hier z. B. Angebote der niederschwelligen, offenen Altenhilfe, ambulante, teilstationäre und stationäre Altenhilfe und Pflegeeinrichtungen sowie spezielle Angebote für die Betreuung, Behandlung und Versorgung von Menschen mit gerontopsychiatrischen Erkrankungen subsummiert werden können. Die geriatrische bzw. gerontopsychiatrische Versorgung meint hier eher vertragsärztliche Versorgungsstrukturen, den Krankenhaussektor (geriatrische, gerontopsychiatrische Abteilungen und andere) sowie den Rehabilitationssektor für ältere Patienten/innen, wobei Überschneidungen nicht trennscharf vorgenommen werden. Ältere Menschen mit entsprechenden Einschränkungen und/oder Erkrankungen finden sich in den meisten Einrichtungen wieder.

Die steigende Lebenserwartung hat zu einem Ausbau der Versorgungsstrukturen für ältere Menschen in gesundheitlichen und sozialen Handlungsfeldern geführt. Die Lebenslagen und Bedürfnisse älterer Menschen werden zunehmend mehr erforscht.

»Die Polarität der Bedürfnisse nach Nähe und Distanz, Intimität und Abstand spielt insbesondere für ältere Menschen eine bedeutende Rolle. Erwartungen innerhalb der Familienbeziehungen können sich mit dem Älterwerden verändern. Ältere sind zunehmend von sozialen Risiken wie Vereinsamung betroffen (z. B. durch Verwitwung, mangelnde Mobilität, Krankheit, Pflegebedürftigkeit) und benötigen aufgrund von Funktionseinschränkungen häufiger Unterstützung im Alltag (z. B. bei der Gartenarbeit oder beim Einkaufen). Mit zunehmender Abhängigkeit Älterer von Hilfeleistungen kann das Bedürfnis nach Intimität in der Familie steigen« (Menke 2015, S. 102f).

Die soziale und gesundheitliche Situation von Menschen kann sich somit im Alter maßgeblich verändern. Sie muss nicht unbedingt von Defiziten geprägt sein, jedoch kann sich die individuelle Situation, insbesondere im hohen Alter und mit gesundheitlichen Einschränkungen sowie bei Hilfe- und Pflegebedarf, teilweise drastisch verschlechtern.

Gesellschaftliche Teilhabe wird dann meist durch Immobilität, gesundheitliche Einschränkungen und Isolation zunehmend eingeschränkt. Erfolgt eine Behandlung bzw. Betreuung im geriatrischen/gerontopsychiatrischen

Bereich bzw. in der Altenhilfe, sind im Vorfeld meist Krankheit, Multimorbidität, demenzielle Erkrankungen oder Hilfe- und Pflegebedürftigkeit aufgetreten. Zunehmend häufiger werden professionelle Hilfe- und Pflegeleistungen in Anspruch genommen, wobei die weit überwiegende Mehrheit von Menschen, die nach dem Pflegeversicherungsgesetz pflegebedürftig ist, zu Hause von Angehörigen versorgt wird. Von rund 2,9 Mio. Pflegebedürftigen in Deutschland im Jahr 2015 werden 2,08 Mio. zu Hause allein von Angehörigen versorgt und 692.000 Personen werden von Angehörigen und ambulanten Pflegediensten gemeinsam versorgt. In stationären Pflegeeinrichtungen (Heimen) werden insgesamt 738.000 pflegebedürftige Menschen betreut (Statistisches Bundesamt 2017, S. 5). Im Vergleich zum Jahr 2013 ist die Zahl von pflegebedürftigen Personen insgesamt um 9 % gestiegen (Statistisches Bundesamt 2017, S. 7). Die häufigsten Diagnosen bei Krankenhausaufenthalten älterer Männer (ab 65 Jahre und älter) sind Herzinsuffizienz, Angina pectoris und ischämische Herzkrankheit, bei älteren Frauen sind es Herzinsuffizienz, Fraktur des Femurs (Oberschenkelhalsbruch) und Hirninfarkt (Statistisches Bundesamt 2012, S. 2). Im höheren Alter nehmen demenzielle Erkrankungen deutlich zu. Schätzungen zufolge leben in Deutschland zum Jahresende 2014 rund 1,6 Mio. Menschen mit einer Demenzerkrankung (Deutsche Alzheimer Gesellschaft e. V. 2016, S. 1). Der weit überwiegende Teil wird zu Hause betreut und gepflegt, jedoch steigt der Anteil von Menschen mit demenziellen Erkrankungen auch in den Institutionen der Altenhilfe und geriatrischen Versorgung an. Grundsätzlich sind ältere Menschen häufiger von Multimorbidität (Mehrfacherkrankungen) betroffen. Vor dem Hintergrund des demografischen Wandels wird der Anteil von Menschen mit chronischen Erkrankungen, Multimorbidität und Demenzerkrankungen voraussichtlich steigen. Innerhalb der Altenpopulation werden die Gruppen der so genannten hochaltrigen Menschen, der Menschen mit Behinderungen sowie der Älteren mit Migrationshintergrund zunehmen (Menke 2015, S. 32 ff).

Diese grobe Skizzierung verdeutlicht einen steigenden Bedarf an ärztlicher Versorgung, an Hilfe-, Pflege- und Betreuungsleistungen sowie an unterstützenden Diensten und Hilfe für Familien, die ihre älteren Angehörigen in Privathaushalten betreuen. Nicht zuletzt werden auch die tiergestützten Unterstützungsmöglichkeiten für ältere Menschen in Privathaushalten, offenen Angeboten und in der gesundheitlichen und pflegerischen Versorgung zunehmend weiter ausgebaut werden. Olbrich und Ford (2003) argumentieren für den Bedarf von tiergestützten Interventionen im Alter über die quantitative Zunahme hinaus mit qualitativen Aspekten:

»Wahrscheinlich sind es auch Qualitäten des Denkens alter Menschen, ihrer Erfahrung, ihrer Kommunikation und ihrer sozio-emotionalen Teilhabe, die zum Verstehen der besonderen Beziehung zwischen alten Menschen und Tieren beitragen. Dies auszuführen erscheint uns sinnvoll, vor allem deswegen, um die Wirkungen tiergestützter Therapie besser zu verstehen« (Olbrich, Ford 2003, S. 304).

Unterstützungsmöglichkeiten

Der Einsatz von Tieren in Einrichtungen der Altenhilfe und Geriatrie erfreut sich zunehmender Beliebtheit, denn die Wirksamkeit von tiergestützten Interventionen ist erwiesen (Vernooij, Schneider 2013, S. 159ff; Greiffenhagen, Buck-Werner 2012, S. 101ff). Allerdings ist darauf zu achten, dass ältere Menschen mit der Zusammenarbeit mit dem Hund einverstanden sind und sich in Anwesenheit des Hundes wohl fühlen. Insbesondere in stationären Settings und in Gruppenarbeiten wird seitens des Personals allzu häufig davon ausgegangen, dass die älteren Personen davon profitieren würden. Allerdings sind möglicherweise ältere Menschen darunter, die sich nicht mehr oder nicht ausreichend diesbezüglich artikulieren können und sich eher unwohl in diesem Setting fühlen. Hier gilt es, den Hund eben nicht als selbstverständlich hilfreich zu betrachten, sondern die Klientel wenn möglich zu fragen, sie zu beobachten und zu erforschen, ob sie ggf. im Laufe ihrer Biografie guten Kontakt zu Tieren hatten oder nicht. Keineswegs sollte ein Hund eingesetzt werden, wenn ältere Menschen sich in dessen Nähe unwohl fühlen oder gar ängstlich reagieren. Dann wäre eine langsame Heranführung und genaue Prüfung angezeigt. Je nach Setting und räumlichen Gegebenheiten kann auch eine ausreichende Distanz zum Hund dafür sorgen, eher Wohlgefühl und Interesse zu wecken als Unsicherheit und Unwohlsein hervorzurufen. Wenn bekannt ist, dass die ältere Person sich sehr wohl fühlt im Beisein des Hundes, kann ein Pädagogik-/Therapiebegleithundeteam auch in der Sterbebegleitung eines Menschen einen wichtigen Beitrag leisten. Die Anwesenheit des Hundes kann Ängste reduzieren, die Nähe des Hundes erleichtert oftmals ein Loslassen und spendet Trost.

Ein Pädagogik-/Therapiebegleithundeteam kann in entsprechenden Handlungsfeldern für alte Menschen in unterschiedlicher Weise wirksam werden, wobei nachfolgend eine Auswahl von Unterstützungsmöglichkeiten für die Praxis dargestellt wird. Dazu zählen z. B.:

- Aufmerksamkeit fördern,
- Motivation herstellen,
- Alltagsbezug herstellen,

- Selbständigkeit und Selbstwertgefühl stärken,
- Depressionen bzw. depressiven Verstimmungen entgegenwirken,
- Kommunikation und Sprechfreude anregen,
- körperliche Nähe herstellen,
- Gedächtnis trainieren,
- Wahrnehmung fördern,
- Lagerung ermöglichen und Mobilität fördern.

Diese Unterstützungsmöglichkeiten werden mithilfe einiger praktischer Beispiele nachfolgend näher erläutert.

Aufmerksamkeit fördern

Die Anwesenheit eines Hundes erhöht die Aufmerksamkeit. Wenn ein Hund umher geht, freudig mit der Rute wedelt und auf die alten Menschen zugeht, fühlen sie sich oft angesprochen und werden aufmerksamer. Die Wachheit und Aufmerksamkeit kann weiter gefördert werden, indem beispielsweise Fragen zum Hund gestellt werden: »Wo ist der Hund?«, »Wo ist seine Leine versteckt?«, »Wie heißt der Hund?« etc. Durch die Zusammenarbeit mit dem Hund kann Wohlbefinden und Freude bei den älteren Menschen entstehen, was wiederum eine gute Basis für eine verbesserte Wahrnehmung des Geschehens in der Umwelt darstellt. Ein reges Interesse kann geweckt und die Konzentrationsfähigkeit angeregt werden.

Motivation herstellen

Ein gleichförmiger Alltag, das Empfinden körperlicher Gebrechen und Funktionseinbußen, das Leben in einer Institution mit weniger Selbstbestimmung als in vorherigen Lebensabschnitten und das Wissen und Spüren des nahenden Lebensendes kann dazu führen, dass die Motivation für alltägliche Handlungen und Gespräche nach und nach verloren geht. Ein Hund regt zum Sprechen an. Damit ist ein erster Schritt getan, isolierte und/oder antriebsschwache Menschen anzuregen. Die Lebens- und Bewegungsfreude eines Hundes kann darüber hinaus dazu genutzt werden, ältere Menschen auch zu mehr Bewegung zu motivieren. Gymnastik gemeinsam mit einem Hund macht mehr Spaß als ohne Hund, diese kann z. B. auch im Sitzen mit einem Ball ausgeführt werden. Verschiedene Bewegungs- und Mobilisationsübungen können auch in einem Stuhlkreis im Sitzen erfolgen. Des Weiteren kann gemeinsam mit den älteren Menschen die Hundeausbildung fortgeführt werden. Bestimmte Kunststücke oder Spiele können dem Hund beigebracht werden, wobei die alten Menschen auch zu Bewegung und Kommunikation angeregt werden. Ältere Menschen, die mobil sind oder mit Gehhilfe bzw. Rollstuhl beweglich sind, können z. B. für eine Zeit lang (je nach Möglichkeit und Bedarf) für den Hund »zuständig« sein und sich mit ihm beschäftigen oder gemeinsame Spaziergänge tätigen. Wenn ein älterer Mensch sehr wenig Antrieb zeigt, kann zunächst nur über den Hund gesprochen werden. Dabei sind z. B. folgende Fragen möglich: »Dem Hund ist langweilig. Was sollen wir mit ihm machen?«, »Der Hund schaut so traurig aus. Wie können wir ihn aufheitern?«. Damit kann eine Ablenkung von der eigenen Person und Antriebslosigkeit erfolgen und es besteht die Chance, durch den Hund eine Aktivierung erzielen zu können. Möglicherweise hat die ältere Person eine Idee, wie dem Hund die Langeweile vertrieben werden kann und motiviert sich selbst, um für den Hund handlungsfähig zu werden.

Alltagsbezug herstellen

Kommt ein Hund regelmäßig in eine Einrichtung, dann ist der Hund den alten Menschen bekannt und vertrauter. Er bleibt auch nach dem Besuch in ihrer Erinnerung und ist damit Teil der Realität bzw. des Alltags. Über den Besuch des Hundes und die Erlebnisse mit ihm wird ggf. in den Tagen danach noch gesprochen und sich gern daran erinnert. Befindet sich ein Hund längere Zeit in der Einrichtung, hilft er umso mehr, den Alltagsbezug für die älteren Menschen herzustellen. Mit einem Hund kann der Tag geplant werden, er dient somit der Tagesstrukturierung, z. B. durch regelmäßige Spaziergänge oder Spiele mit einzelnen Personen oder in der Gruppe. Es können auch gemeinsam Überlegungen angestellt werden, wie kurze Zeiträume (z. B. nur die nächsten fünf Minuten oder die nächste Stunde) gestaltet werden. Weiterhin kann gemeinsam über alltägliche Bedürfnisse des Hundes gesprochen werden, die für eine Zeit lang von der eigenen Situation ablenken. Diese können dann ggf. auf die/den alten Menschen übertragen werden. Bei mobilen älteren Menschen kann z. B. der Einkauf mit einem Futterkauf für den Hund verbunden werden. Gibt es in stationären Einrichtungen z. B. Gemeinschaftsküchen, dann kann auch die Mahlzeit für den Hund dort gemeinsam zubereitet werden oder es werden Hundekekse gebacken und im Sinne einer regelmäßigen Maßnahme erfolgen diese Tätigkeiten mehrmals in der Woche/im Monat. Diese Übung ist besonders gut geeignet zum Kennenlernen der Klientel und des Hundes. So kann das Verhalten der Personen gegenüber dem Hund erst einmal beobachtet und das Interesse an einer weiteren Zusammenarbeit der älteren Menschen mit dem Hund eingeschätzt werden.

Selbstständigkeit und Selbstwertgefühl stärken

Wenn die eigene Selbstständigkeit alter Menschen durch körperliche Einschränkungen zunehmend verloren geht, schafft die Übernahme von fürsorglichen Handlungen für den Hund wieder ein Gefühl von Verantwortung und größerer Unabhängigkeit. Wenn der Hund gepflegt wird, z. B. durch Bürsten und Kämmen oder durch das Binden eines hübschen Halstuchs, dann wird durch diese Handlungen nicht nur die Motorik gefördert, sondern auch ein Gefühl von selbstständiger Tätigkeit. Das selbstständige Handeln erhöht das Selbstwertgefühl, denn körperliche und geistige Einbußen sowie die Abhängigkeit von anderen im Alltag führen häufig zu einer Minderung des Selbstwertes im Alter. Durch die Zusammenarbeit mit einem Hund kann die Unterstützung und Erhaltung sowohl der körperlichen als auch der geistigen Mobilität gefördert werden (Vernooij, Schneider 2013, S. 161). Dies gilt ebenso, wenn Spaziergänge mit dem Hund (auch mit dem Rollstuhl oder einer Gehhilfe) möglich sind. Wie oben beschrieben, besteht die Möglichkeit, besondere Mahlzeiten für den Hund gemeinsam zuzubereiten. Benötigt der Hund Futter oder Diätfutter, kann z. B. eine Einkaufsliste geschrieben werden, ein Einkauf erfolgen und später die Mahlzeit hergestellt werden. Motorische Fähigkeiten und auch die Feinmotorik können dabei trainiert werden.

Depressionen bzw. depressive Verstimmung entgegenwirken

Ein Hund muntert die meisten alten Menschen auf, sofern sie sich in Anwesenheit eines Hundes grundsätzlich wohl fühlen. Er dient als Gesprächspartner und ist immer ein guter Zuhörer. Ein Hund gibt dem Menschen das Gefühl, dass er sie braucht und freut sich über die Aufmerksamkeit und Wertschätzung, die ihm entgegengebracht wird. Er ist mit Blick auf seine Versorgung abhängig vom Menschen und somit kann einem Menschen mit depressiver Verstimmung bzw. Depressionen möglicherweise eine wichtige Aufgabe zukommen, die einer verbesserten Gefühlslage zumindest für einen gewissen Zeitraum zuträglich ist. Fürsorge für den Hund kann sich positiv auf die Grundstimmung auswirken und die Übernahme von Aufgaben, Verantwortung und Zuwendung ermöglicht einen Beziehungsaufbau und kann aus der Isolation helfen. Darüber hinaus können Spiele mit dem Hund getätigt werden, die wiederum zu mehr Bewegung der alten Menschen führen. Je nach Mobilität kann im Liegen, im Sitzen, im Rollstuhl, einzeln oder in der Gruppe mit dem Hund gespielt werden. Auch leichte Bewegungen der Extremitäten regen Herz und Kreislauf an, fördern die Mobilität und verhelfen zu einem Ausweg aus der Niedergeschlagenheit. Wenn Spaziergänge oder Übungen im Freien möglich sind, dann werden körperliche Bewegung und frische Luft einen wichtigen Beitrag zur Verbesserung der Stimmung leisten können. Auch das Verlassen der Einrichtung und das Erleben von Natur (z.B. in Garten und Park) kann die Stimmung aufhellen, wobei der Hund ein willkommener Anlass und gleichzeitig »Motivationsobjekt« ist und damit die Aktivierung niedergeschlagener bzw. depressiv verstimmter oder depressiv erkrankter Menschen erheblich erleichtert werden kann. Oft ereignen sich auch lustige Situationen mit dem Hund und es wird gelacht oder es entstehen Gesprächssituationen mit anderen Menschen bei einem Spaziergang.

Kommunikation und Sprechfreude anregen

Ein Hund erregt meist, wie oben bereits beschrieben, die Aufmerksamkeit von Menschen. Für ältere Menschen in einer Einrichtung bietet er während eines oft gleichförmigen Alltags eine willkommene Abwechslung und regt zum Sprechen an. Schnell und offen wird über den Hund und mit dem Hund kommuniziert. Dabei kann der Hund als »Moderationsobjekt« dienen, denn sein Blick und sein Verhalten kann moderiert bzw. gezielt besprochen werden. Das Gespräch über den Hund stellt ein unverbindliches Thema dar, es hilft, Isolation zu überwinden und die verbale und nonverbale Kommunikation zu fördern (Vernooij, Schneider 2013, S. 161). Wenn ältere Menschen ihre Sprache verloren haben oder diese eingeschränkt ist, erleben sie sich häufig selbst als defizitär und ziehen sich zurück. In der Arbeit mit dem Hund erfahren sie, dass ein Hund diese Sprachprobleme oder Wortfindungsstörungen nicht bewertet. Da Hunde auf die menschliche Körpersprache oder eine bestimmte Betonung in der Stimme sehr gut reagieren, kann mit ihm auch ohne Worte kommuniziert oder mit entsprechender Betonung agiert werden, wenn auch die Wortwahl oder die Aussprache nicht mehr korrekt sind. Somit kann ein Gefühl, verstanden zu werden, entstehen und die verbale und nonverbale Kommunikation und die Sprechfreude werden angeregt und das Selbstwertgefühl gestärkt.

Körperliche Nähe herstellen

Ältere Menschen leben häufig längere Zeit oder auch sehr viele Jahre ohne körperliche Zuwendung und Nähe. Insbesondere dann, wenn die Familienangehörigen selten zu Besuch kommen können oder keine Freunde bzw. Angehörigen mehr vorhanden sind. Je nach individuellen Bedürfnissen kann der Verlust nach Nähe und Zuwendung als ein großer Mangel erlebt werden. Ein Hund kann das Bedürfnis nach körperlicher Nähe, nach Zuwendung und Zärtlichkeit unbefangen befriedigen. In der Regel bestehen dem Hund gegenüber kaum oder keine Hemmungen, ihn zu berühren, zu streicheln, zu liebkosen und sich im Gegenzug berühren zu lassen. Er lässt sich Streicheln, genießt diese Zuwendung und gibt körperliche Nähe zurück. Auch die Pflege eines Hundes (z. B. durch Bürsten) vermittelt Zuwendung und Körperkontakt (Veernoiij, Schneider 2013, S. 162). Berührung und körperliche Nähe kann zu mehr Wohlgefühl, Entspannung und emotionalem Wohlbefinden beitragen.

Gedächtnis trainieren

Praktische Übungen mit dem Hund können das Gedächtnistraining bereichern und somit im Zuge regelmäßiger Trainings zur Verlangsamung des Gedächtnisverlustes beitragen. Dazu können zahlreiche Fragen zum Hund gestellt werden, wie z. B. »Wie heißt der Hund?«, »Was ist sein Lieblingsspielzeug?«, »Was ist sein Lieblingsessen?«, »Welche Farbe hat seine Leine?«, »Um wie viel Uhr muss er spazieren gehen?«, »Hat er heute schon gefressen?«. Auch spielerische Übungen mit Karten oder Gegenständen können hilfreich sein. Beispielsweise kann der Hund sich auf eine Karte oder einen Gegenstand legen und die Personen sollen sagen, was genau jetzt verschwunden ist. Auch Versteckspiele mit Leckerli sind zielführend. Diese können von den älteren Menschen selbst oder von dem/der Begleiter/in im Raum oder unter verschiedenen Gegenständen/Förmchen versteckt werden. Dann soll gesagt werden, wo die Leckerlis versteckt sind und der Hund darf sie suchen. Wenn der Hund nicht alle findet, kann ihm geholfen werden, indem er einen Hinweis vom älteren Menschen erhält. Aber auch das Langzeitgedächtnis kann aktiviert werden, indem z. B. Erinnerungen durch die Arbeit mit dem Hund geweckt werden. Insbesondere, wenn ältere Menschen in ihrem Leben selbst Kontakt zu Tieren hatten, bietet die Arbeit mit dem Hund eine gute Möglichkeit, Geschichten zu erzählen und Erinnerungen sprechen zu lassen. Sich erinnern und erzählen können, stärkt das Identitätsgefühl. Erinnerungen sind so individuell wie jede einzelne Lebensgeschichte und durch die vergangenen Erlebnisse und deren Verbalisierungen werden weitere Erinnerungen assoziiert. Auch regen diese Geschichten möglicherweise wieder andere Bewohner/innen oder Patienten/innen an und fordern zu Erzählungen auf.

Wahrnehmung fördern

Ein Hund kann für die Lagerung genutzt werden, indem z. B. Arm oder Bein auf dem (größeren) Hund gelagert werden. Bei bettlägerigen Personen kann der Hund mit Berührung nah am Körper des alten Menschen liegen. Selbstredend sind hygienische Vorgaben zu beachten und der Hund wird mit einem gesonderten Laken auf dem Bett positioniert. Diese Lagerungen und Berührungen führen in der Regel zur Entspannung und dienen einer besseren Wahrnehmung des eigenen Körpers (siehe weiter unten, »Lagerung«). Die Anwesenheit des Hundes, seine Nähe, die Atmung etc. führen zu Entspannung und damit zu einer nachgewiesenermaßen deutlichen Stressreduktion (Vernooij, Schneider 2013, S. 162; Olbrich, Ford 2003). Außerdem kann über die Fähigkeiten des Hundes gesprochen werden, es werden Vergleiche zum Körper des alten Menschen angestellt, so dass die Wahrnehmung der eigenen körperlichen Fähigkeiten, je nach geistiger Verfassung, stärker in das Bewusstsein gerückt wird. Es könnten z. B. folgende Fragen hilfreich sein: »Warum kann ich auf die Rolltreppe und der Hund nicht?«, »Warum kann der Hund weit springen und ich nicht?«, »Wer kann besser auf der Bank sitzen bleiben?«, »Wer kann eine Flasche aufmachen?«, »Wer kann große Knochen zerbeißen?«. Auch kann die Körperwahrnehmung durch das Spüren der Hundezunge auf der Haut gefördert werden. Es kann beispielsweise Leberwurst auf Gliedmaßen oder Hände aufgebracht werden, und der Hund leckt diese ab. Selbstredend sind auch in diesem Zusammenhang die hygienischen Vorgaben zu beachten.

Lagerung ermöglichen und Mobilität/Motorik fördern

Insbesondere bei bettlägerigen Menschen und/oder vorhanden Lähmungen von Extremitäten kann der Hund im Liegen unter einem Körperteil gelagert werden. Dies führt zur Entspannung des gelagerten Körperteils und ist besonders zielführend, wenn eine Spastik vorhanden ist. Je nach Größe des Hundes kann auch nur sein Kopf auf einem Körperteil gelagert werden. Bewegungsübungen sind bei älteren Menschen in Einrichtungen der Altenhilfe bzw. in geriatrischer Behandlung oftmals nur noch im Sitzen oder Stehen möglich. Ein Hund kann in entsprechende Übungen gut eingebunden werden und trägt zur Motivation und Mobilisierung bei. Bewegungsübungen für die oberen Extremitäten können im Sitzen mit Einzelpersonen und im Stuhlkreis mit mehreren Personen durchgeführt werden. Beispielsweise können Leckerli auf einem Löffel herumgereicht werden, dabei wird Musik gespielt. Wenn die Musik ausgestellt wird, darf der Hund sein Leckerli bei der Person abholen, die gerade den Löffel hält (oder bei der Person, die dieser gegenüber sitzt etc.).

Zur Bewegung der Arme können Apportier- oder vorsichtig ausgeführte Zerrspiele eingesetzt werden. Der Hund kann beispielsweise auch mit einer bestimmten Armbewegung der Personen zu ihnen gerufen werden. Auch die Pflege eines Hundes durch Bürsten, Streicheln, ein Tuch umbinden etc. führt zur Mobilisierung der Arme und Hände. Dabei kann ein Hund ggf. vor der Person auf einem Tisch oder Stuhl platziert werden, um diesen besser erreichen zu können. Sinnvoll ist auch ein Hundetraining mit Gesten bzw. Handzeichen und Armbewegungen. Dazu kann z. B. eine Tafel mit Bildern (von Kommandos und Handzeichen für »Sitz«, »Platz«, »Rolle«, »Schlaf« etc.) und zugeordneten Zahlen (von 1 bis 6) vorbereitet werden, auf der einem bestimmten Kommando jeweils ein Bild mit einem Handzeichen und eine Zahl zugeordnet sind. Der Hund kann dann eine Zahl würfeln (mit einem großen Holzwürfel oder einem Spielzeugwürfel aus Stoff) und die Person führt die Handzeichen für das entsprechend gewürfelte Kommando aus. Anschließend bekommt der Hund ein Leckerli zur Belohnung. Dabei kann wiederum die Feinmotorik gefördert werden, wenn Leckerli in einem geschlossenen Behälter aufbewahrt werden, der zu öffnen ist. Erfolgt die Gabe von Leckerli zwischen zwei Fingern, dem Daumen und dem Zeigefinger einer Hand, dann wird damit außerdem der für den Alltag wichtige so genannte Pinzettengriff trainiert.

Die unteren Extremitäten können ebenfalls im Sitzen mobilisiert werden. Beispielsweise kann der ältere Mensch vorsichtig mit den Füßen das Fell des Hundes streicheln. Ein »Igelball« oder Luftballon kann diese Übung etwas herausfordernder gestalten. Auch können die Beine und Füße einzeln oder zusammen z. B. von links nach rechts und umgekehrt über den Hund bewegt werden. Diese Übung kann auch in Form von kreisenden Bewegungen erfolgen.

Darüber hinaus sind Bewegungen im Stehen bzw. Gehen möglich: Die Person kann allein oder mit Begleitung gemeinsam mit dem Hund durch einen Parcours in verschiedenen Variationen gehen. Je nach Verfassung ist dies beispielsweise auch zu zweit machbar. In einer Gruppe können sich die Klienten/innen auch gegenseitig einen Futterbeutel des Hundes, der mit Leckerli gefüllt ist, zuwerfen und laut mitzählen. Dies kann im Sitzen,

Stehen oder Gehen geschehen. Wenn dann z. B. jeweils fünf Würfe erfolgt sind, dann darf der Hund, der in der Zwischenzeit auf seiner Decke gewartet hat, ein Leckerli bekommen oder es wird ein Spielzeug für ihn geworfen und er darf damit eine Runde spielen.

Praxisbeispiel: Frau R.

Die Bewohnerin Frau R. ist 82 Jahre alt und leidet an Multipler Sklerose. Seit langer Zeit ist sie bettlägerig und verbleibt so die meiste Zeit in ihrem Einzelzimmer in einer stationären Pflegeeinrichtung. Ihr Tagesablauf ist eintönig, er ist geprägt von den Essenszeiten und Fernsehsendungen, gelegentlichen Besuchen ihrer ehemaligen Nachbarin und ihrer Tochter. Sie ist aufmerksam und geistig klar, jedoch fällt ihr jede Bewegung schwer und die Tage erscheinen Frau R. sehr lang. Sie beklagt sich sehr selten und freut sich über jede Abwechslung. Um die Beweglichkeit bei Frau R. so gut wie möglich zu erhalten, sie zum Sprechen anzuregen und aktive wie passive Bewegungsübungen auch im Bett durchzuführen, hat der behandelnde Arzt entsprechende physiotherapeutische Leistungen für Frau R. verordnet. Die Physiotherapeutin kommt mit ihrem ausgebildeten Therapiebegleithund nach Absprache mit der Heim- und Pflegedienstleitung regelmäßig zu Frau R. Die Ziele der physiotherapeutischen Arbeit beziehen sich nicht nur auf die Verbesserung der körperlichen Beweglichkeit und der Vermeidung von Muskelkrämpfen, sondern beziehen die gesamte Person Frau R. ein. Nachfolgende Übungen können u. a. für ein Training der oberen Extremitäten in die Behandlung eingebaut werden. Diese mag den Hund sehr gern und freut sich über dessen Nähe.

Tab. 5: Ziele für Frau R.

Motorisch-funktioneller bzw. sensorisch-perzeptiver Bereich	Sozio-emotionaler bzw. psychischer Bereich	Kognitive, geistige Fähigkeiten
◆ motorische Aktivierung und Muskeltraining der oberen Extremitäten ◆ Gleichgewicht im Sitzen schulen ◆ Körperkoordination schulen ◆ Auge-Hand-Koordination schulen ◆ Grob- und Feinmotorik der	◆ Aufbau von Vertrauen und Sicherheit ◆ Zuwendung empfinden ◆ Selbstwirksamkeit erfahren ◆ Stressreduktion durch aktive Bewältigungsstrategie erfahren ◆ Selbstwertgefühl aufbauen ◆ Freude empfinden ◆ Einsamkeit reduzieren (ggf.	◆ Konzentration üben ◆ Ausdauer fördern ◆ Körperliche Fähigkeiten richtig einschätzen können ◆ Merkfähigkeit und Gedächtnis fördern ◆ Geduld üben ◆ planvolles und vorausschauendes Handeln üben

Tab. 5: Ziele für Frau R. – Fortsetzung

Motorisch-funktioneller bzw. sensorisch-perzeptiver Bereich	Sozio-emotionaler bzw. psychischer Bereich	Kognitive, geistige Fähigkeiten
Arme trainieren • Körperimago wahrnehmen • Muskelentspannung der Beine und Arme fördern • …	später Übungen mit anderen Bewohnern durchführen) • …	• Sprechbereitschaft fördern • …

Übungen: Versteckspiel, Fellpflege und Lagern zur Entspannung

- Versteckspiel: Der Hund liegt im Zimmer von Frau R. auf seiner Decke. Frau R. soll der Therapeutin mitteilen, wo genau im Zimmer sie Leckerli für den Hund verstecken soll. Die Leckerli werden unter »Hütchen« (z. B. Formen für Backwaren/Muffins oder kleine bunte Blumentöpfe aus Kunststoff) im Zimmer so versteckt, dass der Hund sie finden kann. Frau R. sitzt aufrecht in ihrem Bett. Sie gibt dem Hund abwechselnd mal mit dem linken, mal mit dem rechten Arm Handzeichen und ein verbales Kommando, wenn der Hund mit der Suche beginnen soll und verfolgt die Suche visuell. Zwischendurch kommt der Hund zu Frau R. ans Bett und lässt sich von ihr streicheln. Abschließend soll Frau R. (ggf. gemeinsam mit der Therapeutin) die Verstecke in der Reihenfolge benennen, in der der Hund diese aufgesucht hat.
- Fellpflege: Der Hund wird auf einem Laken auf dem Bett von Frau R. positioniert. Diese bürstet den Hund. Sie kann ihm z. B. auch ein hübsches Halstuch anlegen.
- Lagerung am Hund und passive Bewegungsübungen: Der Hund wird entsprechend im Bett von Frau R. gelagert. Körperteile von Frau R. werden nacheinander auf dem Hund gelagert, um die Muskulatur zu entspannen und Spastik/Krämpfen vorzubeugen. Die Therapeutin kann auch passiv geführte Bewegungsübungen (z. B. geführtes Streicheln des Hundes, geführte Bewegung der Beine über dem Hund) durchführen oder Basale Stimulation gemeinsam mit dem Hund anwenden.

Praxisbeispiel: Gruppenarbeit in einer Altenpflegeeinrichtung

Ein Hund kann regelmäßig in die Gruppenarbeit mit alten Menschen eingebunden werden. Beispielsweise könnte eine Mitarbeiterin des Sozialen Dienstes einen Pädagogik-/Therapiebegleithund unterstützend in die Gruppenarbeit integrieren, um das tägliche Beschäftigungsangebot zu erweitern und mehr Abwechslung bieten zu können. Ein beliebtes Spiel für ein Nachmittagsangebot ist das Bingo-Spiel. Dies kann durch die Arbeit mit dem Hund spannender und abwechslungsreicher gestaltet werden.

Tab. 6: Ziele für die Gruppenarbeit

Motorisch-funktioneller bzw. sensorisch-perzeptiver Bereich	Sozio-emotionaler bzw. psychischer Bereich	Kognitive, geistige Fähigkeiten
◆ motorische Aktivierung und Muskeltraining der oberen Extremitäten ◆ Gleichgewicht im Sitzen schulen ◆ Visuelle und akustische Wahrnehmung fördern ◆ Taktile Wahrnehmung fördern ◆ Feinmotorik der Hände fördern ◆ …	◆ Aufbau von Vertrauen und Sicherheit in der Gruppe ◆ Zuwendung empfinden ◆ Selbstwirksamkeit erfahren ◆ Selbstwertgefühl aufbauen ◆ Freude empfinden ◆ Alleinsein bzw. Einsamkeit reduzieren ◆ Kontakte der Bewohner/innen untereinander fördern ◆ Freude empfinden ◆ …	◆ Konzentration üben ◆ Ausdauer fördern ◆ Merkfähigkeit und Gedächtnis fördern ◆ Geduld üben ◆ Sprechbereitschaft fördern ◆ …

Übung: Bingospiel mit Hund

Eine große Decke wird vorher so gestaltet, dass diese in Quadrate aufgeteilt wird (mit Bändern genäht, Klebeband abgeklebt etc.; Kahlisch 2015, S. 122f). Die Decke wird in der Mitte des Stuhlkreises, in dem die Gruppe der Bewohner/innen sitzt, entsprechend positioniert. Auf diese Quadrate bzw. Felder der Decke wird eine Zahl aufgebracht und dazu jeweils ein Gegenstand des Hundes (z. B. eine Bürste) oder ein Spielzeug gelegt. Die Bewohner/innen erhalten eine Schreibunterlage und ein Blatt, auf dem die Felder mit den Zahlen eingezeichnet sind. Der Hund wartet am Rande des Stuhlkreises auf seinen Einsatz. Jede/r Bewohner/in kreuzt nun an, welchen Gegenstand der Hund möglicherweise zuerst von der Decke holen wird. Dann darf eine Person aus der Gruppe den Hund mit Handzeichen losschicken. Der Hund bringt einen Gegenstand von der Decke zur Mitarbeiterin des Sozialen Dienstes (Sozialarbeiterin). Diese steht bei der Person, die den Hund zuvor losgeschickt hat. Diese Person darf dem Hund ein Leckerli geben. Die Leckerli können in unterschiedlichen Behältern aufbewahrt sein, so dass die Bewohner/innen ggf. beim Öffnen der Behälter unterschiedliche Bewegungen mit den Fingern üben und dabei die

Feinmotorik trainieren. Der Gegenstand wird danach benannt bzw. beschrieben. Die Gruppe wertet in einem nächsten Schritt gemeinsam aus, welche Teilnehmer/innen den richtigen Gegenstand angekreuzt haben und welche nicht. Dann geht es mit dem nächsten Ankreuzen bzw. der nächsten Runde weiter und die nächste Person darf den Hund losschicken. Sind die entsprechenden Spielrunden beendet, werden abschließend die erzielten Ergebnisse besprochen. Ggf. können Bewohner/innen sich noch erinnern, in welcher Reihenfolge der Hund die Gegenstände nach und nach von der Decke geholt hat. Die Reihenfolge sollte bestenfalls von der Sozialarbeiterin im Verlauf notiert werden, damit eine Ergebnissicherung vorliegt. Der Gewinner bzw. Gewinnerin darf zur Belohnung je nach Möglichkeiten eine kleine Übung mit dem Hund durchführen, ihn streicheln und loben oder Ähnliches.

Zusammenarbeit mit Menschen mit ausgewählten psychischen und sozialen Problemlagen

In diesem Kapitel sollen Unterstützungsmöglichkeiten für Menschen mit ausgewählten psychischen und sozialen Problemlagen erörtert werden. Hierbei wird zunächst nicht auf ein konkretes Handlungsfeld rekurriert, sondern der Versuch unternommen, exemplarisch auf unterschiedliche psychische Problemlagen, Erkrankungen bzw. Störungen einzugehen und mögliche Übungen bzw. Aufgaben eines Pädagogik-/Therapiebegleithundeteams aufzuzeigen. Dass Tiere und insbesondere Hunde den Zugang zu Patienten/innen erleichtern, wird aus der psychotherapeutischen Praxis zunehmend häufiger bestätigt (Wohlfahrt 2015; Ganser 2017, 2015). Beispielhaft werden nachfolgend depressive Erkrankungen, posttraumatische Belastungsstörungen und Bindungsstörungen bearbeitet. Menschen jeden Alters können von den genannten Problemlagen betroffen sein und diese Personen begegnen Pädagogen/innen bzw. Therapeuten/innen in verschiedenen Einrichtungen und Settings. Dabei wird auch der jeweilige Arbeitszusammenhang differieren und der pädagogische bzw. therapeutische Prozess mit Zielen versehen sein, die sich im Einzelfall deutlich voneinander unterscheiden und in der Tiefe der Bearbeitung sehr stark variieren können. Es wird z. B. gezielt auf die Erkrankung bzw. Störung im therapeutischen Prozess in Einzelsitzungen eingegangen, es kann aber auch eine pädagogische Förderung in den Blick genommen werden, die sich auf eine Bearbeitung der sozialen Folgen in Interaktionen in einer Gruppe von Kindern, z. B. in einer Wohneinrichtung der Kinder-/Jugendhilfe und Behindertenhilfe, bezieht. Nachfolgend werden zunächst einige zentrale Aspekte der ausgewählten Problemlagen aufgegriffen und näher beleuchtet, in einem weiteren Schritt werden vor diesem Hintergrund verschiedene Unterstützungsmöglichkeiten eines Pädagogik-/Therapiebegleithunde-Teams aufgezeigt.

Zielgruppen

Menschen mit Depressionen

Laut der Weltgesundheitsorganisation (engl.: World Health Organization, WHO 2017) wird die Depression als psychische Störung folgendermaßen definiert:

> »Eine Depression ist eine weit verbreitete psychische Störung, die durch Traurigkeit, Interesselosigkeit und Verlust an Genussfähigkeit, Schuldgefühle und geringes Selbstwertgefühl, Schlafstörungen, Appetitlosigkeit, Müdigkeit und Konzentrationsschwächen gekennzeichnet sein kann. Sie kann über längere Zeit oder wiederkehrend auftreten und die Fähigkeit einer Person zu arbeiten, zu lernen oder einfach zu leben, beeinträchtigen. Im schlimmsten Fall kann eine Depression zum Suizid führen. Milde Formen können ohne Medikamente behandelt werden, mittlere bis schwere Fälle müssen jedoch medikamentös bzw. durch professionelle Gesprächstherapie behandelt werden« (Weltgesundheitsorganisation 2017).

Die Internationale Klassifikation der Krankheiten und verwandter Gesundheitsprobleme (abgekürzt engl. *ICD:* International Classification of Diseases and Related Health Problems) ist ein weltweit anerkanntes System, welches entsprechend einheitlicher Codes (z. B. F 30-F 39, Affektive Störungen) verschiedene Krankheitsbilder definiert[6].

Manische Episode (F 30), Bipolare affektive Störung (F 31) und Rezidivierende depressive Störung (F 33) sind entsprechend klassifiziert. Depressive Episoden werden demzufolge auch zu den Affektiven Störungen gezählt und in leichte (F 32.0), mittelgradige (F 32.1) und schwere (F 32.2) Episoden aufgeteilt. Darüber hinaus wird die schwere Episode mit psychotischen Symptomen (F 32.3) beschrieben. Andere Störungen werden ex-

---

6 In Deutschland ist für das Deutsche Institut für Medizinische Dokumentation und Information (DIMDI) für die Verschlüsselung und Klassifikation der Erkrankungen verantwortlich. Diese basiert auf dem ICD und nennt sich ICD 10-GM in der aktuellen Version von 2017. Die Diagnostik von psychischen Erkrankungen basiert darüber hinaus auf dem DSM-5 (Diagnostic and Statistical Manual of Mental Disorders, engl. für diagnostischer und statistischer Leitfaden psychischer Störungen«), einem Klassifikationssystem aus den USA, welches weltweit anerkannt, dem ICD 10-System ähnlich und für die Psychiatrie grundlegend ist.

kludiert und an anderer Stelle klassifiziert, so z. B. Anpassungsstörungen (F 43.2) und depressive Episode in Verbindung mit Störungen des Sozialverhaltens (F 91.-F 92.0) (ICD 2017). Depressive Störungen können als eigenständige Erkrankung auftreten, sind aber auch häufig eine Folge von anderen Erkrankungen oder seelischen Belastungen bzw. zeigen sich als Begleiterscheinung in Verbindung mit anderen Störungen bzw. Krankheiten (Komorbidität).

Laut Robert-Koch-Institut (RKI, 2012) liegen keine umfassenden aktuellen Daten zur Verbreitung von Depressionen für Deutschland vor. Das RKI hat allerdings Daten aus dem Jahr 2010 ausgewertet, wobei die befragten erwachsenen Personen selbst die Angaben gemacht haben und nur ärztlich bzw. psychotherapeutisch diagnostizierte Depressionen in die Untersuchung eingegangen sind. Dabei betrug den Angaben zufolge der Anteil von Frauen mit einer Depression bzw. depressiven Verstimmung, die während der vorherigen 12 Monate aufgetreten war, rund 9 %, bei den befragten Männern waren es rund 4 % (a. a. O., S. 93).

»Im Zeitraum von einem Jahr leiden 12 % der Allgemeinbevölkerung im Alter von 18 bis 65 Jahren (das entspricht fast sechs Millionen Menschen) unter einer affektiven Störung (12-Monats-Prävalenz). Die Zahl derjenigen, die irgendwann im Laufe ihres Lebens an einer Depression erkranken ist jedoch weitaus größer: die Lebenszeitprävalenz liegt bei 19 % (Frauen: 25 %, Männer: 12 %). Die 12-Monats-Querschnittsprävalenz depressiver Störungen (unter Ausschluss depressiver Episoden im Rahmen bipolarer Erkrankungen) bei 18- bis 65-jährigen Personen in der Allgemeinbevölkerung beträgt 11 %« (Robert-Koch-Institut 2010).

Die Dunkelziffer hinsichtlich der Personen mit einer depressiven Verstimmung oder Depression, die keine medizinische oder psychotherapeutische Diagnostik in Anspruch genommen haben, dürfte deutlich höher liegen. Auch sind in diese Untersuchung keine älteren Menschen und Kinder bzw. Jugendliche eingegangen. Bei Kindern und Jugendlichen können entsprechende Erkrankungen als Folge von beispielsweise hohen seelischen Belastungen im familiären, sozialen und/oder schulischen Umfeld sowie Trennungs- oder Gewalterfahrungen auftreten (Robert-Koch-Institut, Statistisches Bundesamt 2008, S. 50 und S. 144f). Auch für das Kindes- und Jugendalter liegen derzeit keine umfassenden gesicherten Daten für das Bundesgebiet vor. Der Studie zur Gesundheit von Kindern und Jugendlichen in Deutschland und weiterer Berechnungen zufolge ergeben sich bei rund 5 % der Kinder und Jugendlichen Hinweise auf depressive Störungen. Bei Menschen im hohen Alter, die in einer Einrichtung der Altenhilfe leben, geht man von rund 50 % dieser Personengruppe aus, die an einer depressiven Störung leiden (RKI 2010, Kap. 5.5).

An der Versorgung und Begleitung von Menschen mit depressiven Erkrankungen sind verschiedene Professionen und Einrichtungen beteiligt, wie z. B. ärztliches, psychotherapeutisches, sonstiges therapeutisches und pädagogisches Personal in freien Praxen, Krankenhäusern, Ambulanzen und Rehabilitationskliniken, Beratungsstellen, Kinder- und Jugendhilfeeinrichtungen, Wohneinrichtungen und weitere Einrichtungen des Bildungs-, Gesundheits- und Sozialwesens. Je nachdem, in welchem Kontext die Betroffenen leben bzw. begleitet werden.

Eine Behandlung wird mittels medikamentöser und/oder nichtmedikamentöser Therapie erfolgen. Begibt sich eine erkrankte Person in eine psychotherapeutische Behandlung, sind ein Vertrauensaufbau und eine gute Beziehung für eine gelingende Zusammenarbeit besonders hilfreich. Bestätigt sind positive Effekte insbesondere in der Diagnostik von psychischen Problemlagen bei Kindern und Jugendlichen im klinischen Kontext, da diese Zielgruppen die Zusammenarbeit mit dem Hund besonders gut akzeptieren (Greiffenhagen, Buck-Werner 2012, S. 169). Ein Pädagogik-/Therapiebegleithundeteam kann Menschen mit einer affektiven Störung, wie oben bereits beschrieben, in unterschiedlichen Handlungsfeldern und Einrichtungen begegnen. Die Gestaltung der Begleitung und die Behandlungsziele dürften sich je nach Person und Situation unterschiedlich darstellen. Jedoch sind im übergreifenden Sinne, je nach Setting und Situation, z. B. eine Tagesstrukturierung und der Aufbau sozialer Aktivitäten bedeutsam (Härter et al. 2003).

Menschen mit einer Posttraumatischen Belastungsstörung

Eine posttraumatische Belastungsstörung (PTBS) wird in der Internationalen Klassifikation der Krankheiten und verwandter Gesundheitsprobleme den »Reaktionen auf schwere Belastungen und Anpassungsstörungen« zugeordnet (ICD 10, F 43). Die dort benannten Störungen sind immer eine Folge von massiven Belastungen eines Menschen und eine entsprechende Reaktion auf diese, da die Erlebnisse und Erfahrungen überfordern, die Reize nicht verarbeitet werden können und die Belastungen höher liegen als die Bewältigungsmechanismen der Person. Eine PTBS (F 43.1) stellt eine Störung dar, die erst zeitverzögert nach den belastenden Erlebnissen auftritt. Die Störung kann sich wenige Wochen bis zu mehreren Monaten nach dem Ereignis entwickeln. Diese belastenden Ereignisse werden als solche mit unterschiedlicher Dauer, aber mit außergewöhnlicher Bedrohung und einem katastrophenartigen Ausmaß gekennzeichnet, die für jede Person zu einer tiefen Verzweiflung führen würde

(ICD 2017, F 43.1). Dazu zählen u. a. schwere Unfälle, Kriegserfahrungen, körperliche und sexualisierte Gewalt, Gefangenschaft, Folter, Entführungen, Naturkatastrophen, eine lebensbedrohliche Situation und der Erhalt einer lebensbedrohlichen Krankheitsdiagnose. Es kann auch sein, dass ein Mensch als Zeuge einer solchen Situation (z. B. eines schweren Unfalls) eine PTBS entwickelt.

Die Symptome können sich sehr unterschiedlich darstellen. Es ist möglich, dass die Klientel das Trauma immer wieder in so genannten Flashbacks oder Albträumen erlebt, wobei sie sich im Alltag häufig emotional abgestumpft fühlen. Möglich sind auch ein erhöhtes Maß an Schreckhaftigkeit und Übererregung sowie Schlafstörungen. Es kann sich eine Gleichgültigkeit und Freudlosigkeit entwickeln, auch Depressionen können sich als Folge der Traumatisierung einstellen. Die betroffenen Personen vermeiden häufig Situationen, Gefühle, Gedanken, Gespräche, Menschen oder Objekte, die dem belastenden Ereignis ähnlich sind bzw. die sie mit dem traumatischen Ereignis assoziieren. Es können auch weitere allgemeine Symptome bzw. Störungen entstehen, wie Angststörungen, Depressionen, Dissoziative Störungen, Amnesien, Persönlichkeitsstörungen, aggressives Verhalten, Suizidversuche, Bindungsstörungen. Je nach Art und Ausprägung der PTBS besteht auch hier die Möglichkeit einer Unterstützung der Klientel durch die Zusammenarbeit mit einem Pädagogik-Therapiebegleithundeteam.

Die tiergestützte Pädagogik und Therapie gewinnt insbesondere für Kinder und Jugendliche in Einrichtungen der Kinder-, Jugend- und Behindertenhilfe sowie in heilpädagogischen, kinder- und jugendtherapeutischen Praxen immer größere Bedeutung. Kinder, die in frühen Lebensjahren eine traumatische Erfahrung erlitten haben, wie etwa durch Kriegserfahrungen, Gewalt und/oder sexuellen Missbrauch, verlieren häufig das Vertrauen in andere Menschen, können aber zu Tieren einen guten Kontakt aufbauen (Olbrich, Otterstedt 2003, S. 129).

Menschen mit einer Bindungsstörung

Von besonderer Relevanz in der Zusammenarbeit mit Menschen mit psychischen und sozialen Problemlagen sind die Erkenntnisse zu Beziehung und Bindung zu Tieren, insbesondere zu Hunden. Das Bindungskonzept ist dann geeignet, wenn die von Ainsworth beschriebenen Kriterien für die Bindung zwischen Eltern (Bezugspersonen) und Kind im Sinne einer sicheren Bindungsfigur erfüllt würden (Ainsworth 1991 zit. nach Julius et al. 2014, S. 165):

1. »Die Bindungsfigur ist eine zuverlässige Quelle für Trost und Rückversicherung und erlaubt deshalb die Exploration (sichere Basis).
2. Bei psychischem und körperlichem Stress wird Nähe zur Bindungsfigur gesucht, um ein Gefühl der Sicherheit zu erhalten (sicherer Hafen).
3. Die körperliche Nähe zu einer Bindungsfigur geht mit positiven Gefühlen einher (Aufrechterhaltung von Nähe).
4. Trennungen von der Bindungsfigur gehen mit negativen Gefühlen einher (z. B. Vermissen der Bindungsfigur, Trennungsschmerz).«

Diese Kriterien mit Blick auf eine sichere Bindungsfigur können auf die Beziehung vom Menschen zum Hund in pädagogischen und therapeutischen Settings übertragen und genutzt werden. Beetz (2003) weist darauf hin, dass eine Beziehung zu einem Tier, welche von emotionaler Relevanz für die Klientel ist, der weiteren Untersuchung hinsichtlich der Ausformung und Veränderung von internalen Arbeitsmodellen bedarf, wobei die Autorin auf die Förderung emotionaler und sozialer Kompetenzen durch eine sichere Bindung zu Tieren für die Entwicklung eines sicheren Bindungsmodells als bedeutsam postuliert. Für den Verlauf einer Therapie wäre dann eine weitergehende Übertragung eines sicheren Arbeitsmodells auf zwischenmenschliche Beziehungen zielführend. Im Rahmen einer Langzeitstudie haben Saumweber und Beetz (2007) belegt, dass die Bindung an ein Tier in der Zusammenarbeit von verhaltensauffälligen Jugendlichen einen schützenden Faktor für die emotionale und soziale Bindung darstellt. Eine sichere Bindung zu einem Tier korreliert demzufolge z. B. mit Mitgefühl. Die Forschungsergebnisse zeigen insgesamt, dass auch bei unverarbeiteten zwischenmenschlichen Bindungstraumata eine verlässliche Bindung von verhaltensauffälligen Jugendlichen zu einem Tier aufgebaut werden kann (Saumweber, Beetz 2007, S. 127f). Julius et al. (2014) gehen ebenfalls davon aus, dass offensichtlich unsichere, vermeidende bzw. desorganisierte Bindungsmuster, welche Menschen mit einer Bindungsstörung als interne Arbeitsmodelle für Beziehungen verinnerlicht haben, scheinbar nicht ohne weiteres auf Tiere übertragen werden und daher die Zusammenarbeit mit Tieren von hoher Bedeutung sein kann.

»Die Tatsache, dass der Übertragungszyklus unsicherer Bindungen in Mensch-Tier-Beziehungen unterbrochen wird, ist für die pädagogische und therapeutische Praxis von größter Bedeutung« (Julius et al. 2014, S. 167).

Ist eine gute und sichere Bindung zwischen dem Hund und dem Pädagogen/der Pädagogin bzw. dem Therapeuten/der Therapeutin vorhanden, wirkt sich dies günstig auf den Prozess aus. Letztlich sollte über eine gute Bindung des Klienten/der Klientin zum Hund auch eine gute Bindung im Beziehungsdreieck entstehen, also auch zwischen den Klienten/innen und der professionell tätigen Person. Zu bedenken ist, dass eine gute Bindung zwischen der Klientel und dem Hund nicht als Konkurrenz zu der Beziehung zwischen Klientel und professioneller Person betrachtet werden darf. Hier ist die Reflexion der Profis mit Blick auf die eigenen Bindungserfahrungen und Arbeitsmodelle ausgesprochen wertvoll, damit keine unbewusst als Zurückweisung der Klientel empfundene Erfahrung entsteht (Julius et al. 2014, S. 191). Machen die Klienten/innen in der Zusammenarbeit die Erfahrung von neuen, sicheren Bindungsangeboten mit Pädagogen/innen bzw. Therapeuten/innen, erleben sie diese als neue Erfahrungen und können die bisherigen Muster aufgeben. Diese Prozesse sind in der Arbeit mit dem Hund nutzbar, denn wie oben bereits beschrieben, können bisherige Bindungsmuster in der Arbeit mit dem Hund unterbrochen und in entsprechenden Übungen über einen längeren Zeitraum vertieft werden (Julius et al. 2014, S. 188ff). Letztlich kann diese neue Erfahrung für die Klientel dann nach und nach durch die Beziehungs- und Fürsorgeangebote der professionell tätigen Personen positiv gestärkt werden. Dazu ist es notwendig, dass Pädagogen/innen und Therapeuten/innen in der Lage sind, auf ungünstige Bindungs- und Fürsorgemuster mit entsprechend erforderlichen neuen Bindungs- und Fürsorgebeziehungen zu reagieren und eben nicht die unsicheren bzw. desorganisierten Muster zu bestärken (Julius et al. 2014, S. 131ff; Brisch, Hellbrügge 2012; Brisch 2009).

In der Internationalen Klassifikation der Krankheiten und verwandter Gesundheitsprobleme werden im Wesentlichen zwei zentrale Störungen beschrieben (ICD 2017), dabei handelt sich um die Reaktive Bindungsstörung des Kindesalters (F 94.1) und um die Bindungsstörung des Kindesalters mit Enthemmung (F 94.2). Eine Reaktive Bindungsstörung zeigt sich durch anhaltende auffällige Verhaltensweisen des Kindes in sozialen Beziehungsmustern und tritt meist in den ersten fünf Lebensjahren auf. Betroffene Kinder zeigen häufig emotionale Störungen, sind furchtsam und übervorsichtig, zeigen sich eingeschränkt in der Interaktion mit gleichaltrigen Kindern. Sie richten Aggressionen gegen andere und/oder gegen sich selbst und fühlen sich unglücklich. Gelegentlich treten Wachstumsstörungen auf. Diese Reaktive Bindungsstörung ist in der Regel eine Reaktion auf elterliche Vernachlässigung, Missbrauch und/oder Misshandlung (ICD 2017, F 94.1). Eine Bindungsstörung im Kindesalter mit Enthemmung (ICD 2017, F 94.2) zeigt dagegen Verhaltensmuster, welche trotz sich deutlich veränderter Rahmenbedingungen gleich(-gültig) bleiben. Diese Kinder zeigen häufig ein nicht selektives Bindungsverhalten, sind zu jedem wahllos freundlich bis distanzlos und suchen die Aufmerksamkeit. Sie ändern ihr Verhalten in Interaktionen mit Gleichaltrigen kaum, sind eingeschränkt in der Interaktion und können ebenfalls emotionale Störungen und Verhaltensstörungen zeigen (ICD 2017, F 94.2). Die Bindungsstörung mit Enthemmung entwickelt sich oftmals aus der zuerst beschriebenen Bindungsstörung im Kindesalter.

Die Problematik, die sich durch die meist kurzzeitige und punktuelle Arbeit zwischen Menschen mit einer Bindungsstörung und Pädagogen/innen bzw. Therapeuten/innen ergibt, liegt eben genau darin begründet, dass die Veränderung von Beziehungs- und Bindungsqualität eine langfristige und wiederholte Interaktion benötigt. Erst wenn regelmäßig und dauerhaft sichere Bindungsangebote des Pädagogik-/Therapiebegleithundeteams erfolgen können, besteht eine realistische Chance für eine veränderte Beziehungsqualität im Sinne von Sicherheit und Internalisierung von sicheren Beziehungsmustern (Julius et al. 2014, S. 134). Somit dürfte sich die Chance erhöhen, wenn z. B. mit Kindern, die stationär in einer Kinder-, Behinderten- und Jugendhilfeeinrichtung leben, regelmäßig mit einem Hund gearbeitet oder eine langfristige pädagogische bzw. kinder- und jugendpsychotherapeutische Arbeit angesetzt werden kann, die die Entwicklung einer sicheren Bindungs- und Fürsorgebeziehung zulässt.

Unterstützungsmöglichkeiten

Auch in der psychiatrischen, psychotherapeutischen, sonstigen therapeutisch und pädagogisch begleitenden Zusammenarbeit mit Menschen mit psychischen Problemlagen kann ein ausgebildetes Pädagogik-/Therapiebegleithundeteam unterstützend wirksam werden (Julius et al. 2014, S. 53ff). Dabei spielt die Beziehungsgestaltung die zentrale Rolle und ein Hund kann dabei helfen, die Menschen hinsichtlich ihrer psychosozialen Entwicklung bzw. der Veränderung mit Blick auf die Beziehungs-, Bindungs- und Fürsorgemuster zu stärken. Beispielhaft sind nachfolgend einige Möglichkeiten aufgeführt:

- Brücke für Gespräche bilden
- Selbstbewusstsein aufbauen
- Ängste überwinden
- Emotionale Stabilität erfahren
- Autonomie erleben
- Körperkontakt zulassen und Entspannung erfahren
- Verantwortung übernehmen

Brücke für Gespräche

Ein Hund kann eine gute Brücke für Gespräche zwischen Pädagoge/in bzw. Therapeut/in und einem Menschen mit psychischen und sozialen Problemlagen bilden. Dabei kann der Hund als Motivations- bzw. Projektionsobjekt dienen (Ganser 2015). Einem Hund können auch erst einmal schwierige Situationen, negative Erfahrungen, Ängste, Sorgen und Geheimnisse anvertraut werden. Wenn dem Hund zuerst etwas erzählt worden ist, dann ist es bereits einmal ausgesprochen. Ggf. fällt es der Person danach leichter, später darüber mit der professionell tätigen Person zu sprechen. Der Hund kann auch Sicherheit in dem jeweiligen Setting bieten und Trost spenden. Auch das Streicheln des Hundes kann dazu dienen, Gespräche entstehen zu lassen, Gefühle aufkommen zu lassen und diese zu zeigen und ggf. anzusprechen. Je nach Situation kann ein Hund auch in ein Rollenspiel eingebunden werden. Der Hund bewertet nicht, fördert eine entspannte und gesprächsfördernde Atmosphäre (Wohlfarth 2015). Diese Erfahrung kann in Gesprächssituationen oder beim Spielen hilfreich sein und zur (Er-)Öffnung von weiterführenden Gesprächen dienen.

Selbstbewusstsein aufbauen

Durch unterschiedliche Übungen mit dem Hund kann die Reflexion des Erlebens und Verhaltens der Patienten/innen bzw. Klienten/innen gefördert und das Selbstbewusstsein aufgebaut werden. Der Hund kann dabei als Motivationsobjekt, aber auch als Projektionsfläche dienen. Darüber hinaus reagiert ein Hund immer direkt und authentisch gegenüber einer Person, so dass in der Zusammenarbeit mit dem Hund eine gute Spiegelung für die beteiligten Personen, also für den/die Pädagogen/in bzw. Therapeuten/in und die zu unterstützende Person, sichtbar wird. Durch die Überwindung von Ängsten, die Reflexion der Gefühle und Erfahrungen im Gespräch, die Erfahrung von emotionaler Stabilität und Verlässlichkeit kann das Selbstbewusstsein und Selbstwertgefühl je nach individueller Situation nach und nach aufgebaut und gestärkt werden.

Ängste überwinden

In der Zusammenarbeit mit Menschen mit psychischen Problemlagen kann ein ausgebildeter Hund bei der Überwindung von Ängsten eine wichtige Rolle spielen. Je nach Situation der Person besteht die Möglichkeit, sich gemeinsam mit dem Hund mehr zuzutrauen und sich auf beängstigende Situationen eher einlassen zu können, als dies ohne den Hund möglich wäre. Ggf. können Übungen entwickelt werden, bei denen sich jemand mit dem Hund nach und nach in beängstigende Situationen traut bzw. sich diesen annähert, die bei der Bearbeitung einer traumatisierenden Erfahrung bedeutsam sein können (z. B. mit dem Hund durch einen Wald laufen, in einem Aufzug fahren, durch eine größere Menschenmenge gehen oder durch einen Tunnel kriechen). Die Überwindung von Ängsten stärkt das Selbstvertrauen und hilft dabei, sich in bestimmten Situationen nach und nach wieder besser zurechtzufinden. Ängste werden somit wieder »verlernt«, da beängstigende Faktoren einer Situation mit Entspannung durch den Hund verknüpft werden können (Schwarzkopf, Otterstedt 2003, S. 258).

Emotionale Stabilität erfahren

Für Menschen mit den oben genannten psychischen und sozialen Problemlagen spielt die Erfahrung einer emotionalen Stabilität durch die Zusammenarbeit mit einem Hund eine wichtige Rolle. Ein Hund ist ehrlich in der Reaktion, er bewertet den Menschen nicht nach Äußerlichkeiten oder Erfahrungen der Person. Die Klienten/innen erleben eine Zuwendung durch den Hund, die freundlich, freudig und stabil ist. Ein Hund verstellt seine Gefühle bzw. den Ausdruck und sein Verhalten nicht, hingegen können Menschen dies sehr wohl und verstecken häufig ihre wahrhaftigen Gedanken und Gefühle. Somit ist eine emotionale Stabilität wichtig für den Beziehungsaufbau zum Hund und zur professionell tätigen Person. Ein Pädagogik-/Therapiebegleithund ist zugewandt und freundlich, reagiert niemals missachtend, ärgerlich oder bösartig bei guter Behandlung. Er freut sich immer über die Person und diese Freundlichkeit ist verlässlich. Somit erfahren Klienten/innen bzw. Patienten/innen eine stabile und verlässliche Zusammenarbeit durch den Hund, die Vertrauen fördert und ein Erleben von emotionaler Sicherheit bietet. Diese emotionale Stabilität stellt einen wichtigen Katalysator in der Kooperation dar, soll sich positiv auf die Beziehungsgestaltung im Beziehungsdreieck insgesamt auswirken und für die jeweiligen pädagogischen und therapeutischen Ziele genutzt werden können (z. B. durch den Aufbau sicherer Arbeitsmodelle in der zwischenmenschlichen Bindung). Denn ein Gefühl von Sicherheit und Vertrauen, dem ein körperliches Wohlbefinden vorausgeht, ermöglicht es, sich auf Neues einlassen zu können und die emotionalen und sozialen Kompetenzen ganzheitlich zu fördern, die je nach Problemlage im Fokus stehen. Positive Gefühle fördern nicht zuletzt die (Selbst-)Wahrnehmung und reduzieren Stress (Schaefgen 2007, S. 24; Julius et al. 2014, S. 137ff).

Autonomie erleben

Durch verschiedene Übungen mit dem Hund kann jemand die Erfahrung machen, dass eine Situation beherrscht wird und die Person etwas selbst bestimmen bzw. kontrollieren kann. Das Hundetraining kann z. B. mit der Einübung unterschiedlicher Kommandos durch Worte und Körpersprache erfolgen, so dass der/die Klient/in z. B. die selbständige Führung des Hundes übernimmt. Dabei können Pädagogen/innen bzw. Therapeuten/innen unterstützend, z. B. durch Handzeichen, begleiten. Auch kann z. B. im Parcours gearbeitet werden, durch den der Hund der jeweiligen Person folgt. Das Erleben von Autonomie und Selbstbestimmung, von selbstständig getroffenen Entscheidungen (z. B. welche Kommandos eingesetzt werden oder in welcher Reihenfolge die Hindernisse des Parcours durchlaufen werden) und das Übernehmen der »Führung« in einer Situation kann zur Entwicklung von mehr Selbstvertrauen und Autonomieempfinden beitragen.

Abb.7: Zusammen durch einen Parcours laufen (mit freundlicher Genehmigung von Karl Mayer, paeddog)

Körperkontakt zulassen und Entspannung erfahren

Der Körperkontakt zu einem Hund wirkt stressreduzierend und positiv auf das Hormonsystem mittels Ausschüttung von Oxytocin im menschlichen Körper. Neben den positiven psychologischen Effekten sind physiologische Effekte nachgewiesen (Julius et al. 2014, S. 83ff). Menschen mit psychischen Problemlagen haben ggf. Schwierigkeiten, körperliche Nähe zuzulassen und sich zu entspannen. Insbesondere Menschen mit Gewalt-

3.4 Ausgewählte Zielgruppen und Handlungsfelder

bzw. Missbrauchserfahrungen vermeiden körperlichen Kontakt zu anderen Menschen häufiger.

Abb. 8: Körperliche Nähe zulassen (mit freundlicher Genehmigung von Karl Mayer, paeddog)

Hier kann ein Pädagogik-/Therapiebegleithund hilfreich sein, indem ein Zulassen körperlicher Nähe geübt wird, z. B. das Streicheln des Hundes ausprobiert wird. Bei der Fellpflege kann ebenfalls körperliche Nähe mehr und mehr zugelassen werden.

Abb. 9: Bürsten des Hundes (mit freundlicher Genehmigung von Karl Mayer, paeddog)

Auch das Fühlen des Herzschlags des Hundes mit der Hand oder die Lagerung am oder auf dem Hund können Übungen darstellen, die zu einer positiven Erfahrung der Klienten/innen bzw. Patienten/innen beim Zulassen von körperlicher Nähe führen können, wobei damit eine körperliche und emotionale Entspannung einhergehen sollte.

Verantwortung übernehmen

Die Übernahme von Verantwortung kann mit zahlreichen Übungen gefördert werden. Befinden sich Klienten/innen bzw. Patienten/innen in einer stationären Einrichtung gemeinsam mit dem Hund, kann Verantwortung mit Blick auf die Tagesstruktur, d.h. die Gabe des Futters, die Pflege des Hundes, Einkäufe für den Hund, die Zuständigkeit für Spaziergänge und Spiele etc. übernommen werden. Treffen die Personen nur zeitlich eingegrenzt auf das Pädagogik-/Therapiebegleithundeteam, kann außerdem ein Parcours verantwortungsbewusst unter Berücksichtigung von »Größe und Fähigkeiten des Hundes« geplant und aufgebaut werden. Besondere Hindernisse könnten auch in der Einrichtung geplant und gebaut werden, z. B. aus Holz oder alten Möbelstücken. Beispielsweise können dem Hund auch neue Tricks beigebracht werden, für die diese Person dann hauptsächlich zuständig ist. Grundsätzlich ist das Erlernen und Einhalten von konkreten Regeln im Umgang mit dem Hund auch eine Möglichkeit zu lernen, Verantwortungsgefühl zu entwickeln.

Praxisbeispiel: Lene

Lene ist kürzlich sieben Jahre alt geworden. Sie wurde vom Jugendamt unter Einbeziehung der Mutter und des Stiefvaters in eine Wohngruppe im Rahmen der stationären Heimerziehung untergebracht. Lene zeigt Entwicklungsverzögerungen und Verhaltensauffälligkeiten. Der Schulbesuch ist problematisch, da Lene sich nicht konzentrieren kann und häufig unangemessene Verhaltensweisen gegenüber Gleichaltrigen zeigt. In der Behandlung durch einen Kinder- und Jugendpsychotherapeuten wurde eine Bindungsstörung zur Mutter festgestellt. Sie zeigt eine unsichere Bindung mit desorganisierten Anteilen, wobei die Mutter selbst von Bindungsproblemen betroffen ist. Die Mutter wurde in die Sitzungen des Therapeuten einbezogen und zeigt sich überfordert. Darüber hinaus verhält sich Lene gleichaltrigen Kindern gegenüber auffällig und gelegentlich aggressiv, es liegt der Verdacht einer Misshandlung durch den Stiefvater vor, der aber nicht erhärtet werden kann. Lene zeigt sich der Mutter gegenüber immer wieder kontrollierend und übernimmt die Rolle der Mutter in der Beziehung. Die Mutter ist verunsichert und stimmt einer stationären Unterbringung ihrer Tochter zu. Lene willigt ebenfalls ein. Die stationäre Kinder- und Jugendhilfeeinrichtung verfügt über eine kleine Wohngruppe für Kinder ab sechs Jahren. Neben der psychotherapeutischen Begleitung werden die Kinder hauptsächlich von Heilpädagoginnen und weiteren Fachkräften betreut. Es finden verschiedene Maßnahmen mit einer Heilpädagogin und Lene statt sowie unterschiedliche Gruppenarbeiten. Diese Heilpädagogin arbeitet mit einem Pädagogik-/Therapiebegleithund. Der Hund ist tagsüber in der Einrichtung anwesend und wird punktuell gezielt in die heilpädagogische Förderung einzelner Kinder und auch in die Gruppenarbeit einbezogen. Die Heilpädagogin stellt fest, dass Lene jene kontrollierenden Verhaltensweisen im Kontakt mit ihr zeigt, die sie auch der Mutter gegenüber zeigt. Somit ist ein übergreifendes Ziel, dass Lene ihr Misstrauen und ihr unsicheres Bindungsmuster gegenüber einer Bindungsfigur nach und nach ablegt, da sie eine neue und sichere Bindungserfahrung mit der Heilpädagogin machen soll und die bisherige Bindungsstrategie aufgeben kann. Dieses Ziel wird insbesondere durch die Arbeit mit dem Hund unterstützt.

Die heilpädagogische Förderung von Lene wird über einen längeren Zeitraum erfolgen. Zu Beginn geht es zunächst erst einmal darum, Kontakt zum Pädagogik-/Therapiebegleithundeteam aufzubauen und Lenes Verhalten zu beobachten. Lene wird der Heilpädagogin gegenüber in den ersten Stunden dasselbe Verhalten zeigen, wie sie es im Umgang mit ihrer Mutter verinnerlicht hat. Sie verhält sich kontrollierend und hat die Erwartung, dass sie nicht fürsorglich behandelt wird und Zusagen nicht erfüllt werden. Daher wäre zu Beginn zunächst ein freies Spiel mit dem Hund denkbar. Lene wird die Kontrolle für die Spiele übernehmen und versuchen, die Heilpädagogin als Bindungsfigur zu kontrollieren, da sie so die Erwartung bzw. die Angst mindern kann, erneut verletzt und enttäuscht zu werden (Julius et al. 2014, S. 188f). Ihr Misstrauen kann nach und nach mit verschiedenen Übungen abgebaut werden, indem ihre Fürsorgemuster für den Hund aktiviert werden und sich zunächst eine sichere Bindung zum Hund aufbauen kann. In der nächsten Phase wird es darum gehen, dass Lene ihr verinnerlichtes Arbeitsmodell für eine Bindung zur Heilpädagogin durch eine neue und sichere Bindungserfahrung aufgeben kann. Dazu ist es notwendig, dass Lene mit einer verlässlichen und fürsorglichen zwischenmenschlichen Bindung konfrontiert wird und sie nach und nach ihr Misstrauen, ihre Ängste und ihr Kontrollverhalten zugunsten von Vertrauen, Sicherheit und Zuverlässigkeit abbauen kann (a.a.O.).

Nach dem Kontaktaufbau zu Hund und Heilpädagogin können nachfolgende Ziele und exemplarisch ausgewählte Übungen für Lene entwickelt werden.

Tab. 7: Ziele für Lene

Motorisch-funktioneller bzw. sensorisch-perzeptiver Bereich	Sozio-emotionaler bzw. psychischer Bereich	Kognitive, geistige Fähigkeiten
◆ Förderung des allgemeinen Wohlbefindens ◆ motorische Aktivierung und Muskeltraining ◆ Körperkoordination und Wahrnehmung schulen ◆ Körperimago wahrnehmen ◆ Aggressionsabbau durch körperliche Aktivität fördern ◆ Förderung der Fein- und Grobmotorik ◆ …	◆ Aufbau von Sicherheitsempfinden ◆ Abbau von Ängsten und Misstrauen ◆ Verlässliche Tagesstruktur erfahren ◆ Verlässliche Beziehung erleben ◆ Neue Bindungsmuster erleben und annehmen ◆ Zuwendung empfinden ◆ Selbstwirksamkeit erfahren ◆ Stressreduktion durch aktive Bewältigungsstrategie erfahren ◆ Selbstwertgefühl aufbauen ◆ Freude empfinden ◆ Gefühle zulassen ◆ Regeln einhalten ◆ Rücksicht nehmen ◆ Empathie fördern ◆ Kontrolle abgeben und Vertrauen aufbauen ◆ …	◆ Förderung der verbalen und nonverbalen Kommunikation ◆ Lern- und Leistungsbereitschaft fördern (Schulbesuch weiter ermöglichen) ◆ Konzentration üben ◆ Ausdauer fördern ◆ Körperliche Fähigkeiten richtig einschätzen können ◆ Merkfähigkeit und Gedächtnis fördern ◆ Geduld üben ◆ planvolles und vorausschauendes Handeln üben ◆ Sprechbereitschaft fördern ◆ …

Übung Kuschelstunde

Lene darf Zeit mit dem Hund verbringen und sie lernt, dass diese Zeit mit dem Pädagogik-/Therapiebegleithundeteam ausschließlich und verlässlich für sie allein zur Verfügung steht. Sie darf frei mit dem Hund spielen und dabei ihre Ideen umsetzen. Danach folgt eine Kuschelzeit, in der es sich Hund und Lene gemeinsam gemütlich machen (Kahlisch 2015, S. 136). Dabei sollte eine spezielle »Kuschelecke« vorhanden sein, die mit einer Decke und ggf. einem Kuschelkissen ausgestattet ist. Lene darf den Hund streicheln, mit ihm kuscheln (je nach Hund sollte die Heilpädagogin Lene zeigen, was der Hund gerne hat und was nicht). Dabei kann die Heilpädagogin auch kleine Aufgaben stellen. Lene kann z. B. bestimmte Körperteile des Hundes ertasten und streicheln (z. B. die Ohren, den Hals). Sie kann feststellen, was dem Hund gefällt und was nicht, woran sie merkt, dass sich der Hund entspannt, ob sie die Atmung des Hundes spürt etc. Lene soll sich bei der Kuschelstunde selbst auch entspannen und sich auf sich selbst konzentrieren, um zeitweise ihr kontrollierendes Verhalten abbauen zu können und Vertrauen zu Hund und Heilpädagogin aufzubauen. Diese Übung kann regelmäßig und zuverlässig mit Lene und dem Hund durchgeführt werden, damit Lene Verlässlichkeit erfährt und lernt, dass Hund und Heilpädagogin diese Zeit ausschließlich ihr widmen.

Übung Hundekekse backen

Eine weitere Übung besteht darin, dass Kekse für den Hund gebacken werden. Dabei soll es vorwiegend um die Erfahrung gehen, ein fürsorgliches Erleben durch das Verhalten der Heilpädagogin zu erfahren (Dülks 2003, S. 189). Die Heilpädagogin besorgt die Zutaten und geht dabei auf die Vorschläge von Lene ein. Dabei stehen Fürsorgemuster für den Hund, aber vor allem Fürsorge und Zuverlässigkeit für Lene im Vordergrund. Lene zeigt sich überrascht, dass die Heilpädagogin sich um alles kümmert und sie selbst die Kontrolle bzw. Verantwortung abgeben darf. Gemeinsam werden dann die Hundekekse hergestellt (Karlisch 2015, S. 72f). Lene soll dabei lernen, dass die Heilpädagogin die »erwachsene« Person ist und sie selbst sowie der Hund durch die Verantwortung der Heilpädagogin versorgt werden. Bei dieser Übung ist es wichtig, dass die Heilpädagogin die Führung übernimmt, absolut zuverlässig ist, die Utensilien besorgt, die Kekse z. B. nach einem Rezept gebacken werden, in bestimmte Portionen bzw. Behälter gelegt werden etc. Lene darf dabei kreativ sein, indem die Kekse z. B. mit unterschiedlichen Formen ausgestochen und mit bunten Lebensmittelfarben (biologische Farben, die für den Hund verträglich sind) bemalt werden. Somit hat Lene die Möglichkeit, sich einzubringen und ein kindliches, kreatives und freies Gestalten zu erfahren. Diese Übung bringt Lene in eine Situation, die von der Heilpädagogin gesteuert und beaufsichtigt wird, so dass Lene Kontrolle abgeben und sich altersangemessen und angstfrei in eine kindgerechte Situation begeben kann.

Übung Erlebnisspaziergang

Ein Spaziergang mit Lene und dem Hund kann von der Heilpädagogin zu einem Erlebnis für Lene gemacht werden. Dazu werden bestimmte Aufgaben für Lene entwickelt, damit ihre Lernbereitschaft wieder gefördert werden kann. Es können verschiedene Stationen mit körperlichen Übungen für Lene und den Hund eingebaut werden, wobei z. B. über einen Baumstamm oder eine Bank gelaufen werden soll.

Abb. 10: Parcours im Wald (Quelle: eigene Bilder)

Außerdem kann Lene an unterschiedlichen Stationen Leckerli verstecken, die der Hund suchen soll. Und nicht zuletzt können Bäume und Blumen benannt werden, Fußspuren gesucht und Tiere gehört, gesehen und beschrieben werden. Diese Übung kann regelmäßig mit unterschiedlichen Aufgabenstellungen wiederholt werden, wobei Lene wiederum die Verlässlichkeit der Heilpädagogin erfährt und diese die Verantwortung für den Weg, die Aufgaben und die Einhaltung von Regeln (z. B. im Umgang mit dem Hund bezüglich Freilauf oder Leinenführung) übernimmt. Diese Übung kann später, wenn Lene eine sichere Bindung zur Heilpädagogin aufgebaut hat, auch gemeinsam mit anderen Kindern durchgeführt werden. Dabei können dann z. B. verschiedene Aufgaben für die Kinder so gestellt werden, dass sie in kleinen Teams bewältigt werden. Dabei sollte es nicht um einen Wettbewerb der Kinder gehen, sondern vielmehr um die Erfahrung von »Kind sein dürfen« und die Kooperation mit Gleichaltrigen. Nach dem Spaziergang kann die Gruppe dann z. B. gemeinsam ein großes Wandplakat malen, auf dem der Weg des Spaziergangs aufgemalt wird, mit Symbolen für die unterschiedlichen Stationen und Aufgaben. Lene soll lernen, sich sicherer im Umgang mit Gleichaltrigen zu fühlen, Freude und Losgelassenheit zu empfinden und Kooperations- und Lernbereitschaft zu entwickeln.

Suchthilfe: Zusammenarbeit mit abhängigen Menschen

In den Einrichtungen der ambulanten und stationären Suchthilfe wurden im Jahr 2015 in Deutschland insgesamt 344.292 Betreuungen in ambulanten sowie 48.841 Behandlungen in stationären Einrichtungen durchgeführt (Institut für Therapieforschung 2016, S. 8). Der überwiegende Teil der Patienten/innen wurde aufgrund von Störungen durch den Konsum von Substanzen wie Alkohol, Cannabis und Opioiden betreut, wobei Störungen bezogen auf Alkoholkonsum in ambulanten Einrichtungen etwa die Hälfte der Hautdiagnosen stellt und in stationären Einrichtungen sind es nahezu 70 % der betreuten Personen. Auch der Missbrauch bzw. die Abhängigkeit von Stimulanzien wie MDMA, Amphetamine, Ritalin u. a. (anteilig etwa 6 % in beiden Einrichtungsformen) und pathologisches Glücksspiel (ambulante Betreuung 6,4 % und stationäre Einrichtungen 2,6 % zählen zu den Hauptdiagnosebereichen, wobei auch Komorbiditäten häufiger vorkommen (a. a. O., S. 11f). Die therapeutische Arbeit mit abhängigen bzw. suchtkranken Menschen stellt ebenfalls ein Handlungsfeld dar, welches erwiesenermaßen für den Einsatz von tiergestützten Interventionen geeignet ist. Studien haben beispielsweise in der Zusammenarbeit mit erwachsenen Personen mit Substanzmissbrauch zu signifikant positiven Ergebnissen geführt. Eine bessere therapeutische Allianz in einer tiergestützt begleiteten Gruppe konnte im Vergleich zu einer Gruppe ohne tiergestützte Arbeit nachgewiesen werden (Julius et al., 2014, S. 61). Entsprechende Fachkliniken, u. a. das Fachkrankenhaus Vielbach (s. http://www.fachkrankenhaus.de) arbeiten seit Jahrzehnten mit einer naturnahen Therapie und setzen verschiedene Tierarten ein. Insbesondere Hunde werden in Therapie- und Gesprächsgruppen eingesetzt.

Ursächlich für die Entwicklung von o. g. Abhängigkeiten sind oftmals die oben bereits erläuterten Bindungsstörungen, auch allgemeine Kontakt- und Beziehungsschwierigkeiten spielen eine Rolle und gehen im Entwicklungsverlauf einer Abhängigkeit häufig mit einer Vereinsamung und sozialen Isolation einher. Entfremdungsprozesse in zwischenmenschlichen Beziehungen sind nicht nur eine mögliche Ursache, sondern auch häufig Ausdruck einer entsprechenden Erkrankung (Krekel, Jösch 2014, S. 252). Es entwickeln sich Ängste und Unsicherheiten in der Kontaktaufnahme und Beziehungsgestaltung, wenn überhaupt noch Beziehungen gelebt werden können. Oftmals sind Alltag, Beziehungen, Familienleben und Beruf für die Betroffenen nicht mehr gestaltbar oder gar nicht mehr vorhanden.

Im klinischen Bereich werden Tiere vorwiegend in den so genannten Komplementärtherapien eingesetzt, wobei damit vorwiegend Ergo- und Physiotherapie, Logopädie und Musik- bzw. Kunsttherapie sowie Theater- und Rollenspielgruppen als komplementäre Angebote zur medizinischen bzw. psychotherapeutischen Leistungen gemeint sind (Prothmann 2007, S. 82 zit. nach Vernooij, Schneider 2013, S. 183). Es liegen auch Erfahrungen in der Gruppenpsychotherapie mit Hund vor, die für die Zusammenarbeit mit den hier angesprochenen Zielgruppen genutzt werden können (Blesch 2015).

Die Unterstützungsmöglichkeiten können sich im ergotherapeutischen Handlungsfeld z. B. auf die Motorik bzw. das Körpergefühl, auf Kognition, Wahrnehmung, Soziabilität, Sprache und Kommunikation sowie Emotionalität richten (Vernooij, Schneider 2013, S. 182). In der Suchtkrankenhilfe können Hunde mit einer entsprechenden Ausbildung für die Patienten/innen hilfreich sein und beispielsweise nachfolgende Aspekte unterstützen:

- Selbstbewusstsein aufbauen
- Akzeptanz therapeutischer Maßnahmen und Interpretationen fördern
- Aufbau von Beziehungen fördern
- Selbstsicherheit und Vertrauen aufbauen
- Tagesstrukturierung und Bewegungsmotivation fördern
- Ablenkung vom Selbstbezug und sich um andere kümmern
- Körpergefühl wahrnehmen
- Depressionen vorbeugen bzw. verringern
- Öffnung in Gesprächen fördern
- Trauer zulassen

Selbstbewusstsein aufbauen

Ähnlich wie oben bei den betroffenen Menschen mit unterschiedlichen psychischen Problemlagen können auch in der Arbeit mit abhängigen Menschen Übungen mit dem Hund durchgeführt werden, die in der Gruppenarbeit oder in der Einzelbetreuung eine Reflexion des Erlebens und Verhaltens der Patienten/innen bzw. Klienten/innen fördern und erleichtern. Der Hund spiegelt das Verhalten des Menschen, wertet aber den Menschen mit seiner Erkrankung nicht ab. Der Hund ist ein Sozialpartner und betroffene Menschen erhalten durch den Hund mehr Motivation, aus der inneren Isolation herauszukommen und sich auch nüchtern in eine Beziehung zu begeben. Ängste können überwunden werden, die Wahrnehmung und Verbalisierung von Gefühlen und Erfahrungen können z. B. in einer Gesprächsgruppe erfolgen, denn der Hund vermittelt seine Gefühle echt und direkt (Blesch 2015). Durch seine Lebensfreude und den Ausdruck in Gesicht und Körperhaltung des Tieres (z. B. Schwanzwedeln) entsteht eine gute Atmosphäre. Spannungszustände und Aggressionspotential nehmen in der Zusammenarbeit mit Tieren im klinischen Handlungsfeld ab (Kerkel, Jösch 2014, S. 252). Selbstbewusstsein und Selbstwertgefühl können in der Gruppe gestärkt werden, aber auch in der Einzelarbeit, wenn z. B. Verantwortung für den Spaziergang mit dem Hund, die Futterzubereitung oder das Beibringen neuer Tricks mit übernommen werden.

Akzeptanz therapeutischer Maßnahmen und Interpretationen fördern

Die Arbeit mit Menschen mit Abhängigkeitserkrankungen erfordert ein hohes Maß an guter Atmosphäre, um die Akzeptanz von therapeutischen Maßnahmen und deren Interpretationen zu erhöhen. Allein das freundliche Wesen eines Hundes, der auch bei Spannungszuständen der Patienten/innen freundlich und ruhig bleibt, kann schon manche spannungsgeladene Situation entschärfen. Oft entstehen auch lustige Situationen durch den Hund, die zum Abbau von Spannungen dienlich sind. Wird der Hund in die therapeutischen Maßnahmen eingebunden, ist die Motivation der Patienten/innen höher, der Aufbau einer vertrauensvollen Beziehung gelingt schneller und die Zusammenarbeit wird deutlich erleichtert (Kerkel, Jösch 2014; Saumweber, Beetz 2007). Ein Hund wird von den Mitarbeiter/innen, wie z. B. im Fachkrankenhaus Vielbach als Bereicherung der Arbeitsatmosphäre, als eine Unterstützung für eine verbesserte Arbeitsqualität und vor allem für eine Behandlungseffektivität erlebt (Kerkel, Jösch 2014, S.252).

Aufbau von Beziehungen fördern

In der Zusammenarbeit mit Menschen mit Abhängigkeitserkrankungen zielt ein Aspekt darauf ab, dass die Menschen ihre oftmals lang andauernde innere Isolation verlassen und sich überhaupt wieder ohne den Konsum von Substanzen auf Kontakte zu Mensch und Tier einlassen. Wie oben bereits beschrieben, wertet ein Hund nicht, sondern zeigt der Klientel eine unbedingte Akzeptanz, eine hohe Wertschätzung, die durch Zuneigung, Schwanzwedeln, Anstupsen etc. ausgedrückt wird. Diese Voraussetzungen sind ausgesprochen günstig für die Kontaktaufnahme und den Beziehungsaufbau. Möglicherweise haben einige Personen diese Zuneigung in der reinen Form noch nie oder schon lange Zeit nicht mehr erfahren. Diese emotionale Zuwendung und ehrliche, ungefilterte positive Erfahrung öffnet ggf. länger verschlossene innere Türen (Vernooij, Schneider 2013, S. 180). Diese positiven Erlebnisse im Kontakt mit dem Hund können dann im Verlauf der gemeinsamen Arbeit weiter entwickelt und auch für die Beziehungsgestaltung zu Menschen sowie für eine verbesserte Lebensgestaltungskompetenz insgesamt genutzt werden.

Selbstsicherheit und Vertrauen aufbauen

Eine gelungene Kontaktaufnahme mit dem Hund kann bereits das Selbstwertgefühl und die Selbstsicherheit stärken (Vernooij, Schneider 2013, S. 182). Der Verzicht auf den Konsum der Substanzen, der Entzug, der bisherige Leidensdruck und die oft problematischen Lebensumstände verursachen in der Regel zahlreiche Unsicherheiten und Misstrauen gegenüber sich selbst und anderen Menschen. Durch einen Entzug der Substanzen werden diese Gefühle, Gedanken, Vorstellungen und Verhaltensweisen etc. nicht mehr überdeckt oder unterdrückt, sondern treten in der pädagogischen bzw. therapeutischen Betreuung zutage und äußern sich in unterschiedlichem Verhalten (z. B. durch erhöhte Anspannung, Aggression, Trauer). Es gilt daher, diese Aspekte in die Zusammenarbeit aufzunehmen, um langfristig eine Sicherheit im Umgang mit sich und anderen, eine größere Lockerheit und eine vertrauensvolle Atmosphäre aufbauen zu können. Eine wichtige Aufgabe ist es daher, zunächst die Selbstwahrnehmung und die Wahrnehmung anderer aufzubauen bzw. (neu) zu lernen. Eigene Bedürfnisse und die Bedürfnisse des Hundes können z. B. thematisiert werden. Mehr Einfühlungsvermögen für sich und andere sind wichtige Voraussetzungen für eine verbesserte Selbstsicherheit und den Aufbau von vertrauensvollen Beziehungen. Die Entspannung und Stressreduktion durch den Hund ermöglicht Übungen, in denen darauf verstärkt geachtet werden kann mit den Fragestellungen, was der Hund braucht, wie er sich grade fühlt, ob er müde oder lustig ist, ob er hungrig oder durstig ist, ob und wie er mögliche Grenzüberschreitungen ausdrückt etc. (Vernooij, Schneider 2013, S. 181).

Tagesstrukturierung und Bewegungsmotivation fördern

Ein Hund benötigt eine Tagesstruktur durch seine notwendigen Ruhe- und Aktivphasen, durch Spaziergänge, Fütterungszeiten, Fellpflege, regelmäßige Übungen von Tricks etc. Diese sollten auch für die Arbeit in der

Suchthilfe genutzt werden. Dies gelingt in stationären Einrichtungen besonders gut, wenn der Hund dort längere Zeiten am Tag anwesend ist. Aber auch in ambulanten Einrichtungen können Tätigkeiten und Rituale gemeinsam mit Hund in die Betreuung eingebaut werden.

Eine motorische Aktivierung der Patienten/innen ist sicherlich leichter, wenn zu Spaziergängen mit dem Hund angeregt wird. Auch körperliche Übungen können zum Training der Muskulatur, Konzentration, Kraftdosierung etc. (z. B. mit Parcoursarbeit) mit dem Hund gemeinsam durchgeführt werden. Das Erleben in der Natur und Bewegung an frischer Luft tragen einen großen Teil zur Aktivierung und Erholung bei.

Abb. 11: Bewegung, Körperkoordination und Selbstwirksamkeitsgefühl (Quelle: eigene Bilder)

Die Förderung einer regelmäßigen Tagesstruktur ist insbesondere für Menschen mit Abhängigkeitserkrankungen ein wichtiger Baustein in der pädagogischen bzw. therapeutischen Arbeit, denn durch den Krankheitsverlauf entfällt meistens eine Strukturierung des Alltags bzw. verändert diese sich nun nach dem Entzug bzw. der Entgiftung erheblich. Verlässliche Strukturen zu erleben soll dabei helfen, diese Verlässlichkeit auch auf den späteren Alltag übertragen zu können. Das neue Erleben und Erlernen einer Tagesstruktur ist für die Wiedereingliederung in und die Teilhabe an gesellschaftlichen Prozessen ein wichtiger Schritt.

Ablenkung vom Selbstbezug und sich um andere kümmern

»Streicheln statt trinken. Kümmern statt flüchten. Ein geliebtes Tier lässt einfach keiner allein« (Kerkel, Jösch 2014, S. 251). Vor dem Hintergrund einer naturnahen und ganzheitlichen Therapie in einem Fachkrankenhaus mit einem großen Garten, vielen Tieren und Tierarten, langjähriger Erfahrung und eine über den Aufenthalt in der Klinik hinweg einbezogenen Versorgung und Arbeit mit Tieren ist die o.g. Aussage zu verstehen.

In der Zusammenarbeit mit dem Hund im Pädagogik-/Therapiebegleithundeteam geht es auch darum, den Bezug von sich selbst auf den Hund, auf den Beziehungsaufbau und das Beziehungsdreieck (zwischen Patient/in, Therapeut/in und Hund) zu lenken, das Einfühlungsvermögen zu fördern und Verantwortung für sich und andere zu übernehmen. Wie oben bereits beschrieben, geht es nicht nur um die Selbstwahrnehmung, sondern auch um die Wahrnehmung anderer und die Übernahme von Verantwortung. In der Gruppenarbeit kann ein ausgebildeter Hund ebenfalls dazu beitragen, in entspannter Atmosphäre z. B. Rollenspiele zu begleiten, in denen es darum geht, sich um andere zu kümmern und Freude, Wertschätzung, Lob und Dankbarkeit dafür zu erhalten und (wieder) ausdrücken zu können.

Körpergefühl wahrnehmen

Durch das Streicheln des Hundes und das Fühlen des Hundekörpers wird die eigene Wahrnehmung geschult. Der Körperkontakt zum Hund ist häufig schon ein wichtiger Bestandteil der Zusammenarbeit. Für die verbesserte Wahrnehmung des Körpergefühls können z. B. Übungen zum Abbau von Stress durchgeführt werden. Das Auflegen der Hand auf die Brust des Hundes, das Fühlen seines Herzschlags am Brustkorb, die Wärme seiner Ohren etc. im Vergleich zum Empfinden des eigenen Herzschlags der jeweiligen Patienten/innen lenken die Aufmerksamkeit auf die Wahrnehmung des Hundekörpers, dienen aber auch gleichzeitig der Schulung der Aufmerksamkeit auf den eigenen Körper, das eigene Empfinden. Darüber können auch Gespräche über die Zusammenhänge von Körpergefühl, Sinneseindrücken und emotionalem Zustand o.Ä. hergestellt werden. Auch das Lagern am Hundekörper in engem Kontakt zum eigenen Körper kann für die Personen eine angenehme und entspannende Erfahrung darstellen, da sie nicht selten von Spannungszuständen betroffen sind und diese abbauen und sehr gut wahrnehmen können.

Depressionen vorbeugen bzw. verringern

Wie bereits für die Handlungsfelder Altenhilfe und Geriatrie beschrieben (s. oben) gibt ein Hund das Gefühl, dass der Mensch gebraucht wird. Depressive Verstimmungen sind häufig Begleitsymptome in der Betreuung von abhängigen Menschen, daher kann sich die Fürsorge für den Hund auf die Grundstimmung in positiver Weise auswirken. Spaziergänge, körperliche Bewegung und Aktivität in der Natur tragen grundsätzlich zu einer verbesserten Stimmungslage bei. Eine Aktivierung niedergeschlagener bzw. depressiv verstimmter Menschen kann auch im Handlungsfeld der Betreuung von Menschen mit Abhängigkeitserkrankungen durch den Hund gefördert werden.

Öffnung in Gesprächen fördern

Wie bereits oben in Zusammenhang mit den Unterstützungsmöglichkeiten für Menschen mit unterschiedlichen psychischen Problemlagen beschrieben, kann der Hund eine gute Brücke für Gespräche zwischen Pädagoge/in bzw. Therapeut/in und auch in der Gruppenarbeit herstellen. Er ist Anlass oder dient als Einstieg für Gespräche, dient als z. B. Motivations- bzw. Projektionsobjekt (Ganser 2015). Sich auf den Hund einlassen wird zur Öffnung von Gesprächen dienlich sein und kann wiederum als Basis für die Beziehungsgestaltung genutzt werden und einen intensiveren Austausch fördern (Blesch 2015).

Trauer zulassen

Durch eine veränderte Wahrnehmung und Interpretation von Belastungen im pädagogischen bzw. therapeutischen Prozess, die entspannende Wirkung des Hundes und die zunehmend sicheren Beziehungserfahrungen im Umgang mit dem Tier kann auch das Gefühl der Trauer häufig eher zugelassen werden. Die Nähe, die Gelassenheit und Beruhigung, die ein Hund ausstrahlt, seine bedingungslose Annahme des Gegenübers (Blesch 2015) können von beängstigenden Stressoren ablenken. Durch gezielte Entspannungsübungen wird es oft leichter, vorhandene Trauer nicht länger zu unterdrücken, sondern diese gegenüber dem trostspenden Hund zuzulassen.

Der Einsatz und die Unterstützungsmöglichkeiten sind auch in der Zusammenarbeit mit abhängigen Menschen vielfältig. Ähnlich wie in den bereits oben beschriebenen Handlungsfeldern bzw. mit Zielgruppen kann ein Pädagogik-/Therapiebegleithundeteam ein breites Spektrum von Therapiezielen erreichen und mit Übungen versehen, die zur Begleitung der jeweiligen Personen bzw. Gruppenarbeit passen können.

3 Der praktische Einsatz eines Pädagogik-/Therapiebegleithundeteams

Praxisbeispiel: Juliane

Juliane ist 27 Jahre alt und leidet unter Alkoholmissbrauch. Sie befindet sich nach einer Entgiftung nun zu einer weiteren Entwöhnungsbehandlung in einer Rehabilitationseinrichtung. Juliane stammt aus einer Familie, in der die Mutter ebenfalls an Drogen- und Alkoholmissbrauch leidet. Juliane hat ihren Realschulabschluss gemacht und während ihrer Ausbildung zur Medizinischen Fachangestellten begonnen, Alkohol und Drogen zu konsumieren. Juliane hat keine Partnerschaft, keine Kinder und keinen Kontakt mehr zu ihren Eltern. Sie hat die Ausbildung abgebrochen, sich mit verschiedenen Jobs durchgeschlagen und ist in eine Wohngemeinschaft gezogen. Die WG-Mitglieder haben häufig Alkohol und Drogen zu sich genommen und Juliane ist nach und nach in eine Abhängigkeit von Alkohol geraten. Mehrfach ist sie volltrunken im Krankenhaus gelandet. Ihr Alltag ist »aus den Fugen geraten«, sie war nicht mehr in der Lage, den Konsum zu kontrollieren bzw. mit dem Trinken aufzuhören und ihren Alltag zu gestalten. Sie hat dennoch weiterhin versucht, unterschiedliche Jobs auszuführen, um sich finanziell halbwegs abzusichern. Gesundheitlich ging es ihr immer wieder schlecht und ihre psychische Verfassung wurde so problematisch, dass sie sich letztlich mit Unterstützung durch ihre WG-Mitglieder und ihren Hausarzt auf eine Entgiftung im Krankenhaus eingelassen hat. Anschließend nimmt sie eine Entwöhnungsbehandlung in Anspruch, sie möchte ihre Ausbildung fortsetzen und strebt eine andere Wohnsituation an. Juliane mag Hunde und stimmt einer Begleitung von Einzel- und Gruppenangeboten durch ein Pädagogik-/Therapiebegleithundeteam zu. Der Heilungsprozess von Juliane soll durch diese Zusammenarbeit ihr allgemeines Wohlbefinden verbessern und bestehende Ängste und Anspannung reduzieren. Auch depressive Verstimmungen, Unsicherheiten und resignative Vorstellungen erschweren ihre Situation. Diese können durch die Arbeit mit dem Tier in einer Klinik zügiger verringert werden und somit den Heilungsprozess erleichtern (Vernooij, Schneider 2013, S. 163).

Um die Reduktion von Stressphasen durch Bewegung und Kreativität aufzuzeigen, wird die Arbeit mit dem Hund u. a. auf einen sportlichen Erlebnisspaziergang mit Juliane fokussiert. Der Hund dient dabei nicht nur als Motivationsobjekt, sondern auch für die Förderung eines partnerschaftlichen Miteinanders. Dabei soll Julianes Aufmerksamkeit von sich selbst stärker auf den Hund und die Situation gelenkt werden. Eine Fotostrecke wird erstellt, wobei sowohl Juliane als auch die Therapeutin Fotos auf der Strecke des Spaziergangs schießt. Juliane soll u. a. lernen, dass Be-

Tab. 8 Ziele für Juliane

Motorisch-funktioneller bzw. sensorisch-perzeptiver Bereich	Sozio-emotionaler bzw. psychischer Bereich	Kognitive, geistige Fähigkeiten
• Körperkoordination schulen • Körperimago schulen • Bewegung an frischer Luft • motorische Aktivierung und Muskeltraining • Körperliches Wohlbefinden fördern • Natur erleben • Körperbewegung genießen • Anspannung und Entspannung wahrnehmen • Körperliche Nähe zulassen • …	• Zuwendung empfinden • Motivation fördern • Aufbau von Vertrauen und Sicherheit • Selbstwirksamkeit erfahren • Stressreduktion durch aktive Bewältigungsstrategie erfahren • Selbstwertgefühl aufbauen • Freude empfinden gemeinsam mit dem Hund • Einsamkeit reduzieren • Regeln einhalten durch Disziplinierung und Kontrolle von Impulsen • Verlässlichkeit trainieren und Absprachen einhalten • Ruhe und Entspannung trainieren • Trauer bzw. Gefühle zulassen • …	• Kommunikation bzw. Sprechbereitschaft fördern • Hund ist Brücke für Kommunikation • Konzentration üben • Ausdauer fördern • Geduld üben • Reflexion der Erfahrungen und des Verhaltens fördern • …

wegung an der frischen Luft gut tut, dass Anspannungen reduziert werden und sie durch aktive Bewältigungsstrategien wieder mehr Selbstwertgefühl und Selbstwirksamkeit erfährt. Beispielsweise besteht auch die Möglichkeit für Juliane, nach der Entwöhnungsbehandlung regelmäßige Spaziergänge mit Hunden aus dem Tierheim in ihrem Wohnort zu tätigen, um diese positiven Erfahrungen in ihren späteren Wochenplan einzubauen und sich ablenken und entspannen zu können.

Übung Erlebnisspaziergang mit Fotostrecke

Ein regelmäßiger Spaziergang in freier Natur kann mit einigen körperlichen Aktivitäten verbunden werden. Beispielsweise kann mit dem Hund über Baumstämme balanciert werden, Spielzeug des Hundes wird versteckt und dieser soll es suchen. Verschiedene Hindernisse (z. B. Bachlauf) sollen überwunden werden. Außerdem können kurze Strecken mit dem Hund schnell gelaufen werden oder Hügel erklommen werden. Juliane soll Freude an der Bewegung entdecken, ihre körperliche Fitness steigern und ihre Körperkoordination schulen. Ihr Wohlbefinden soll verbessert werden und eine Fotostrecke kann an verschiedenen Stellen des Spaziergangs von der Therapeutin und von Juliane selbst hergestellt werden. Diese Fotos können unterschiedliche Motive und Stationen zeigen, mit und ohne Hund. Später können diese Fotos für Gespräche über Juliane, ihr Empfinden, ihr Selbstbild etc. genutzt werden. Darüber hinaus kann gemeinsam mit Juliane z. B. ein Fotobuch mit kreativen Elementen (z. B. Textbausteinen) erstellt werden, das sie später als Erinnerung mit nach Hause nehmen kann.

Abb. 12: Einfache Gestaltungsmöglichkeiten für ein Fotobuch (Quelle: eigene Bilder)

Übung Entspannung und Achtsamkeit

Die Arbeit des Pädagogik-/Therapiebegleithundeteams kann sich in der Suchtkrankenhilfe auf Entspannungs- und Achtsamkeitsübungen beziehen. Beispielsweise kann sich Juliane mit dem Hund auf eine Decke legen, sich beruhigen und zunächst den Hund streicheln, seinen Puls fühlen und ihre eigene Anspannung abbauen. Es können auch Übungen aus dem Autogenen Training durchgeführt werden und der Hund liegt dabei in Julianes Nähe. Oder eine Traumreise wird für Juliane angeleitet und der Hund liegt bei ihr mit Körperkontakt. Im Kontrast zur o.g. Übung soll Juliane lernen, ihre Anspannung nicht durch körperliche Bewegung abzubauen, sondern auch durch mentales Training und gezielte Entspannungsübungen. Der Hund kann ihr dabei helfen, in ruhiger Atmosphäre achtsam mit sich selbst zu werden und ihr Erleben bewusst wahrzunehmen. Juliane kann in diesen Übungen ihre Gefühle wahrnehmen und der Hund spendet ihr zusätzlich Beistand und Trost. Er wird in einem anschließenden Gespräch mit der Therapeutin eine Brücke für die Gespräche darstellen und Juliane mehr Sicherheit geben.

Pädagogische Zusammenarbeit mit Kindern, Jugendlichen und Erwachsenen

Tiergestützte (Heil-)Pädagogik wird mit Kindern, Jugendlichen und Erwachsenen in unterschiedlichen Einrichtungen eingesetzt. Dies geschieht zunehmend häufiger in Kindergärten und Schulen, in Einrichtungen der Kinder- und Jugendhilfe, im Strafvollzug, in der Beratung, in Einrichtungen der Behindertenhilfe und anderen Einrichtungen, in denen es um die Förderung der Alltagskompetenz, des emotionalen und sozialen Lernens und die Gestaltung von Lernsituationen geht. Dabei handelt es sich u. a. um naturnahe Erfahrungen, um Betätigungen und Beschäftigung von Menschen aller Altersgruppen, die u. a. dem Beziehungsaufbau, dem Umgang mit sich und anderen, der Förderung eines positiven Selbstkonzeptes, der Gestaltung von Interaktionen und Entwicklung von Selbstvertrauen sowie der Übernahme von Verantwortung etc. dienen (Vernooij, Schneider 2014, S. 166ff; Greiffenhagen, Buck-Werner 2012, S. 68ff; Agsten, Führring, Windscheif 2011).

Lernprozesse können mit einem Pädagogik-Therapiebegleithundeteam angeregt und in besonderer Weise gestaltet werden. Der Hund dient dabei als Unterstützung in der Einzelförderung, der Gruppenarbeit oder als Bestandteil des gesamten pädagogischen Konzepts (Vernooij, Schneider 2014, S. 166). Forschungsergebnisse belegen die positive Wirkung von Hunden in der Schulklasse und auch die praktischen Erfahrungen in der Schule werden durchweg mit positiven Effekten beschrieben, wie z. B. eine verbesserte Atmosphäre in der Klasse, weniger aggressives Verhalten von ansonsten eher auffälligen Schülern/innen, verbesserte Interaktionen und mehr Freude im Unterricht (Retzlaff 2002). Auch kann die Leseförderung in der Grundschule mit einem Hund in der Klasse deutlich verbessert werden (Wohlfarth 2016). Nicht zuletzt liegen unterschiedliche Konzepte für Zielgruppen und Handlungsfelder vor, die sich z. B. auf das soziale Lernen speziell in der Jugendhilfe beziehen (Putsch 2013) oder die Tiergestützte Heilpädagogik (Vanek-Gullner 2003), die wiederum speziell auf die verbesserte Lebensqualität von verhaltensauffälligen Kindern fokussiert.

Praktische Übungen und weiterführende Ideen finden sich für die pädagogische Arbeit mit Hund in der Schule z. B. in Kahlisch (2015). Der Forschungskreis Heimtiere in der Gesellschaft hat ein Werk für Lehrer/innen an Grundschulen veröffentlicht, welches Arbeitsmaterial für den Sachunterricht zum Thema »Faszination Hund« beinhaltet (Quelle: http://www.mensch-heimtier.de/lehrmaterial/faszination-hund.html). Weitere zahlreiche Übungen für den Einsatz des Hundes, die sich auf verschiedene Zielgruppen anwenden lassen, finden sich z. B. in Agsten, Führing und Windscheif (2011). Im pädagogischen Kontext können u. a. folgende Aspekte von Bedeutung sein, die durch entsprechende Übungen gefördert werden:

- Regeln einhalten
- Konzentration fördern
- Visuelles Verfolgen üben
- Auditive Aufmerksamkeit fördern
- Langzeit- und Kurzzeitgedächtnis fördern
- Visuelle und auditive Serialität üben
- Handlungsplanung üben
- Körpergefühl fördern
- Wahrnehmungsförderung
- Umgang mit verschiedenen Materialien erfahren
- Soziales Lernen in der Gruppe fördern
- Natur erleben
- Sprache und Kommunikation

Regeln einhalten

Für den Umgang mit dem Hund sollten Regeln erarbeitet werden, die im pädagogischen Alltag eingehalten werden müssen. Dadurch wird Einfühlungsvermögen (für den Hund) gefördert und Verantwortung übernommen. Diese Regeln können sich beispielsweise darauf beziehen, dass der Hund nicht gerufen werden darf, auf eine bestimmte Weise begrüßt werden soll, auf richtige Weise zu streicheln ist, auf seinem Ruheplatz nicht gestört werden darf und eine leise Geräuschkulisse benötigt (Agsten, Führing und Windscheif 2011, S. 32ff). Das Einhalten von Regeln fördert die Impulskontrolle der Kinder, denn sie lernen sich (gegenseitig) zu regulieren und aus Rücksicht auf den Hund die eigenen Impulse und Interessen zurückzustellen. Dabei werden sie sich in der Gruppe gegenseitig immer

3.4 Ausgewählte Zielgruppen und Handlungsfelder

wieder auf die Regeln hinweisen und somit entstehen Interaktionen in der Gruppe zugunsten des Wohlgefühls von Hund und Teilnehmenden. Ein wichtiger Schritt für emotionales und soziales Lernen wird damit gefördert, denn Rücksichtnahme, Empathie, freundliche Kommunikation, Kritikfähigkeit etc. geraten zugunsten des Hundes in den Blick der Gruppe und ihrer Mitglieder und können gezielt erlernt werden.

Konzentration fördern

Abb. 13: Begleitung und Konzentrationsförderung bei den Hausaufgaben (mit freundlicher Genehmigung von Karl Mayer, paeddog)

Konzentrationsfähigkeit ist eine gezielte kognitive Fokussierung der Aufmerksamkeit auf eine Sache, eine Situation, ein Thema, eine Aufgabe etc. Dabei geht es meist darum, auch die Dauer der Konzentration zu verlängern. Durch den Einsatz des Hundes ist in der Regel die Aufmerksamkeit

167

bereits höher als ohne Hund. Werden Lernaufgaben in der Klasse oder im Einzelunterricht mithilfe des Hundes gelöst, lässt sich die Konzentrationsfähigkeit steigern und die Spanne der Aufmerksamkeit verlängern.

Beispielsweise können Mathematikaufgaben mit einem Holzsteckspiel und/oder Würfel gelöst werden. Dabei zieht der Hund die Holzteile mit entsprechenden Zahlen aus einer Holzleiste und/oder würfelt weitere Zahlen, die dann miteinander berechnet werden sollen. Somit unterstützt der Hund die Kinder bei den Aufgaben und motiviert die Kinder durch seine Mithilfe und Konzentration, die Aufgaben zu lösen (Agsten, Führing und Windscheif 2011, S. 185).

Visuelles Verfolgen üben

Die visuelle Wahrnehmung bzw. dass visuelle System hängt mit allen Sinnessystemen zusammen und ist grundlegend für die Orientierung des Menschen im Raum, für die Entwicklung und Ausprägung motorischer Fähigkeiten und die schulischen Fähigkeiten wie Lesen, Rechnen und Schreiben und anderes mehr (Schaefgen 2007, S. 77). Im Sinne der sensorischen Integration nach Schaefgen kann z. B. eine Verbesserung der visuellen Integration durch Raum- und Formwahrnehmung, eine visuelle Merkfähigkeit und eine bessere visuell-auditive Integration erfolgen (a. a. O., S. 266). Durch das visuelle Verfolgen im Raum kann z. B. die Raum-Lage-Orientierung verbessert werden, die visuomotorische Koordination (die Koordination von visueller Wahrnehmung und Bewegungsapparat) gefördert und die Merkfähigkeit trainiert werden. Werden z. B. Leckerli des Hundes im Raum versteckt, der Hund sucht und findet diese, dann kann die visuelle Integration verbessert werden, da Raumvorstellung, Raumwahrnehmung bzw. die Raum-Lage-Orientierung gefördert werden. Der Hund wird bei seiner Suche nach den Verstecken visuell verfolgt, die Verstecke im Raum werden im Gedächtnis gespeichert, ggf. wird dem Hund bei der Suche auch geholfen.

Auditive Aufmerksamkeit fördern

Das auditive System hilft dem Menschen bei der Orientierung im Raum, dient der verbalen Kommunikation und der Verständigung untereinander und ist eine Grundvoraussetzung für das Erlernen und die Nutzung der Lautsprache. Dabei geht es auch um die Empfindung von Tönen, Tonlagen und Lautstärken. Kinder können über unterschiedliche Störungen in diesem Bereich verfügen (Schaefgen 2007, S. 72f), die durch den Einsatz eines Hundes mit unterschiedlichen Übungen bearbeitet werden können. Grundsätzlich geht es darum, die Aufmerksamkeit gezielt auf das zu richten, was gehört wird. Dabei können verschiedene Geräusche, wie Naturgeräusche, Sprache, Musik eingesetzt werden und die Sinnessysteme bewusst miteinander kombiniert werden. Beispielsweise werden Kommandos in unterschiedlicher Lautstärke gesprochen und es wird ausprobiert, wie leise der Hund diese noch hören kann. Oder die Kinder stehen in einer Gruppe im Kreis, es wird Musik gespielt und ein Ball wird quer durch den Kreis von Kind zu Kind gerollt bzw. geworfen. Die Musik ist mal leise, mal lauter, mal mit schnellem, mal mit langsamem Rhythmus. Wenn die Musik ausgestellt wird, darf das Kind, das zuletzt den Ball geworfen hat, dem Hund ein Leckerli geben. Die Konzentration ist vielfältig gefordert, denn sie richtet sich auf die Bewegung, die Raum-Lage-Orientierung, die motorische Koordination, die anderen Kinder etc., aber vor allem auf die Musik, da deren Ein- und Ausschalten die Spannung auslöst, die zu einem »Gewinn« führen kann.

Langzeit- und Kurzzeitgedächtnis fördern

Je nach Situation werden praktische Übungen mit dem Hund dazu beitragen, die Merkfähigkeit zu verbessern. Gute Möglichkeiten bieten verschiedene Übungen, bei denen Leckerlis für den Hund versteckt werden und diese dann von dem Hund gesucht werden müssen. Dazu können Leckerlis beispielsweise auf einen »Erlebnisspaziergang« versteckt werden und weitere Aufgaben für die Klienten/innen vorab überlegt werden (Kahlisch 2015, S. 124). Die Leckerlis sollen z. B. an bestimmten Stellen (ein spezieller Baum, eine Bushaltestelle etc.) versteckt werden, es werden ausgewählte Blumen oder Blätter gesammelt, bestimmte Übungen mit dem Hund durchgeführt (z. B. soll der Hund auf einer Rutsche rutschen, über eine Bank oder Mauer laufen o. Ä.). Die Klienten/innen können auch ein Stück vorlaufen und Leckerlis an abgesprochenen Orten verstecken. Nach dem Spaziergang kann der Weg von den Klienten/innen gemalt werden und die verschiedenen Stationen mit entsprechenden Merkmalen (z. B. Bushaltestelle, Blumenwiese, Bäume, Bank, Verstecke der Leckerlis) bzw. Übungen (z. B. Hund lief über die Bank) werden in das Bild eingezeichnet. Damit werden Kurz- und Langzeitgedächtnis trainiert. Diese Übungen können auch abgewandelt in einem Raum, einer Einrichtung oder einem Garten ausgeführt werden. Auch kann ein Parcours mit Hindernissen und Verstecken dienlich sein. Ggf. kann eine Übung in regelmäßigen Abständen wiederholt und auch variiert werden. Darüber hinaus können z. B.

auch Memory-Spiele selbst gebastelt (mit Hundefotos oder mit Bildern von Gegenständen für den Hund) und durchgeführt werden, der Hund »schaut zu« und motiviert dadurch. Zur Belohnung darf der Klient/die Klientin bei jedem Erfolg dem Hund z. B. ein Leckerli geben oder Hund bringt das gefundene Kartenpaar in eine »Gewinnerbox«.

Abb. 14: Eine besondere Übung beim Spaziergang (mit freundlicher Genehmigung von Karl Mayer, paeddog)

Visuelle und auditive Serialität üben

Bei Übungen zur visuellen bzw. auditiven Serialität geht es darum, die Reihenfolge visueller und akustischer Reize wahrzunehmen, sie zu verarbeiten und wiederzugeben. Dabei kann es z. B. darum gehen, die richtige Reihenfolge von Silben zu sehen oder zu hören und für bestimmte Worte zusammenzustellen. Der Hund kann dazu z. B. bestimmte Silben mittels eines Holzsteckspiels ziehen oder eine Zahl würfeln, wenn die verschiedenen Silben zuvor den Zahlen zugeordnet worden sind. Dann werden diese Silben ausgesprochen und in der richtigen Reihenfolge zusammengelegt und visualisiert. Für die Entwicklung und Förderung von Handlungsplanungen ist das Verständnis für Serialität eine wichtige Voraussetzung (s. u.).

Handlungsplanung üben

Die Planung einer Handlung kann z. B. mittels der Planung, Zeichnung, dem Aufbau und Durchlaufen eines Parcours oder von Figuren geübt werden. Einzelne Hindernisse und Stationen, ihre Reihenfolge und der gesamte zu planende Weg durch diesen Hindernisparcours mit dem Hund werden vor der praktischen Übung gemalt. Dazu kann es sinnvoll sein, alle möglichen Hindernisse und Bausteine für den Parcours aufzustellen und somit sichtbar zu machen. Dann soll der Parcours geplant und gemalt werden, eine Reihenfolge der Hindernisse wird festgelegt. Dies kann in Einzelarbeit oder als Gemeinschaftsarbeit in der Gruppe ausgeführt werden. Die Hindernisse können auch aus Menschen zusammengestellt werden. Dabei wird auch die Kommunikation über das Vorgehen gefördert, in der Gruppe werden außerdem Kooperationsfähigkeit, Rücksichtnahme, Argumentations- und Konfliktfähigkeit geübt.

Abb. 15: Gruppenbild mit Hund (mit freundlicher Genehmigung von Karl Mayer, paeddog)

Anschließend wird der geplante Parcours aufgebaut und es kann überprüft werden, ob die Handlungsplanung praktisch umsetzbar wird. Die Reihenfolge der Gegenstände und die Abstände zwischen ihnen werden sichtbar und ggf. besteht Handlungsbedarf hinsichtlich Veränderungen, weil der Hund z. B. größere Abstände zwischen den Stangen benötigt, über die er springen soll.

3 Der praktische Einsatz eines Pädagogik-/Therapiebegleithundeteams

Abb. 16: Hindernislauf mit einer Gruppe (Quelle: eigene Bilder)

Letztendlich dient die Parcoursarbeit mit dem Hund in der praktischen Ausführung auch der Förderung der Motorik und Körperkoordination, der Raum-Lage-Orientierung, der Entwicklung von Teamfähigkeit mit dem Hund und anderen Klienten/innen und der Freude an der Bewegung.

Abb. 17: Hindernislauf zu zweit (mit freundlicher Genehmigung von Karl Mayer, paeddog)

Körpergefühl fördern

Die verbesserte Wahrnehmung des eigenen Körpers kann durch unterschiedliche Übungen mit dem Hund gefördert werden. Ein Vergleich der Körperteile, ihrer Größe und Beschaffenheit von Hund und Mensch kann

z. B. angestellt werden. Die taktile Wahrnehmung wird durch Berührung des Hundes, durch Tasten z. B. der Ohren, ihrer Temperatur, des Fells, der Rippen etc. angeregt. Auch die Erfahrung des Hundekörpers am eigenen Körper (Lagern am oder auf dem Hund) sensibilisiert die Wahrnehmung des eigenen Körpergefühls. Darüber hinaus können menschliche Bewegungen mit denen des Hundes verglichen oder Bewegungen des Hundes praktisch nachgeahmt werden. Dabei kann z. B. die Welt aus der Hundeperspektive beobachtet und mit der eigenen Wahrnehmung verglichen werden, wenn z. B. der Hund neben einem Stuhl liegt und den Raum betrachtet und der Klient/die Klientin auf dem Stuhl sitzt und denselben Raum aus »menschlicher« Perspektive wahrnimmt. Es kann auch ausprobiert werden, wie es sich anfühlt, wenn wie ein Hund gegessen oder getrunken wird.

Wahrnehmungsförderung

Durch Übungen mit Lagerungen an oder auf dem Hund, tasten und riechen des Hundes oder verschiedener Leckerli kann z. B. die taktile und olfaktorische Wahrnehmung gefördert werden. Außerdem können Übungen für die Wahrnehmung und Schulung des Gleichgewichts durchgeführt werden. Dazu können u. a. ein Wackelbrett, ein Rollbrett oder eine Bank genutzt werden. Der Hund geht z. B. zuerst auf das Wackelbrett, die betroffene Person folgt ihm. Oder die Person sitzt auf dem Rollbrett und der Hund zieht das Rollbrett oder beide balancieren über eine Bank. Visuelle und auditive Wahrnehmungsförderung kann ebenfalls in die Übungen integriert werden, aber es können z. B. auch verschiedene Behältnisse für Leckerlis (unterschiedliche Farben und Formen) und unterschiedliche gesprochene Kommandos oder solche mit Handzeichen genutzt werden. Der Hund kann auch Tricks auf Kommandos ausführen oder es werden neue Tricks beigebracht (Kahlisch 2015, S. 112ff).

Umgang mit verschiedenen Materialien erfahren

Basteln von Leckerli-Spendern (Kahlisch 2015, S. 118), Herstellen von Kalenderspielen (z. B. Jahreskalender, Adventskalender, a. a. O., S. 146ff) oder Geschenken (ggf. für den Hund) jeglicher Art können mit verschiedenen Materialien hergestellt werden. Außerdem können ausgewählte Materialen für die Pflege des Hundefells benutzt werden. Dazu bieten sich Hundebürsten an, aber auch Bürsten für Pferde, die es günstig und insbesondere in Kindergrößen und bunten Farben gibt, können dazu benutzt werden. Auch unterschiedliches Hundespielzeug, Hundedecken und verschiedene

Materialien für den Bau eines Parcours dienen der Verwendung. So können Formen, Farben, Beschaffenheit und handwerkliches Geschick (z. B. feinmotorische Übungen) mit verschiedenen Werkzeugen und Methoden geübt werden.

Soziales Lernen in der Gruppe fördern

Wenn in der Gruppe bestimmte Übungen mit dem Hund geplant und durchgeführt werden, dann ergeben sich Herausforderungen für das soziale Lernen, die bewusst in den Mittelpunkt des Geschehens gerückt werden sollen. Dazu gehört es zum einen, dass bestimmte Aufgaben untereinander verteilt werden. Zum anderen ist es wichtig, dass kommunikative und soziale Fähigkeiten entwickelt werden, wobei sich die Kinder z. B. ausreden lassen und Rücksicht aufeinander nehmen sollen. Wie oben bereits beschrieben, sind dabei Regeln im Umgang mit dem Hund einzuhalten, aber ebenfalls Regeln, die vorher für den Umgang miteinander erarbeitet werden können. In der Gruppenarbeit gilt es darüber hinaus, dass gemeinsame Lösungen gefunden werden sollen. Die Kommunikation sowie die Gefühle, die wahrgenommen werden, sollten thematisiert und reflektiert werden. Möglich ist es auch, sich auf die Sprache und Kommunikation des Hundes zu beziehen und die »Hundesprache« mit der Kommunikation von Menschen zu vergleichen. Es können Brettspiele oder Rollenspie-

Abb. 18: Gemeinsam Spielen (mit freundlicher Genehmigung von Karl Mayer, paeddog)

le zum Einsatz kommen, wobei der Hund z. B. »krank« ist, oder Kooperationsspiele (z. B. eine »Schnitzeljagd«).

In gemeinsamen Projekten können auch Bauvorhaben bewältigt werden, wenn z. B. eine Hütte für den Hund gebaut wird oder neue Hindernisse für den Parcours gefertigt werden. Eine Gruppe kann auch gemeinsam überlegen, wie sie dem Hund etwas Bestimmtes beibringt (z. B. durch den Tunnel laufen oder verschiedene Tricks).

Natur erleben, Wald und Wiesen erkunden

Unter Einbeziehung des Hundes kann die Natur in besonderer Weise erlebt werden, Wald und Wiesen werden mit dem Hund gemeinsam erkundet. Ein natürlicher Parcours kann in der Natur geschaffen oder Versteckspiele können durchgeführt werden. Dabei werden z. B. Pflanzenteile (wie z. B. Holz, Tannenzapfen, Blätter), Blumen oder Tiere gesucht bzw. beobachtet. Die Beschaffenheit unterschiedlicher Böden (z. B. Waldboden, Wege, Bachlauf) wird ebenso thematisiert wie die verschiedenen Jahreszeiten und entsprechende Veränderungen in der Natur. Dabei werden Blumen, Bäume, Büsche, Blätter und Tiere kennengelernt. Es können große und kleine, schnelle und langsame Tiere im Wald gesucht oder gehört werden (z. B. Vogelstimmen, Spuren von Tieren) und die Einbindung des Hundes kann z. B. erfolgen, indem ein Kind nach dem Lösen einer Aufgabe eine bestimmte Übung mit den Hund durchführen oder ihn belohnen darf.

Sprache und Kommunikation

Grundsätzlich kann die nonverbale Kommunikation mit einem Hund sehr gut geübt werden, da dieser auf Handzeichen und Körpersignale reagiert. Aber ein Hund dient auch der Förderung der Sprechfreude, ihm z. B. können Alltagserlebnisse und Geschichten erzählt werden. Auch verbale Kommandos fördern die Sprache und erhöhen ein Gefühl der Selbstwirksamkeit, denn der Klient/die Klientin sagt etwas und der Hund hört auf diese Person. Letztlich ist es wichtig, den Hund mit seiner Ausdrucksweise zu verstehen und zu lernen, wie die Personen sich mit dem Hund verständigen können. Wie oben bereits beschrieben, kann die pädagogische Arbeit mit Blick auf die Sprache und Kommunikation im Sinne des sozialen Lernens gefördert werden. Aber der ausgebildete Hund wird z. B. erfolgreich und zunehmend häufiger in der logopädischen Praxis eingesetzt, weil komplexe und unterschiedliche Kommunikationsebenen bearbeitet werden (Dahl 2012).

3 Der praktische Einsatz eines Pädagogik-/Therapiebegleithundeteams

Praxisbeispiel: Unterricht in der Grundschule

In der Grundschule wird das 1 x 1 im Zahlenraum bis 100 gelernt und vertieft. Bei den Mathematikaufgaben kann der Hund eingesetzt werden. Ggf. ist es sinnvoll, vorhandene Arbeitsblätter für die pädagogische Arbeit mit dem Hund abzuwandeln oder neu zu gestalten. Neben Lernaufgaben für die Mathematik steht ein ausgebildeter Pädagogik-/Therapiebegleithund im pädagogischen Setting für weitere Ziele für den Klassenverband. Insbesondere vor dem Hintergrund der inklusiven Schule kann der Hund das soziale Lernen fördern. Der Hund bewertet die Kinder nicht nach Aussehen oder Wissensstand und ist gleichermaßen wertschätzend zu allen Kindern. Darüber hinaus lernen die Kinder in der Gruppe im Umgang mit den Hund die vorab erarbeiteten Regeln einzuhalten und sind insgesamt ruhiger. Auffälligere Schüler/innen passen sich eher an und sehr zurückhaltende Schüler/innen bringen sich häufiger ein, so dass ein ausgeglichenes Miteinander in der Klasse erleichtert werden kann. Die nachfolgenden Gruppenübungen lassen sich auch außerhalb des Kontextes Schule in (heil-)pädagogischen Settings verwenden. Lernprozesse für den sozialen und fachlichen Bereich können auch in der Einzelförderung, mit Gruppen in Einrichtungen der Kinder- und Jugendhilfe sowie in Einrichtungen der Behindertenhilfe durchgeführt werden. Für den Klassenverband in der Grundschule gilt es, sich nachfolgende Ziele und Unterstützungsmöglichkeiten zu vergegenwärtigen bzw. diese zu erweitern.

Tab. 9: Ziele für die Klasse

Motorisch-funktioneller bzw. sensorisch-perzeptiver Bereich	Sozio-emotionaler bzw. psychischer Bereich	Kognitive, geistige Fähigkeiten
◆ Visuelle und auditive Wahrnehmung fördern und Serialität üben ◆ Handlungsplanung üben ◆ Körpergefühl fördern ◆ Wahrnehmungsförderung ◆ Umgang mit verschiedenen Materialien erfahren ◆ Körperliches Wohlbefinden fördern ◆ ...	◆ Soziales Lernen in der Gruppe fördern ◆ Regeln einhalten ◆ Wertschätzung empfinden ◆ Motivation fördern ◆ Aufbau von Vertrauen und Sicherheit ◆ Selbstwirksamkeit erfahren ◆ Freude empfinden ◆ Rücksicht nehmen ◆ ...	◆ Resultate von Einmaleins-Aufgaben erarbeiten ◆ Verfahren von schriftlicher Addition und Subtraktion im Zahlenraum bis 100 ◆ Problemlösung bearbeiten ◆ Zusammenhänge reflektieren ◆ Kommunikation bzw. Sprechbereitschaft fördern ◆ Konzentration üben ◆ Ausdauer fördern ◆ Geduld üben ◆ ...

3.4 Ausgewählte Zielgruppen und Handlungsfelder

Übung: Zahlenraum bis 100 mit Würfeln, Karten und Holzsteckspielen

Mit vorgefertigten Arbeitsblättern können die Ergebnisse der nachfolgenden Übungen schriftlich eingetragen werden. Der Hund befindet sich sichtbar für alle im Raum und liegt zunächst auf seiner Decke. Es sind Würfel vorhanden, die auf den jeweiligen Seiten unterschiedliche Mathematikaufgaben enthalten. Der Hund würfelt auf Kommando eine Aufgabe. Diese soll von den Kindern auf ihrem Arbeitsblatt gelöst werden. Ein Kind stellt die Aufgabe, den Lösungsweg und das Ergebnis vor und darf anschließend den Hund mit einem Leckerli belohnen. Dazu können auch kleinere und größere Leckerli verwendet werden (ggf. für leichtere und schwere Aufgaben). Anschließend würfelt der Hund die nächste Aufgabenstellung und so weiter. Eine weitere Möglichkeit besteht darin, dass die Aufgabenstellung ohne Zahlen an die Tafel geschrieben werden. Der Hund würfelt dann mit einem Zahlenwürfel nach und nach die Zahlen für die Aufgabenstellung oder zieht diese aus einem Holzsteckspiel oder aus einer Kartensammlung. Damit stellt der Hund die Aufgaben und erhöht die Motivation zur Berechnung. Zur Visualisierung und Zuordnung von Zahlen und/oder Ergebnissen zu einer Menge mit Formen können auch Karten mit einem Abdruck von Hundepfoten verwendet werden. Diese müssten dann vorab auf Papier kopiert und ausgeschnitten werden. Damit kann das Ergebnis dann zusammengestellt werden.

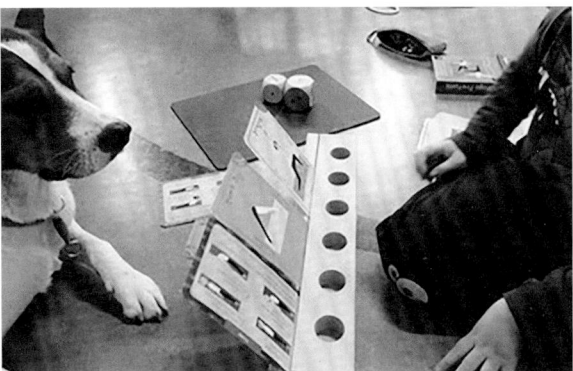

Abb. 19: Spiel mit Karten, Würfeln und Holzsteckspiel (mit freundlicher Genehmigung von Kerstin Lang)

Handlungsfeld Arztpraxis

Niedergelassene Ärzte/innen haben ebenfalls die Möglichkeit, durch die Arbeit mit einem Pädagogik-/Therapiebegleithundeteam eine angenehmere Behandlung ihrer Patienten/innen zu erzielen. Mit Blick auf hygienische Gesichtspunkte wird die Arbeit mit einem Hund in der Praxis kontrovers diskutiert, aber wie bereits beschrieben, besteht immer, das Einverständnis von Patienten/innen vorausgesetzt, die Möglichkeit eines angemessenen Einsatzes des Pädagogik-/Therapiebegleithundes auch im medizinischen Kontext. Ein bestimmtes Untersuchungszimmer oder Besprechungszimmer sollte für den Hund zur Verfügung stehen und dort sollte er seinen festen Platz haben. Der Hund kann dann gezielt zu bestimmten Terminen bzw. Zeiten in der Praxis sein. Der Hund darf Räume mit erhöhten hygienischen Anforderungen (z. B. Labor, Endoskopie) nicht betreten, ein Hygienekonzept ist mit Blick auf den Hund selbstverständlich. Mitarbeiter/innen in der Praxis sollten sich die Hände entsprechend reinigen, wenn sie den Hund angefasst haben. Darüber hinaus ist der Hund von Menschen fern zu halten, die nicht gezielt in Verbindung mit dem Hund behandelt werden bzw. werden dürfen (z. B. Menschen mit einer Phobie, Allergiker, Menschen mit offenen Wunden). Eigenen Recherchen zufolge werden ausgebildete Hunde in diesem Handlungsfeld (noch) kaum eingesetzt, obgleich die Vorteile für bestimmte Patientengruppen und Situationen für die Diagnostik, Begleitung und Behandlung vorhanden sind. Dies gilt nicht nur für die Zielgruppe Kinder, sondern auch für erwachsene und ältere Patienten/innen in Allgemein- und/oder Facharztpraxen. Kinder werden durch die Anwesenheit des Hundes beispielsweise eher zum Sprechen angeregt und der/die Mediziner/in erfährt mehr über den Zustand des Kindes. So kann ein Kind auch am Beispiel des Hundes zeigen, wo es Schmerzen hat. Außerdem dient der Hund als Übertragungsobjekt, wenn das Kind beispielsweise gefragt wird, wo es weh tut und was dem Hund helfen könnte, wenn er dieselben Beschwerden hätte wie das Kind. Darüber hinaus kann der Arzt/die Ärztin anstehende Untersuchungen des Kindes vorab am Hund zeigen, wenn das Kind ängstlich erscheint. Der Hund kann z. B. abgetastet und abgehört werden oder eine Tablette (in Form eines Hundedrops) einnehmen. Durch diese Demonstration können Ängste genommen werden.

Ein ausgebildeter Hund kann für Patienten/innen aller Altersgruppen, aber insbesondere für Kinder in nachfolgend erläuterten Situationen außerdem ein hilfreicher Begleiter sein. Bei Vorsorgeuntersuchungen lenkt er von dem Gefühl des Kindes ab, dass es »getestet« wird und reduziert den Stress in der Situation. Der Hund kann bei der motorischen Überprüfung bzw. im Rahmen der Diagnostik eingesetzt werden. Er kann auch eine bessere Unterstützung bei der Sprachüberprüfung bieten, wenn er Anlass und Gegenstand der Gesprächssituation ist. Im Rahmen von Problemgesprächen bzw. -situationen wird es einem Kind in der Regel leichter fallen, sich dem/der Arzt/Ärztin zu öffnen und etwas hinsichtlich möglicher gesundheitlicher Probleme etc. erzählen. Dabei kann z. B. über den Hund kommuniziert werden oder der Hund dient als Stellvertreter bzw. Motivations- und Übertragungsobjekt. In belastenden Gesprächssituationen oder beängstigenden Behandlungssituationen fungiert er als Tröster und nicht nur Kinder, sondern auch Eltern bzw. Geschwisterkinder kann er beruhigen. Beängstigende Situationen wie die Vergabe von Spritzen oder auch schmerzhafte Behandlungen können mit dem Hund entschärft werden. Hier kann der Hund der Entspannung dienen, für Ablenkung sorgen, wenn das Kind z. B. den Hund festhalten oder streicheln darf. Nach der Behandlung kann der Hund eine Belohnung erhalten oder das Kind wird dadurch belohnt, indem es z. B. eine Übung mit Hund durchführen darf oder dieser dem Kind einen Trick zeigt. Zur Entspannung kann der Hund auch als Ruhekissen vor oder während der Behandlung dienen. Das Kind kann beispielsweise die Hand oder den Kopf auf dem Hund lagern, seinen Herzschlag ertasten oder gemeinsam mit dem Hund atmen. So entsteht eine ablenkende und beruhigende Situation.

Um ein bestimmtes Vorgehen bei der Untersuchung zu erklären oder aber Ängste abzubauen, kann ebenfalls ein Rollenspiel durchgeführt werden. Dabei kann der Arzt/die Ärztin bzw. das Personal in der Praxis oder das Kind am Hund das »gleiche Vorgehen« zeigen, somit wird der Hund zum Verbündeten für die kleinen Patienten/innen.

Auch für erwachsene und ältere Patienten/innen kann ein Pädagogik-/Therapiebegleithundeteam in einer Arztpraxis hilfreich sein. Es wird häufig freier erzählt, weil der Hund die Befangenheit nehmen kann. Ein Hund schafft Vertrauen und gibt seelischen Halt, also werden eher die »wirklichen« Probleme angesprochen. Für ein Gespräch, in dem der Arzt/die Ärztin schlechte Nachrichten bzw. Diagnosen etc. übermitteln muss, kann der Hund außerdem eine Unterstützung bieten. Letztlich kann auch bei erwachsenen Patienten/innen eine Lagerung vor schwierigen bzw. schmerzhaften Behandlungen zu mehr Entspannung beitragen. Dies gilt für die Lagerung insbesondere von schmerzhaften Gelenken und kann z. B. für die Vorbereitung auf die Untersuchung hilfreich sein. Außerdem kann ein Hund helfen, wenn z. B. vor einer Behandlung oder nach einer Infusion länger gewartet werden muss. Er wirkt sich stabilisierend auf den

Kreislauf und damit auf den Blutdruck der Patienten/innen aus. Somit können ggf. realistischere Werte erzielt werden, als bei Aufregung der Patienten/innen.

Häusliche Unterstützung

Die ambulante Betreuung, Begleitung und Pflege von Menschen mit unterschiedlichen Hilfe- und Versorgungsbedarfen gewinnt nicht nur quantitativ, sondern auch qualitativ zunehmend an Bedeutung. Die Unterstützung in der häuslichen Umgebung wird nicht zuletzt politisch präferiert (»ambulant vor stationär«), wie z. B. hinsichtlich der pflegerischen Versorgung im Rahmen der Pflegeversicherung (SGB XI). Unterstützungsleistungen sind im Vergleich zu stationärer Versorgung nicht nur kostengünstiger, sondern in aller Regel auch eher im Sinne derjenigen, die der Unterstützung bedürfen. Dies können Menschen mit Hilfe- und Pflegebedarf jeden Alters sein, wie z. B. Menschen mit chronischen Erkrankungen, Menschen mit unterschiedlichen Einschränkungen und/oder Behinderungen, mit psychischen Erkrankungen u. a. m. Beispielsweise leben ca. 75 % der älteren Menschen mit einer Demenzerkrankung in ihrer häuslichen Umgebung und werden von Angehörigen und/oder Pflegediensten betreut (Zieschang, Bauer 2017). Angehörige bzw. ganze Familien und helfende Personen aus dem privaten Umfeld sind in aller Regel mindestens psychisch, wenn nicht auch körperlich hoch belastet. Sie sind oftmals von Überforderung, sozialer Isolation und Einsamkeit sowie der Entwicklung von psychischen bzw. psychosomatischen Erkrankungen betroffen. Bereits im Jahr 2007 stellt Petra Stragies das Projekt »Nika – Hunde öffnen Welten bei und für Menschen mit Demenz und ihren Angehörigen« auf dem Mensch-Tier-Kongress vor (Stragies 2007) und betont, dass die tiergestützte Arbeit mit einem Hund im ambulanten Handlungsfeld als niederschwelliges Angebot sinnvoll ist, aber bis dato nicht ausreichend genutzt wird. Dies obgleich der Hund u. a. Angehörige eher dazu bewegt, Hilfen für sich selbst überhaupt in Anspruch zu nehmen. Im häuslichen Sektor zielt der Einsatz eines Hundes außerdem auf eine positive Unterstützung der Lebenszufriedenheit der Menschen mit Demenz und ihrer Angehörigen ab (a. a. O.). Auch die Zielgruppen wie z. B. Menschen mit Schwerstmehrfachbehinderung oder lebensverkürzend erkrankte Menschen jeden Alters (auch im Rahmen der Hospizarbeit bzw. der Kinderhospizarbeit) können durch ein Pädagogik-/Therapiebegleithundeteam eine sinnvolle Unterstützung erhalten. Nicht nur die betroffenen Personen selbst können dabei im Mittelpunkt stehen, sondern auch deren Familienangehörige.

Beispielsweise würden Geschwisterkinder von betroffenen Kindern stärker in den Fokus der Unterstützung gestellt werden, denn diese müssen häufig auf ihre erkrankten Geschwister bzw. Geschwister mit Behinderung entsprechend Rücksicht nehmen, auf elterliche Aufmerksamkeit häufig zugunsten von Schwester oder Bruder verzichten und stehen eben angesichts der belastenden familiären Situation oft im Schatten ihrer erkrankten bzw. eingeschränkten Geschwisterkinder. Diesen Kindern kann eine Geschwistergruppe mit ebenfalls Betroffenen eine Hilfe sein, wobei ein Hund sowohl in Einzelarbeit im häuslichen Umfeld als auch beispielsweise in einer Kinderhospizeinrichtung vielfältig eingesetzt werden kann. Unterstützungsmöglichkeiten eines Pädagogik-/Therapiebegleithundeteams können sich im häuslichen Umfeld oder vernetzten Einrichtungen, die für die Familienangehörigen entsprechende Angebote machen, auf die betroffenen Personen, deren Angehörige oder die gesamte Familie beziehen. Nachfolgende Unterstützungsmöglichkeiten im häuslichen Umfeld sind für die Betroffenen selbst und deren Angehörige denkbar:

- Körperliche Aktivität fördern
- Fein- und Grobmotorik fördern
- Trost spenden
- Konzentration und Gedächtnis fördern
- Wohlbefinden verbessern

Körperliche Aktivität fördern

Spaziergänge und körperliche Aktivität an der frischen Luft dienen der Ablenkung vom Alltag und tragen, wie oben bereits beschrieben, grundsätzlich zu einer verbesserten Stimmungslage bei. Eine Aktivierung zu körperlicher Bewegung kann der Mobilisation des Herz-/Kreislaufsystems und des gesamten Bewegungsapparates dienen. Ein Hund motiviert ggf. eher dazu, auch mit Rollstuhl oder Gehhilfe, einen Spaziergang zu tätigen und damit der Gesundheitsförderung zu dienen. Aber auch innerhalb des häuslichen Umfeldes oder in einem Garten können Übungen zur körperlichen Aktivität durchgeführt werden. Je nach Einschränkung bzw. Erkrankung und Situation der Betroffenen können z. B. Parcoursarbeit, Versteckspiele oder Ball- und Apportierspiele eingesetzt werden. Außerdem können Tricks mit dem Hund geübt werden, bei denen sich die betroffenen Personen ebenfalls bewegen müssen (Kahlisch, 2015, S. 108–113). Diese Übungen können z. B. mit Menschen mit Demenzerkrankungen durchgeführt werden, sofern diese mobil sind. Auch können Geschwisterkinder gemeinsam oder Eltern mit ihren Kindern an diesen Übungen teilnehmen. Dabei können sich wiederum Gespräche zwischen Pädagoge/in bzw. Therapeut/in mit den Betroffenen und ihren Angehörigen herstellen lassen. Die Übungen mit dem Hund können ein Anlass für die Reflexion der Zusammenarbeit in der Familie darstellen oder als Einstieg für entlastende Gespräche dienen, wenn es z. B. um die Überforderung des Hundes bei bestimmten Übungen gehen kann oder die Teamarbeit mit dem Hund. Dabei kann wiederum eine Basis für die Beziehungsgestaltung innerhalb der Familie genutzt werden (Blesch 2015).

Darüber hinaus dienen Spaziergänge nicht nur der körperlichen Aktivität, sie können auch der Isolation entgegenwirken und soziale Kontakte im Umfeld fördern. Menschen, die zu Hause betreut bzw. gepflegt werden, treffen während der Spaziergänge ggf. Nachbarn und Bekannte aus der Wohnumgebung, die sie sonst nicht antreffen würden. Durch den Hund finden dann schnell auch zwanglose Gespräche »auf der Straße« statt. Jede/r Hundebesitzer/in kennt diese Situation, denn ein Hund führt auch bei Spaziergängen sehr viel eher zu Gesprächskontakten mit anderen Personen.

Fein- und Grobmotorik fördern

Um die Selbstständigkeit im eigenen Haushalt möglichst lange zu erhalten, sind auch Übungen für die Feinmotorik bedeutsam. Beispielsweise können dann Reißverschlüsse und Knöpfe an Bekleidungsstücken leichter geöffnet und verschlossen werden, wenn die Fingerfertigkeit dazu trainiert wird. Dazu können z. B. Übungen mit dem Hund in der Wohnung durchgeführt werden (z. B. kleine Tricks) und anschließend erhält der Hund ein Leckerli aus jeweils unterschiedlichen Behältnissen. Ein Futterbeutel kann dabei benutzt werden, der mit einem Reißverschluss zu öffnen ist. Auch andere kleine Futterdosen mit verschiedenen Verschlüssen, wie z. B. mit Knöpfen, könnten der Förderung feinmotorischer Bewegungen dienlich sein. Wie bereits oben in Bezug auf das Handlungsfeld Altenhilfe etc. erwähnt, kann auch das Training des so genannten Pinzettengriffs geübt werden, der im Alltag wichtig ist. Je nach Situation der Betroffenen können auch Angehörige in diese Übungen eingebunden werden und ggf. ähnliche Übungen im Alltag mit den betroffenen Personen fortsetzen.

Hinsichtlich der grobmotorischen Förderungen können auch Übungen der oberen oder unteren Extremitäten, z. B. im Sitzen bzw. im Rollstuhl, durchgeführt. Nicht zuletzt kann der Hund auch durch das Streicheln, das Bürsten des Fells oder durch eine sanfte Massage mit dem »Igelball« als

Bewegungstrainer für die oberen Extremitäten dienen. Darüber hinaus kann ein Hund im Haushalt als Transporthilfe dienen, wenn er z. B. Gegenstände apportiert oder einen Hunderucksack benutzt.

Trost spenden

Ein Hund kann auch Trost spenden, indem er sich dem Menschen trotz aller Einschränkungen zuwendet und ihm seine ganze Aufmerksamkeit widmet. Dann fällt es der betroffenen Person ggf. leichter, mit der professionell tätigen Person über Belastungen zu sprechen. Dies gilt z. B. für pflegende Angehörige oder Geschwisterkinder von erkrankten Kindern bzw. Kindern mit Behinderungen. Der Hund dient auch hier als Trostspender und Gesprächsanlass, das Streicheln und die Nähe des Hundes ermöglichen eine entspannte Atmosphäre und das Zulassen von Gefühlen, die ggf. ansonsten eher unterdrückt werden (Wohlfarth 2015).

Konzentration und Gedächtnis fördern

Wie bereits beschrieben, können praktische Übungen mit dem Hund die Konzentration und das Gedächtnis fördern und somit den Gedächtnisverlust ggf. verlangsamen. Insbesondere Menschen mit Demenzerkrankungen in früheren Stadien profitieren von Gedächtnistraining. Dazu können Fragen zum Hund gestellt werden, auch Übungen wie Memory oder Versteckspiele, Kalenderspiele (Kahlisch 2015, S. 146f) oder Spiele zu den Jahreszeiten, Festen im Jahreskreis oder zu bestimmten Themenfeldern (z. B. Urlaub, Wald, Berge). Dazu wird dann entsprechendes Material mitgebracht und in die Übungen eingebunden. Der Hund kann dann z. B. Materialien in einem Korb apportieren (Kahlisch 2015, S. 108) und der Klient/die Klientin ordnet diese der Aufgabe entsprechend zu oder erzählt etwas zu dem Thema bzw. Gegenstand. Dabei können sowohl Kurzzeit- als auch Langzeitgedächtnis angeregt werden und biographische Bezüge zur Person hergestellt werden.

Wohlbefinden verbessern

In Kapitel 3.2 zu Tiergestützten Aktivitäten ist das Wohlbefinden durch die Zusammenarbeit mit dem Hund ein wichtiges Ziel (▶ Kap. 3.2). Dieses übergreifende Ziel ist der Arbeit eines Pädagogik-/Therapiebegleithundeteams immanent und gilt selbstverständlich auch für pädagogische bzw. therapeutische Prozesse in der häuslichen Umgebung der Klientel. Eine gute Atmosphäre kann mit dem Hund hergestellt werden und eine entspannende Wirkung durch die Nähe und Zuwendung des Hundes sollte das Wohlbefinden der Beteiligten verbessern. Dies gilt z. B. auch für beanspruchte Angehörige im Familienkontext, die diese Zeit mit dem Hund ebenfalls nutzen können, um sich mehr zu entspannen. Die Übungen mit dem Hund können darüber hinaus eine Auszeit aus der sonstigen Tagesstruktur darstellen und für Abwechslung sorgen. Bei regelmäßigen Besuchen kann der Hund aber auch der Tagesstrukturierung dienlich sein und die Zusammenarbeit mit dem Hund kann Freude und Zuwendung vermitteln, wobei diese positiven Gefühle dann auch nachhaltig in den Alltag wirken können und mit einer Vorfreude auf den nächsten Besuch verbunden werden.

Praxisbeispiel: Herr M.

Herr M. ist 83 Jahre alt und lebt allein in seiner Wohnung im Erdgeschoss mit Garten. Er ist seit wenigen Monaten verwitwet. Kurz vor dem Tod seiner Frau hat Herr M. einen Schlaganfall erlitten, der nicht allzu schwerwiegend war und befand sich in einem Krankenhaus, während seine Frau an einer Herzinsuffizienz starb. Nach dem Aufenthalt in einer Rehabilitationsklinik ist Herr M. wieder zu Hause und hilfe- bzw. pflegebedürftig. Mit einer Gehhilfe und einem Rollator kann Herr M. sich zu Hause bewegen. Er wurde laut Pflegeversicherungsgesetz nicht in einen Pflegegrad eingestuft, erhält aber derzeit Leistungen für eine Haushaltshilfe. Darüber hinaus erhält Herr M. ambulante ergotherapeutische Hilfen, damit er sich im Alltag wieder besser zurechtfinden kann. Die Tochter von Herrn M. wohnt ca. 50 km weit entfernt und kommt an den Wochenenden zu Herrn M. bzw. holt ihn gelegentlich ab, damit er das Wochenende bei ihrer Familie verbringt. Herr M. leidet unter dem Verlust seiner Frau und auch unter seiner zunehmenden Gebrechlichkeit und Vergesslichkeit. Er und seine Frau hatten früher selbst einen Hund.

Wichtig ist es, dass Herr M. wieder mit mehr Sicherheit lernt, sich zu waschen, sich anzukleiden und wieder selbstständig einzukaufen. Er ist insgesamt sehr verunsichert, selbst wenn er bestimmte Handlungen körperlich ausführen kann. In einem gemeinsamen Gespräch mit der Tochter berichtet diese, dass Herr M. sich zurückgezogen hat und kaum noch an Treffen in der Nachbarschaft teilnimmt. Einige Nachbarn sind enge Freunde, die sich um Herrn M. kümmern. Sie schauen manchmal mehrmals täglich bei ihm vorbei, kochen für ihn mit, besorgen Einkäufe und übernehmen die Gartenarbeit.

Tab. 10: Ziele für Herrn M

Motorisch-funktioneller bzw. sensorisch-perzeptiver Bereich	Sozio-emotionaler bzw. psychischer Bereich	Kognitive, geistige Fähigkeiten
• motorische Aktivierung und Muskeltraining • Gleichgewicht schulen • Leckerlis tasten und riechen (Tast- und Riechsinn) • Körperkoordination schulen • Feinmotorik fördern • Auge-Hand-Koordination schulen • Körperimago • Bewegung an frischer Luft • …	• Aufbau von Vertrauen und Sicherheit • Zuwendung empfinden • Selbstwirksamkeit erfahren • Stressreduktion durch aktive Bewältigungsstrategie erfahren • Selbstwertgefühl aufbauen • Freude empfinden • Einsamkeit reduzieren • Trost erfahren • Erinnerungen an die Frau und den eigenen Hund austauschen • …	• planvolles und vorausschauendes Handeln üben • Konzentration üben • Ausdauer fördern • Merkfähigkeit und Gedächtnis fördern • Geduld üben • Reaktionsfähigkeit einschätzen • Sprechbereitschaft fördern • …

Übung: Ankleiden

Herr M. hat noch Schwierigkeiten bei der Handlungsplanung, wenn er sich ankleiden möchte. Die Extremitäten sind nach dem Apoplex bereits wieder so beweglich, dass er sich inzwischen wieder selbständig anziehen kann, wenn auch langsamer als früher. Darüber ärgert er sich manchmal und ihm fehlt die Motivation dazu, weil er sich sehr unsicher fühlt und manchmal die Reihenfolge der Kleidungsstücke für das Ankleiden durcheinander bringt. Die Ergotherapeutin übt mit Herrn M. und ihrem Hund zunächst, wie er sich die Reihenfolge der Kleidungsstücke leichter merken kann. Dazu legt sie ein Kleidungsstück in einen Korb. Die Aufgabe besteht darin, dass der Hund ein Kleidungsstück aus dem Korb zu Herrn M. bringt (s. auch Kahlisch 2015, S. 108). Dieser soll das Kleidungsstück auf sein Bett legen und sagen, ob er es zuerst anziehen würde oder erst später. Ziel ist es, Herrn M. wieder zu mehr Autonomie zu bewegen und die Kleidungsstücke nacheinander in einem Korb vom Hund bringen zu lassen. Herr M. soll sich die Reihenfolge vergegenwärtigen und die einzelnen Teile in der notwendigen Reihenfolge auf seinem Bett auslegen (z. B. zuerst die Unterwäsche, dann die Socken, die Hose, den Gürtel usw.). Der Hund bringt die Kleidung bei den ersten Übungen in der richtigen Reihenfolge. Die Ergotherapeutin schreibt die Reihenfolge später mit Herrn M. auf ein Blatt Papier und dieser Hinweis wird am Kleiderschrank aufgehängt. So kann Herr M. die Reihenfolge besser nachvollziehen und eigenständig üben. Durch die Zusammenarbeit mit dem Hund gelingt es, Herrn M. zu motivieren und seinen Ärger über die eigene Unsicherheit zu reduzieren. Diese Übung erfolgt zwei Mal pro Woche. Zu einem späteren Zeitpunkt bringt der Hund die Kleidungsstücke in einer verkehrten Reihenfolge und erschwert damit spielerisch die Aufgabe. Herrn M. gelingt es nach und nach, wieder sicherer zu werden und die Kleidungsstücke entsprechend anzuziehen und gemeinsam mit Hund auch Freude an der Übung zu erleben, so dass ihn der frühere Ärger nicht mehr blockiert.

Zwischen oder nach den Übungen kann die Zeit für Gespräche genutzt werden. Herr M. spricht gern über den Hund, der lange Jahre bei ihm und seiner Frau gelebt hat. Er streichelt den Therapiehund, spricht auch gelegentlich über seine Frau und kann seine Traurigkeit inzwischen besser zum Ausdruck bringen. Herr M. berichtet dabei auch über die schwierige Situation, die er nach seinem Schlaganfall im Krankenhaus erlebt hat. Während dieser Zeit ist seine Frau verstorben und er konnte sie nicht begleiten und sich auch nicht von ihr verabschieden. Diese Gespräche entlasten Herrn M. und im Laufe der Zeit fasst er wieder neuen Lebensmut und erlebt mehr Freude im Alltag.

Übung: Parcours im Garten gehen

Um eine Übung für die Handlungsplanung durchzuführen und gleichzeitig auch die Bewegung und Körperkoordination von Herrn M. weiter zu verbessern, wird im eigenen Garten von Herrn M. ein kleiner Parcours geplant, den er gemeinsam mit dem Hund durchschreiten soll. Dabei werden vorhandene Hindernisse, wie z. B. die Treppenstufen von der Terrasse auf die Wiese, vorhandene Gartenstühle etc. mit in den Parcours eingebaut. Herr M. plant gemeinsam mit der Ergotherapeutin den Parcours und gemeinsam bauen sie die mitgebrachten Hindernisse (z. B. einen Reifen, einen Tunnel, verschiedene Pylonen) auf. Herr M. geht dann gemeinsam mit dem Hund und seiner Gehhilfe langsam durch den Parcours und soll die vorab geplante Reihenfolge einhalten. Der Hund begleitet Herrn M. ohne Leine und passt sich dem Tempo von Herrn M. an. Auf Kommando läuft er durch einen mitgebrachten Tunnel, rennt dann wieder zu Herrn M. und bekommt z. B. ein Leckerli zur Belohnung. Zwischendurch kann Herr M. sich auf einen Stuhl setzen und eine kleine Pause machen. Ergänzend können die Leckerlis vorher in eine Dose gelegt werden, die Herr M. öffnen muss, um so die Feinmotorik der Finger zu trainieren. Diese Behältnisse können bei den späteren Durchläufen verändert werden, so dass etwas Abwechslung vorhanden ist. Die Parcoursübungen werden regelmäßig wiederholt, damit Herr M. motorisch aktiviert wird, seine Körperkoordination, Auge-Hand-Koordination und sein Gleichgewicht geschult werden. Er soll außerdem mehr Sicherheit erlangen und Freude an den Übungen mit dem Hund haben.

Übung: Einkaufen gehen

Eine weitere Übung bezieht sich darauf, kleinere Einkäufe mit Herrn M. zu üben. Es wird eine Einkaufsliste erstellt. Herr M. und der Hund erhalten einen Rucksack für die Einkäufe. Der Spaziergang zum nahegelegenen Bäcker und Lebensmittelgeschäft dient nicht nur der Bewegung an der frischen Luft. Herr M. und das Therapiebegleithundeteam treffen auf dem Weg auch gelegentlich Personen aus der Nachbarschaft und kommen ins Gespräch. Herr M. kommt somit aus dem Haus und fühlt sich weniger einsam. Die Ergotherapeutin unterstützt Herrn M. auch bei Einkäufen, die für eine Einladung der Nachbarn dienlich sind. Herr M. möchte diese gern regelmäßig zum Kaffeetrinken einladen, weil sie sich um größere Einkäufe und den Garten kümmern. Der Hund wartet geduldig vor der Tür, während die notwendigen Produkte erworben werden. Anschließend trägt der Hund einige Dinge in seinem Rucksack mit zu Herrn M. nach Hause. Herr M. geht mit dem Hund, je nach Verfassung, mit oder gelegentlich auch schon ohne Gehhilfe und erlangt zunehmend mehr Selbstvertrauen in seine körperlichen Fähigkeiten.

Zusammenarbeit mit Menschen mit einem Parkinson-Syndrom

An der Behandlung, Begleitung und Therapie von Menschen mit einer Erkrankung, die dem Parkinson-Syndrom zuzurechnen ist, sind in der Regel mehrere Berufsgruppen, zum Teil über lange Zeiträume hinweg, beteiligt. Dazu zählen neben Ärzten/Ärztinnen u.a. auch Physio- und Ergotherapeuten/innen, Logopäden/innen, Pflegefachkräfte, Sozialarbeiter/innen, Psychotherapeuten/innen. Da diese Erkrankungen nicht heilbar sind, werden meist medikamentöse und andere Maßnahmen für die Betroffenen dauerhaft eingesetzt. Die Handlungsfelder für tiergestützte Interventionen sind bezogen auf diese Zielgruppe vielfältig und können mit einem Pädagogik-/Therapiebegleithundeteam z.B. im klinischen Bereich erfolgen und werden dort in der Regel der komplementären Therapien zugeordnet. Befinden sich die Patienten/innen in der häuslichen Umgebung, dann suchen sie entweder entsprechende Praxen bzw. Einrichtungen auf oder die entsprechenden Fachkräfte arbeiten mit den Personen und ggf. mit Angehörigen im Privathaushalt. Darüber hinaus können z. B. auch Begleitungen in stationären Wohn- und Pflegeeinrichtungen stattfinden. Angehörige sind häufig intensiv an der Betreuung und Begleitung beteiligt, so dass auch sie in die tiergestützte Therapie bzw. Pädagogik einbezogen werden können bzw. auch als gesonderte Zielgruppe betrachtet werden.

Parkinson-Syndrom ist ein Oberbegriff für verschiedene Krankheitsbilder. Die verschiedenen Unterteilungen der Erkrankungen sind grundsätzlich durch das Vorliegen bestimmter Symptome definiert, wie eine Verlangsamung und Verarmung der Bewegungen (Bradykinese) und zusätzlich mindestens eines der nachfolgenden Hauptsymptome (der so genannten Kardinalsymptome). Dazu zählen die Steifheit der Muskulatur (Rigor), das Ruhezittern (Ruhetremor) und Gleichgewichtsstörungen (posturale Instabilität). Weitere Begleitsymptome können sich folgendermaßen äußern:

- Schmerzen und Gefühlsstörungen (Sensorische Symptome),
- Störungen der Blutdruck- und Wärmeregulation, der Harnblase und der sexuellen Funktionen (Vegetative Symptome),
- Depressionen,
- vermindertes Riechvermögen (Hyposmie),
- Verlangsamung der Denkfähigkeit (Bradyphrenie) und
- Demenz (Abbau der geistigen Leistungsfähigkeit) (Fornadi, Csoti 2012).

Parkinson-Syndrome werden je nach Ursache und dominierenden Symptomen weiter in Unterkategorien aufgeteilt. Aufgrund der Vielfalt von Symptomen ist bei Verdacht eine gewissenhafte Differentialdiagnostik angezeigt (Deutsche Gesellschaft für Neurologie 2016; Fornadi, Csoti 2012). Ein erster Bereich der möglichen Parkinson-Syndrome bezieht sich auf das so genannte »Idiopathische Syndrom« (auch primäres Parkinson-Syndrom oder Morbus Parkinson), wobei die Ursache der Erkrankung bislang weitgehend unbekannt ist. Dies betrifft etwa 75–80 % der betroffenen Patienten/innen. Dieser Bereich wird dann wiederum, je nach Dominanz der o.g. Hauptsymptome, in mehrere Kategorien eingeteilt. Ein zweiter Bereich bezieht sich auf die bekannten Ursachen der Erkrankung und wird als »Symptomatische Parkinson Syndrome« bezeichnet. Dabei werden unterschiedliche Ursachen und Auslöser herangezogen und Unterkategorien gebildet. Ursachen können u. a. Hirnverletzungen, toxische oder entzündliche Prozesse sowie psychogene oder medikamentöse Aspekte darstellen. Der dritte Bereich weist die so genannten »Atypischen Parkinson Syndrome« aus, die als Begleiterscheinungen in Verbindung mit anderen neurodegenerativen

Erkrankungen auftreten können (z. B. Lewy-Körperchen-Demenz, Kortikobasale Degeneration) (Fornadi, Csoti 2012). Die Internationale Klassifikation der Krankheiten und verwandter Gesundheitsprobleme (ICD) beinhaltet die Parkinson-Syndrome in der Kategorie G 20-G26 bei den »Extrapyramidalen Krankheiten und Bewegungsstörungen« (ICD 10 unter http://www.icd-code.de/icd/code/G20-G26.html, Stand 21.03.2017).

Die Deutsche Gesellschaft für Neurologie (2016) empfiehlt in der Leitlinie S3 für das Idiopathische Parkinson-Syndrom ausdrücklich den Zugang zu ergo- und physiotherapeutischer sowie logopädischer Behandlung und die Begleitung von Betroffenen und ihren Angehörigen durch die Soziale Arbeit. Durch die Ergotherapie sollen insbesondere berufliche und familiäre Rollen sowie der Arbeitsplatz möglichst lange erhalten bleiben und die häusliche Versorgung sowie auch Freizeitaktivitäten gestärkt werden. Darüber hinaus sollen Transfers, Mobilität und Aktivitäten des Alltags erhalten und verbessert werden. Auch sollen die Umgebung zur Verbesserung von Sicherheit und motorischer Aktivität sowie kognitive Ansätze hinsichtlich des Trainings von Alltagskompetenzen in den Blick genommen werden (Deutsche Gesellschaft für Neurologie 2016, S. 56). Die physiotherapeutische Behandlung sollte der Leitlinie zufolge insbesondere Gangtraining, Übungen zu Verbesserung des Gleichgewichts, Kraft- und Dehnübungen sowie weitere Übungen zur Verbesserung bzw. zum Erhalt der Funktionen des Bewegungsapparates beinhalten. Darüber hinaus werden der Erhalt bzw. die Verbesserung von Mobilität und Autonomie bei Alltagsaktivitäten, das Training von Bewegungsstrategien sowie Maßnahmen zur Sturzprävention empfohlen (a. a. O., S. 54). Die logopädische Behandlung bezieht sich auf eine Verbesserung der Stimmlautstärke, des Tonumfangs, eine Optimierung des verständlichen Sprechens und grundsätzlich auf den Erhalt der Kommunikationsfähigkeit über den Krankheitsverlauf hinweg (a. a. O., S. 55). Hinsichtlich der psychischen und sozialen Problemlagen sowie der Bewältigung von unterschiedlichen Belastungen soll die Soziale Arbeit als Berufsgruppe unterstützend tätig werden und den Betroffenen sowie deren Angehörigen bei der Anpassung der veränderten Lebenssituation helfen. Dabei geht es vor allem um die Veränderungen in sozialen bzw. familiären Beziehungen, die Bewältigung finanzieller Belastungen, die durch die Erkrankung entstehen können, die Beratung bei Funktions- und Leistungseinschränkungen, die Vermittlung entsprechender Hilfe- und Unterstützungsmaßnahmen, die Bewältigung des Alltags und ggf. notwendige Veränderungen der Wohnsituation. Darüber hinaus soll die Teilhabe am Arbeitsleben gefördert werden bzw. Unterstützung erfolgen, wenn Erwerbsfähigkeit bzw. Arbeitsplatz verloren gehen. Im systemischen Sinne sollen dabei die Patienten/innen und ihre Angehörigen bei Auftreten von persönlichen, sozialen und finanziellen Belastungen unterstützt werden (a. a. O., S. 64).

Unterstützungsmöglichkeiten

Die genannten Maßnahmen können in unterschiedlicher Weise durch den Einsatz eines Pädagogik-/Therapiebegleithundeteams unterstützt werden. Zahlreiche Folgen der Erkrankungen hinsichtlich des Bewegungsapparates, der Mimik und Gestik, der Gleichgewichtsstörungen, der Stimme und Sprache etc. werden durch tiergestützte Therapie u. a. in Therapiezentren von neurologischen Kliniken und in Praxen für Ergotherapie, Physiotherapie und Logopädie als begleitende therapeutische Maßnahmen eingesetzt. Dabei handelt es sich um Übungen aus den jeweils therapeutischen Handlungsfeldern, die durch den Einsatz eines Hundes einen zügigeren Trainingseffekt erzielen können. So können die Patienten/innen leichter motiviert werden und schneller wieder mehr Selbstsicherheit und Selbstvertrauen gewinnen. Dabei können unterschiedliche Unterstützungsmöglichkeiten durch die Begleitung des Hundes im therapeutischen Prozess genutzt werden: Dazu zählt u. a. Gangtraining, das Training der Feinmotorik sowie Schreibtraining, Entspannungs- und Atemübungen, Sprech- und Sprachtherapie, Vermeidung bzw. Verringerung von Depressionen, körperliche Aktivität und Bewegungstherapie sowie eine Verringerung der Muskelsteifheit, Lagerungen, Verringerung der Empfindungsstörungen, Schulung der visuellen Wahrnehmung durch Fixierung und Verfolgen sowie der Hund im Einsatz eines psychotherapeutischen Prozesses. Darüber hinaus kann ein Hund in Beratungssituationen eingesetzt werden. Auch die oben bereits beschriebenen Möglichkeiten der Unterstützung im häuslichen Umfeld können Eingang in die Begleitung von Menschen mit einem Parkinson-Syndrom und deren Angehörigen finden.

Zusammenarbeit mit Menschen mit einem Apallischen Syndrom (Wachkoma)

Laut Teigel (2007) belaufen sich Schätzungen der Deutschen Wachkoma Gesellschaft auf 8.000 bis 12.000 Menschen in Deutschland, die sich im Zustand eines Wachkomas befinden (S. 140). Die Datenlage scheint ungenau, die Ursachen für Schädel-Hirn-Traumata und ähnliche Verletzungen bzw. Prozesse sind vielfältig, die Symptome und Stadien ebenso. Grundsätzlich ist eine differenzierte Diagnostik bedeutsam, da offenbar zahlreiche Fehleinschätzungen bzw. Fehldiagnosen vorliegen und Menschen daraufhin unsachgemäß behandelt werden. Zieger (2009) fordert dazu auf, eine an einer defizitären Sichtweise orientierten Medizin zugunsten der Patienten/innen und ihrer Angehörigen aufzugeben, da ein Zustand, bei dem Patienten/innen nicht ansprechbar sind und keine Reaktionen zeigen, nicht gleich zu setzen sei mit Bewusstlosigkeit und Empfindungslosigkeit. Ziegers Sichtweise auf den Menschen in einem entsprechenden Zustand wird u. a. aus einer beziehungsmedizinischen Perspektive beschrieben, wobei Forschungsergebnisse sehr wohl ein inneres Erleben und Wahrnehmen im Wachkoma nachweisen. Ein körperlicher und emotionaler Dialogaufbau in der Begleitung und Behandlung ist u. a. mittels basaler Stimulation möglich und sinnvoll. Körperliche Veränderungen und nonverbale Signale können wahrgenommen, Lernprozesse initiiert werden, indem z. B. durch Augenblinken eine Kommunikation geübt werden kann. Darüber hinaus ist es absolut bedeutsam, vertraute Angehörige einzubinden und emotionalen Rückhalt für die Patienten/innen zu gestalten. Untersuchungen haben außerdem gezeigt, dass sich Nervenverbindungen regenerieren können und einige Patienten/innen nach vielen Jahren wieder aus dem Koma erwacht sind. Zieger empfiehlt u. a. eine emotional und sozial anregende Umgebung, die sowohl in der Frührehabilitation als auch während der Versorgung und Begleitung in einer stationären Einrichtung bzw. im Privathaushalt angezeigt ist (Zieger 2009).

Verschiedene Arten des Komas werden differenziert (z. B. Locked-In-Syndrom, Wachkoma, chronisches Koma, Hirntod) und unterschiedliche Phasen der Remission aus einem Wachkoma werden voneinander unterschieden (Oßwald, Will 2007, S. 24). Im so genannten Vegetativen Status (VS) zeigen Patienten/innen wieder eine Spontanatmung, ein Schlaf-Wach-Rhythmus stellt sich ein und z. B. können die Augen wieder geöffnet werden, wenn bestimmte Reize erfolgen, die Extremitäten können gelegentlich bewegt werden. In einem folgenden Stadium, dem so genannten minimalen Bewusstseinszustand (engl.: minimal conscious state, MCS), kann z. B. eine visuelle Fixierung wieder möglich werden (Oßwald, Will 2007, S. 25).

An der Begleitung, Betreuung und Versorgung von Menschen mit einem Apallischen Syndrom sowie deren Angehörigen sind unterschiedliche Berufsgruppen beteiligt. Diese Begleitung besteht manchmal für einige Tage, kann sich aber auch über lange Zeiträume bis hin zu mehreren Jahren erstrecken (Oßwald, Will 2007). Auch sind die Handlungsfelder unterschiedlich, die betroffenen Menschen können in neurologischen Kliniken, in der Frührehabilitation, in einer Pflegeeinrichtung oder in einem Privathaushalt leben und begleitet werden. In verschiedenen Stadien und Settings können Menschen, die sich in einem Wachkoma befinden, durch ein Pädagogik-/Therapiebegleithundeteam unterstützt werden. Selbstverständlich ist eine solche Möglichkeit mit den Angehörigen und behandelnden Ärzten/innen zu erwägen und zu klären, ggf. auszuprobieren, inwieweit eine solche Unterstützung, ergänzt durch einen Hund, erwünscht und sinnvoll erscheint. Die Einbeziehung eines Hundes ist nur dann sinnvoll, wenn dies im Sinne der Patienten/innen geschieht. Da diese sich meist nicht selbst äußern können, ist eine Verständigung mit den Angehörigen angezeigt, u. a. zur Klärung von bestehenden Allergien, hygienischen Voraussetzungen und eine vorsichtige Annäherung an den Hund (Zieger 2006). Der Hund kann dann als Mitglied des Pädagogik-/Therapiebegleithundeteams in die Prozesse z. B. der physio- oder ergotherapeutischen bzw. logopädischen Behandlung eingebunden werden. Er kann auch in der medizinischen und/oder pflegerischen Behandlung sowie im Rahmen der heilpädagogischen und sozialen Begleitung mitwirken, dies gilt auch mit Blick auf die Angehörigen (Steinbach, Donis 2011). Einige Erfahrungen liegen bei der Förderung und Unterstützung von Patienten/innen im Wachkoma vor. Zieger verweist darauf, dass diese mehr Freude, besseres Wohlbefinden und emotionale Entspannung zeigen. Außerdem bessern sich Kontakt- und Kommunikationsmöglichkeiten und die Patienten/innen sind motivierter für Therapie- und Rehabilitationsangebote (Zieger 2006).

Eine mögliche Methode stellt u. a. die Basale Stimulation dar. Hierbei handelt es sich um eine Stimulierung der Basissinne, die als Methode für unterschiedliche Handlungsfelder (Heilpädagogik, Pflege, Therapie etc.) ausgearbeitet worden ist (z. B. Niehoff 2015). Dabei geht es darum, die Wachheit und Aufmerksamkeit, die visuelle und auditive Wahrnehmung sowie die taktile oder Tastwahrnehmung anzuregen. Auch die propriozeptive Wahrnehmung, der Gleichgewichtssinn, Geschmackssinn und Geruchssinn sollten gefördert werden. Der Hund kann dabei, wie nachfolgend beschrieben, unterstützen.

Wachheit und Aufmerksamkeit fördern

Der Hund ist ein idealer Partner, um die Aufmerksamkeit anzuregen oder zu verstärken. Bereits der Erstkontakt mit dem Hund kann zu einer Veränderung im Wachsein führen. Dies ist z. B. an folgenden Anzeichen zu erkennen: Der Atemrhythmus verändert sich, er wird z. B. schneller, tiefer oder zeigt längere Pausen. Die Augen öffnen sich, der Blick wirkt aufmerksamer, die Augen werden weiter geöffnet oder versuchen zu fixieren, machen Suchbewegungen etc. Es kann sich auch ein »Lauschverhalten« zeigen, dabei wird der Kopf etwas gestreckt, die Bewegungen werden ruhiger oder wirken eher angespannt. Auch der Muskeltonus verändert sich ggf., wird z. B. erhöht, wirkt angespannt. Es sind eventuell kleine Bewegungen zu beobachten, die Hand wird vielleicht gedrückt. Der Hund unterstützt die Aufmerksamkeit zunächst, indem er z. B. in Augenhöhe auf einen Stuhl gesetzt wird, damit ein Blickkontakt mit der betroffenen Person ermöglicht werden kann. Je nach Situation und Zustimmung kann der Hund auch auf das Bett gelegt werden. Durch geführtes Handeln (z. B. nach Affolter) durch die professionell tätige Person wird der Hund berührt und gestreichelt. Die Methode nach Affolter ist ebenfalls für unterschiedliche Handlungsfelder und Berufsgruppen ausgearbeitet (für heilpädagogisches Handel s. z. B. Friedlein 2014). Kann die betroffene Person sitzen, dann kann der Hund vorsichtig am Schoß hochspringen und holt sich ein Leckerli vom Schoß der betroffenen Person. Zur Stimulation kann auch hinter dem Ohr ein wenig Leberwurst oder Frischkäse aufgebracht werden und der Hund leckt dies ab. Es befinden sich viele Akkupunkturpunkte in diesem Bereich, die u. a. die Aufmerksamkeit, Konzentration und die auditive Wahrnehmung fördern.

Visuelle Wahrnehmung

Die visuelle Wahrnehmung kann durch unterschiedliche Übungen gefördert werden. Die Augen werden geöffnet bzw. geschlossen, die Augen fixieren etwas im nahen Blickfeld oder auch in der Distanz. Ein Verfolgen über eine kleine Distanz bzw. innerhalb des Blickfeldes kann geübt werden, aber auch das visuelle Verfolgen außerhalb des Blickfeldes mit Kopfdrehung. Gezieltes Suchen mit den Augen im Raum kann ebenfalls die visuelle Wahrnehmung fördern. Der Hund kann z. B. seine Vorderpfoten auf die Oberschenkel der Person legen oder er sitzt auf einem Stuhl, wobei bei beiden Situationen der Hund im direkten Blickfeld der betroffenen Person sein sollte. Der Hund kann auch weiter entfernt auf einen Stuhl gesetzt werden, um die Fixierung auf Distanz zu üben. Weiterhin kann der Hund in geringer Entfernung langsam in Augenhöhe hin und her geführt werden, auch dabei bleibt der Hund im direkten Blickfeld. Wenn es erforderlich ist, geht der Hund ggf. auf einem Tisch oder einer Bank hin und her. Zwischendurch kann der Hund sitzen bleiben. Auf Distanz kann der Hund dann mit entsprechendem Abstand zur Person hin und her geführt werden, ggf. auch auf dem Fußboden, sofern er sichtbar für den Patienten/die Patientin ist. Auch hier kann der Hund zwischendurch die Bewegung einstellen und sich immer wieder setzen. Dann kann die Kopfdrehung mit eingeübt werden, wenn der Hund bei bestehendem Blickkontakt weiter zur Seite geführt wird. Der Hund kann z. B. auch auf eine Bank oder einen Stuhl springen und wieder herunter, so dass die betroffene Person dem Hund mit der Augenbewegung folgen kann. Weitere Übungen bestehen darin, dass der Hund Kommandos ausführt und verschiedene Positionen wie »Steh«, »Sitz« und »Platz« abwechselnd einnimmt. Dabei ist ein vertikales Verfolgen der Augen des Patienten/der Patientin zu beobachten. Die genannten Übungen können z. B. auch mit einem Leuchthalsband in einem abgedunkelten Raum durchgeführt und ggf. auch mit einem auditiven Reiz unterstützt werden, z. B. einem Glöckchen am Halsband des Hundes.

Auditive Wahrnehmung

Die auditive Wahrnehmung kann u. a. durch Anknüpfen an alte Lieblingsmelodien gefördert werden. Angehörige wissen meist von den Lieblingsliedern und diese können in die Arbeit mit dem Hund eingebunden werden. Eine Übung kann dahingehend erfolgen, dass der Hund z. B. einmal bellt und daraufhin wird die Lieblingsmusik gespielt. Durch das Bellen des Hundes wird die auditive Aufmerksamkeit erhöht. Angehörige können mit ihrer Stimme gut in die Arbeit einbezogen werden, denn diese Stimmen sind den Patienten/innen vertraut. Z. B. können Angehörige dem Hund die Kommandos geben. Der Hund kann auch zunächst in einiger Entfernung bellen und kommt dann näher und bellt dann noch einmal. Darüber hinaus sollten die Reaktionen auf verschiedene Geräusche beobachtet werden. Der Hund bekommt z. B. ein Glöckchen (es können auch verschiedene Glöckchen mit unterschiedlichen Tönen angewendet werden) oder eine Rassel und bewegt sich damit, so dass unterschiedliche Klänge entstehen. Wie oben bereits beschrieben, können die Ohrmuscheln oder der Bereich hinter den Ohren mit etwas Leberwurst oder Frischkäse benetzt werden und der Hund leckt diese Stellen vorsichtig ab. Dabei ist selbstredend später eine entsprechende Reinigung der Bereiche erforderlich. Die Stimulation dieser Bereiche erhöht die Aufmerksamkeit und die Hörfähigkeit.

Taktile Wahrnehmung

Verschiedene Materialien können an verschiedene Körperstellen gelegt werden, so dass der Patient/die Patientin diese durch den Hautkontakt fühlen kann. Der Hund kann außerdem mit geführtem Handeln nach Affolter an verschiedenen Stellen gestreichelt werden, die sich unterschiedlich anfühlen (z. B. an Kopf, Ohren, Rücken). Das Fell kann auch gegen den Strich gestreichelt werden. Dem Hund können z. B. auch verschiedene Stofftücher, Plastiktücher etc. umgehängt werden und diese werden ertastet. Oder das Fell des Hundes wird etwas angefeuchtet. Der Hund kann auch nahe an dem betroffenen Menschen abgelegt werden und die Hand, der Arm oder ein Bein werden vorsichtig auf den Hund gelegt. Atmung und Herzschlag des Hundes können ggf. wahrgenommen werden. Die taktile Wahrnehmung wird gefördert, die Berührungen fühlen sich unterschiedlich an.

Propriozeptive oder Tiefenwahrnehmung

Durch Druck auf den Körper der Patientin bzw. des Patienten wird die Tiefenwahrnehmung stimuliert. Diese gibt Aufschluss über die Stellung der Gelenke, der Muskeln und Bänder, damit das Gehirn immer weiß, in welcher Stellung sich der Körper befindet. Die vorsichtige Lagerung des Hundes auf bestimmte Körperteile erzeugt einen festen Druck. Das Ablecken an bestimmten Körperteilen verursacht einen festen Druck, somit kann auch der Tiefensinn angesprochen werden.

4

Wissenschaftliche Erklärungsansätze und Wirkungen der Mensch-Tier-Beziehung

Forschungsergebnisse und Veröffentlichungen zu theoretischen Bezügen zur Mensch-Tier-Beziehung und zu Wirkmechanismen im pädagogischen bzw. therapeutischen Bereich nehmen in den letzten Jahren im deutschsprachigen Raum zu. Wissenschaftliche Belege zu Wirkungen der Zusammenarbeit mit Tieren und eine theoretische Fundierung hinsichtlich der Beziehungen zwischen Mensch und Tier stehen dabei im Fokus. Erklärungsansätze werden aus unterschiedlichen wissenschaftlichen Bereichen herangezogen. Nachfolgend werden einige theoretische Grundlagen zur Mensch-Tier-Beziehung zur Erklärung zusammenfassend erläutert, ausführlich sind diese in unterschiedlichen Veröffentlichungen, die jeweils benannt werden, beschrieben. Dabei wird zunächst auf die so genannte Biophilie-Hypothese eingegangen, das Konzept der Du-Evidenz erläutert, die Erklärung auf der Basis der Spiegelneurone aufgegriffen und letztlich wird die Bindungstheorie als wissenschaftlicher Bezugsrahmen zusammenfassend dargelegt. Ausführlicher sind diese theoretischen Bezüge der Mensch-Tier-Beziehungen bereits in den genannten Veröffentlichungen bearbeitet worden. Auch werden weitere wissenschaftliche Erkenntnisse publiziert und theoretische Bezüge hergestellt und sind dort ausführlich nachzulesen (z. B. Ganser 2017, Julius et al. 2014; Vernooij, Schneider 2013; Wohlfahrt, Mutschler 2016; Wohlfarth, Mutschler, Bitzer 2013; Beetz et al. 2012; Greiffenhagen, Buck-Werner 2012; Prothmann 2007 und 2008; Olbrich, Otterstedt 2003).

Nachfolgend werden einige theoretische Bezüge und Erklärungsansätze zur Verdeutlichung lediglich überblicksartig zusammengefasst.

Biophilie-Hypothese

Die Biophilie-Hypothese basiert auf Erkenntnissen der Evolutionsforschung und geht mit der Fokussierung der soziobiologischen Untersuchung der Beziehungen von Mensch und Tier einher. Biophilie bedeutet im Wortsinn so viel wie »die Liebe zum Leben« oder »die Liebe zum Lebendigen«, die Biophilie-Hypothese beinhaltet mehrere Perspektiven auf die Beziehung von Mensch und Tier. Die enge Beziehung des Menschen zur Natur, als Teil der Natur und damit auch zu anderen Lebewesen verdeutlicht ein soziales System in der Entwicklungsgeschichte des Menschen, mit der immer auch eine Auseinandersetzung und Kooperation mit Tieren einherging (Julius et al. 2014). Olbrich (2003) erweitert die von Aaron Katcher (2000) untersuchte Biophilie-Hypothese um Ansätze aus der humanistischen Psychologie, der Bindungs- und Lerntheorie sowie der Sozialen Psychosomatik (Olbrich 2003, S. 68ff). Die Biophilie stellt zunächst einen biologisch begründbaren Ansatz dar, der die positiven Effekte der Wirkung von Tieren auf den Menschen erklärt. Der Mensch als Teil der Natur wird mit seiner Affinität zu allem Lebendigen verstanden und diese Zuneigung ist dem Menschen per se eigen. Demzufolge hat der Mensch das Bedürfnis mit seines Gleichen und anderen Lebewesen im ökologischen Setting in Verbindung zu stehen. Olbrich (2003, S. 70) zitiert Kellert:

> »Kellert (1997) beschreibt Biophilie als eine physische, emotionale und kognitive Hinwendung zum Leben und zur Natur – und er hebt ihre fundamentale Bedeutung für die Entwicklung der Person hervor, wenn er sagt: ›... our inclination for affiliating with life functions today as it has in the past as a basis for healthy human maturation an development‹.«

Kellert unterscheidet nach Olbrich (2003, S. 70ff) und auch Vernooij und Schneider (2013, S. 6f) zufolge verschiedene Perspektiven der Zuneigung und Verbundenheit des Menschen mit der Natur: Zunächst wird die utilitaristische Perspektive benannt, welche den Nutzen hervorhebt, den die

Natur dem Menschen bereitet und damit zugleich den Nutzen, diese zu erhalten und zu schützen. Die naturalistische Perspektive beschreibt die Verbundenheit des Menschen als Teil der Natur mit der Natur und betont die Verbundenheit mit dem Lebendigen. Die ökologisch-wissenschaftliche Perspektive beschreibt die Erfassung der gesamten Natur mit allem Lebendigen und auch mit den nicht lebenden Bestandteilen der Natur, wobei insbesondere Beobachtung und Analyse im Sinne einer naturwissenschaftlichen Perspektive bedeutsam sind. Die Schönheit der Natur im Sinne der Faszination durch die Beobachtung und Wahrnehmung des Menschen wird als die ästhetische Perspektive beschrieben. Die symbolische Perspektive geht weiterhin davon aus, dass die Natur eine Fülle von Symbolen bietet, die auch kulturübergreifend gelten und die menschliches Verhalten, Sprache und Denken geprägt haben bzw. nach wie vor prägen. Diese Symbole oder Kategorien dienen der Beschreibung der verschiedenen Formen menschlichen Befindens, Verhaltens und menschlicher Interaktionen. Sie werden z. B. abgeleitet aus dem Verhalten von Tieren, entsprechend interpretiert und finden sich u. a. in Märchen und Mythen wieder (Olbrich 2003, S. 71).

Die humanistische Perspektive bezieht sich auf die Liebe zur Natur, die mit Fürsorge, Altruismus, Bindung und der Bereitschaft zu teilen einhergeht. Eine moralistische Perspektive als ein Teil der Biophilie-Hypothese beinhaltet eine menschliche Verantwortung und Ehrfurcht vor allem Leben, wobei hier auch spirituelle Erfahrungen bzw. Spiritualität (Julius et al. 2014, S. 25), ethische Aspekte und eine Einordnung des Natürlichen in eine höhere, größere (kosmologische) Ordnung von Mensch und Natur bzw. dem Menschen als Teil der Natur gemeint sind. Die dominierende Perspektive beschreibt Macht und Kontrollbedürfnisse des Menschen über die Natur, wobei hiermit auch die Entwicklung von menschlichen Fähigkeiten und Fertigkeiten des Menschen einbezogen wird, die für kontrollierendes und machtvolles Handeln notwendig erschienen. Eine letzte Perspektive als Teil der Biophilie-Hypothese besteht in einer negativistischen Sichtweise des Lebendigen, wobei hier insbesondere die Erklärung von Angst, Aversion und Antipathie in Kontakt mit bestimmten Lebewesen betont wird. Die Qualität dieser negativistischen Perspektive der Verbundenheit von Mensch und Natur besteht in der Annahme, dass daraus die Entwicklung von Maßnahmen zu Sicherheit und Schutz des Menschen oder bestimmten Lebewesen hervorgehen und die Gestaltung des menschlichen Umfeldes in der Entwicklungsgeschichte von Bedeutung sind (a. a. O.).

Diese komplexen Perspektiven greifen in ihrer Gesamtheit als Erklärungsansatz ineinander und verdeutlichen die Beziehung von Mensch und

Natur, seine Entwicklung in und mit der Natur, sein Erleben und Verhalten, seine geistige und spirituelle Entwicklung und seine Gesamtentwicklung im evolutionären Kontext. Die Effekte von Tieren auf den Menschen liegen der Biophilie-Hypothese zufolge darin begründet, dass Tiere bestimmte Lebenssituationen von Menschen bedingen, ergänzen oder vervollständigen.

Bindungstheorie

Wie bereits in Kapitel 3.4.2 beschrieben, sind die Erkenntnisse aus der Erforschung der Bindung von Mensch und Tier sowie eine bindungstheoretischen Fundierung der pädagogischen bzw. therapeutischen Arbeit mit Tieren von besonderer Bedeutung. Die Bindungstheorie geht auf John Bowlby und Mary Ainsworth (Bowlby 2009) zurück, die unterschiedliche Bindungsphasen und -muster von Kindern zu ihren Müttern bzw. Eltern erforscht und untersucht haben. Dabei wurden wiederum unterschiedliche Bindungstypen erfasst, die den Kindern aufgrund ihres Verhaltens in so genannten »fremden Situationen«, bei Trennung und Wiedervereinigung von bzw. mit ihren Müttern und unter Einbeziehung fremder Personen zugeordnet worden sind. Aufgrund der Untersuchung des Verhaltens dieser Kinder in fremden Situationen wurden Bindungstypen klassifiziert und später weiterentwickelt (Bowlby 2009; Brisch 2009). Dabei werden insbesondere eine sichere Bindung von unsicher vermeidender Bindung, unsicher ambivalenter Bindung sowie desorganisierter Bindung unterschieden. Im Laufe der Beziehungserfahrung eines Kindes zur Mutter (bzw. Bindungsfigur) entsteht demzufolge ein Bindungsmuster, eine innere Repräsentation der kindlichen Erfahrung und daraus hervorgehend ein inneres Arbeitsmodell für Beziehungen. Diese Arbeitsmodelle werden durch weitere Erfahrungen ergänzt oder auch verändert. Bindungserfahrungen mit anderen Bindungsfiguren neben der Mutter werden somit auch integriert.

Die entwicklungspsychologische Forschung hat Zusammenhänge zwischen internalen Arbeitsmodellen, der Interpretation von Emotionen und sozialer Wahrnehmung erforscht (Steele u.a. 1999; Suess u.a. 1992 zit. nach Beetz 2003, S. 78). Soziale und emotionale Entwicklung stehen somit in Zusammenhang mit internalen Arbeitsmodellen zu Bindungsfiguren. Bindungsstörungen (▶ Kap. 3.4.2) sind ebenfalls untersucht und zeigen unterschiedliche Ausprägungen und Auswirkungen. Grundsätzlich scheint eine sichere Bindung als Arbeitsmodell im Vergleich zu den anderen Bindungstypen mit einer besseren Regulation der Emotionen, der Selbstregulation, einherzugehen (Beetz 2003, S. 78).

Für die Beziehung zwischen Mensch und Tier können einige Erkenntnisse der Bindungstheorie übertragen werden bzw. für die Zusammenarbeit genutzt werden. Grundsätzlich kann davon ausgegangen werden, dass Tiere für den Menschen ebenfalls »Bindungsobjekte« bzw. Bindungsfiguren darstellen können, ebenso umgekehrt. Positive Bindungserfahrungen mit einem Tier können möglicherweise auf die soziale Situation mit Menschen übertragen werden können (a. a. O., S. 81). Anders als bei der Biophilie-Hypothese und dem Konzept der Du-Evidenz wird die Mensch-Tier-Beziehung nicht als natürliche Affinität zur Natur hergeleitet, sondern auf Erfahrungen mit Bindungsmustern zurückgeführt, die bindungstheoretisch erklärt werden können (Vernooij, Schneider 2013).

Julius et al. (2014, S. 167) gehen davon aus, dass unsichere Bindungsmuster von einem unsicher gebundenen Menschen nicht auf ein Tier übertragen werden und begründen damit die Wirkmechanismen und Chancen tiergestützter Pädagogik und Therapie.

Auch für eine gesunde Entwicklung von Menschen kann die Bindung zu Tieren im Lebenslauf eine zentrale Rolle spielen. Haus- bzw. Heimtiere nehmen zu und dienen der körperlichen und psychischen Gesundheit des Menschen. Sie steigern das Selbstwertgefühl, ermöglichen Nähe und Zärtlichkeiten, benötigen Fürsorge, Zuwendung und Pflege. Forschungsergebnisse zeigen nicht nur gesundheitsfördernde Aspekte des Kontaktes mit Haustieren auf, sondern nachgewiesenermaßen zeigen Kinder, die mit Tieren aufgewachsen sind, mehr Empathiefähigkeit als Kinder, die in ihrer Entwicklung keinen oder wenig Kontakt zu Tieren hatten (Davison et al. 2007, S. 34).

Einige über die Betrachtung der Bindung hinausgehende Überlegungen für die Beziehungen zwischen Mensch und Tier begründen Julius et al. (2014) mit dem Fürsorgekonzept. Ergänzend zu oben genannten Überlegungen diskutieren die Autoren/innen die Kriterien, die eine Fürsorgebeziehung kennzeichnen. Für die Definition einer Bindungsbeziehung werden zunächst zwei zentrale Kriterien benannt. Ein Kriterium bezieht sich auf positive Gefühle bei physischer Nähe der Bindungsfigur zum Kind und das zweite Kriterium bezieht sich auf negative Gefühle bei der Trennung vom Kind. Mit Blick auf eine echte Fürsorgebeziehung, die über funktionale Fürsorge hinausgeht, kommen zwei weitere Kriterien hinzu: Die fürsorgende Person bietet dem Kind erstens aktiv durch Trost, Zuwendung, Rückversicherung und körperliche Zuwendung bei Stress und Angst ausreichend Sicherheit. Zum Zweiten nimmt die fürsorgende Person sehr gut die Signale des Bindungsverhaltens des Kindes wahr. Anzeichen von Stress oder Gefahr für das Kind führen dann zu Fürsorgeverhalten (der Mutter bzw. der Bindungsfigur). Lassen diese Signale des Kindes nach, lässt ebenfalls das Fürsorgeverhalten nach und bei erfolgreicher Fürsorge treten positive Gefühle auf. Die Autoren/innen gehen davon aus, dass diese Fürsorgeverhaltenssysteme auch zwischen Mensch und Tier wirksam werden, insbesondere Halter/innen von Hunden dürften ähnlich reagieren, wenn sie ihre Hunde in Gefahr sehen, diese Angst zeigen oder Trost und Schutz suchen. Somit gehen sie von der Annahme aus, dass Menschen zu ihren Tieren Bindungsbeziehungen aufbauen, die zwischenmenschlichen Beziehungen im Sinne der Aktivierung/Deaktivierung von Verhaltenssystemen der Fürsorge sehr ähnlich sind (Julius et al. 2014, S. 170f). Interessant sind wiederum die Folgerungen hinsichtlich der nicht vorhandenen Übertragung von generalisierten unsicheren und desorganisierten Bindungsmustern vom Menschen auf ein Tier:

> »Die wenigen Daten zum Fürsorgeverhalten von Menschen gegenüber ihren Haustieren weisen darauf hin, dass selbst Menschen mit unsicheren und desorganisierten Fürsorgerepräsentanzen ihren Haustieren gegenüber zumeist flexibles, d. h. sicheres Fürsorgeverhalten zeigen (Kurdek, 2008). So wie generalisierte, unsichere und desorganisierte Bindungsmuster nicht auf die Beziehung zu Tieren übertragen werden, so scheint also auch der Transmissionszyklus unsicherer und desorganisierter Fürsorgerepräsentanzen in Mensch-Tier-Beziehungen unterbrochen zu werden« (Julius et al. 2014, S. 172).

Weiterer Forschungsbedarf ist hierzu angezeigt, insbesondere mit Blick auf die Einbettung dieses Wissens in pädagogische und therapeutische Prozesse, die von Tieren unterstützt werden. In jedem Falle aber bieten die bisherigen Erkenntnisse ein ausgesprochen großes Potential für die pädagogische bzw. therapeutische tiergestützte Arbeit in diesem Feld.

Du-Evidenz

Der Begriff der Du-Evidenz stammt aus der Psychologie und wurde von Karl Bühler (1922) für die Beschreibung zwischenmenschlicher Beziehungen geprägt. Darunter verstand der Wissenschaftler die Fähigkeit des Menschen, eine andere Person als Individuum, als DU wahrnehmen zu können. In Bezug auf die Mensch-Tier-Beziehung wird diese Du-Evidenz übertragen, wenn durch emotionalen und körpersprachlichen Ausdruck ähnliche Bedürfnisse bzw. Ähnlichkeiten bestehen (z. B. Nähe, Berührung, Bewegung, Kommunikation und Interaktion). Besteht eine Kommunikations- und Interaktionsbasis zwischen Mensch und Tier, können sie sich gegenseitig als DU wahrnehmen.
Für Greiffenhagen (1991) ist die Du-Evidenz,

»(...) die unumgängliche Voraussetzung dafür, dass Tiere therapeutisch und pädagogisch helfen können. Dabei reicht die Breite der durch die Du-Evidenz nahe gelegten Zuwendung von Betrachten und Füttern der Aquarienfische bis zu einer Partnerschaft, welche kaum noch Unterschiede zu zwischenmenschlichen Beziehungen erkennen lässt (S. 28)«.

Vor dem Hintergrund werden Tiere als soziales Gegenüber wahrgenommen und sind Teil von Interaktionen zwischen Mensch und Tier. Je ausgeprägter und ähnlicher das Sozialverhalten und die Ausdrucks- und Verständigungsmöglichkeiten zwischen Mensch und Tier sind, desto eher wird das Tier als Du (Sozialpartner/in) wahrgenommen. Die Namensgebung ist z. B. auch ein Ausdruck der Individualisierung eines Tieres und insbesondere mit Tieren, die ausgeprägtes Sozialverhalten auch gegenüber Menschen zeigen (wie z. B. Hunde), wird eine Beziehung eingegangen. Der Erklärungsansatz der Du-Evidenz fokussiert im Wesentlichen auf die mögliche Interaktion und Verständigung zwischen Mensch und Tier. Gelingt eine Verständigung durch Mimik, Gestik, Körpersprache und verbale Ausdrucksformen, wird die Bedeutung des DU in der Beziehung vorhanden sein. Darüber hinaus kann der Mensch sich mit dem Tier identifizieren. Diese Erklärungen zur Mensch-Tier-Beziehung verdeutlichen überhaupt die grundlegende Möglichkeit zu Interaktionen zwischen Mensch und Tier und wirksamen tiergestützten pädagogischen bzw. therapeutischen Prozessen.

Wirkungen in der Mensch-Tier-Beziehung

Die Wirkungen der Beziehung zu Tieren auf den Menschen sind vielfach untersucht. Gesundheitsförderliche, stressreduzierende und entspannende Auswirkungen werden vorwiegend mit Blick auf die physiologischen Reaktionen beim Menschen deutlich. Bei Haustierbesitzer/innen sind generelle Gesundheitseffekte nachgewiesen. Diese suchen z. B. seltener einen Arzt/eine Ärztin auf und nehmen weniger Medikamente gegen Schlafstörungen und bei Herzerkrankungen ein. Julius et al. (2014) und Beetz et al. (2012) weisen in einer Zusammenschau von Forschungsergebnissen nach, dass durch den Kontakt bzw. die Zusammenarbeit mit Tieren (hier insbesondere Hunde) die Aufmerksamkeit und positive Interaktion gefördert wird und Lernprozesse verbessert werden können. Außerdem wirken sich Tiere positiv auf die Stimmung aus, sowohl in Gruppen als auch bei Einzelpersonen lassen sich verminderte Ängste und Befürchtungen sowie depressive Verstimmungen feststellen. Ebenfalls wird aggressives Verhalten gemindert und Tiere können zu einer verbesserten Schmerzbewältigung verhelfen. Physiologische Effekte sind beim Menschen im Kontakt zu Tieren nachweisbar. Stressreduzierende Effekte entstehen z. B. durch nachweislich reduzierte Herzfrequenzen und Blutdrucksenkung. Insbesondere die Anwesenheit eines Hundes zeigt in Studien mit verschiedenen Patientengruppen, dass diese sich positiv auf die Balance von Kortison- und Adrenalin bzw. Noradrenalin im Körper auswirkt und somit ebenfalls zur Stressreduktion beiträgt. Darüber hinaus sind Wirkungen auf das Oxytocin-System von Menschen nachweisbar, die insbesondere im Kontakt zu Hunden untersucht worden sind (Beetz et al. 2012). Die Studienergebnisse zeigen eindeutig, dass in der Interaktion mit einem Hund nachweislich bei Menschen eine erhöhte Freisetzung von Oxytocin im Blut vorhanden ist. Bei Hundebesitzern/innen im Kontakt zum eigenen Hund und in Verbindung mit Körperkontakt war die Freisetzung am stärksten. Somit zeigen allein die physiologisch nachweisbaren Auswirkungen unterschiedliche Effekte wie eine positivere Stimmung, ein höheres Maß an Entspannung etc. (Julius et al. 2014, S. 53ff; Beetz et al. 2012).

Grundsätzlich sind jedoch keine schlichten Ursache-Wirkungszusammenhänge nachgewiesen. Die Wirkungen von Tieren auf Menschen sind Ergebnisse eines komplexen Wechselspiels von physiologischen Effekten, psycho-sozialen Gegebenheiten eines Individuums und situations- und settingbezogenen Bedingungen. Julius et al. (2014), Beetz et al. (2012) und Prothmann (2007, 2008) haben bio-psycho-soziale Wirkungen von Tieren auf Menschen untersucht und weitere Erkenntnisse sind u. a. bei Wohlfahrt, Mutschler und Bitzer (2013) und Beetz (o. J.) nachzulesen. Einige Wirkungen sind nachfolgend zusammengestellt (▶ Tab. 11).

Tab. 11: Physische und physiologische Wirkungen auf den Menschen

Bereiche	Wirkungen
Herz-/Kreislaufsystem	Senkung des Blutdruckes und der Herzfrequenz, Kreislaufstabilisierung
Bewegungs- und Stützapparat	Muskelentspannung, Abnahme von Spastik, Besserung des Gleichgewichtes, Verbesserung der Körperkoordination
Nervensystem	Positive Auswirkungen auf die Ausschüttung von Oxytocin, Adrenalin und Noradrenalin, Änderung der Schmerzwahrnehmung
Gesundheitsverhalten	Körperliche Aktivierung, Training der Muskulatur, Bewegung an frischer Luft, Förderung einer regelmäßigen Tagesstruktur
Alltagspraktische Hilfen	Ersatz gestörter Sinnesfunktionen (Menschen mit Behinderung wie z. B. Blinde, Gehörlose, Rollstuhlfahrer), Führung und Leitung beeinträchtigter Personen, Schutz und Assistenzhilfen

Auf psychologischer Ebene wirken sich die Erfahrungen im Umgang mit Tieren ebenfalls positiv aus, sofern keine Angst vorherrscht, Interesse besteht und eine Beziehung aufgebaut werden kann. Die Wertschätzung ausgehend von Tieren, insbesondere spürbar bei Hunden, die unabhängig von Status, Aussehen, Beeinträchtigung, Alter etc. den Menschen entgegengebracht wird, ist ein wesentlicher Faktor im Aufbau von Beziehungen zwischen Mensch und Tier. Die Wirkmechanismen sind im Bereich der emotionalen und sozialen Erlebensdimensionen vielfältig. Positive Auswirkungen auf Selbstwertgefühl und Selbstbewusstsein sind nachweisbar. Darüber hinaus sind Tiere emotionale Begleiter/innen, sie wenden sich dem Menschen zu, spenden Trost und Geborgenheit, motivieren, begeistern und ermutigen. Sie bringen den Menschen oftmals zum Lachen, fördern Fürsorgeverhalten und Verantwortungsgefühl sowie die Selbstöffnung und sind eine Brücke für Gespräche und Kontakte (Blesch 2015), mindern Ängste, Aggressionen und Stressempfinden und erhöhen die Fähigkeit zu Empathie und Selbstregulation (Prothmann 2007, S. 26).

Ein weiterer theoretischer Bezugsrahmen für die Wirksamkeit der Mensch-Tier-Beziehungen auf den psychischen Bereich kann das Konzept der Spiegelneurone bieten. Diese sind Nervenzellen, die während einer Beobachtung oder Simulation eines Vorgangs die Aktivität bei dem Menschen auslösen, als würde er diesen Vorgang selbst durchführen. Spiegelneurone aktivieren somit menschliche Wahrnehmung und menschliches Verhalten. Im emotionalen und physiologischen Bereich wird z. B. angeführt, das Lachen und Gähnen »ansteckend« sind. Dieses Phänomen wird mit den Spiegelneuronen erklärt. Ungeklärt ist allerdings, ob andere Säugetiere ebenfalls über Spiegelneurone verfügen und ob Tiere tatsächlich den Menschen dazu veranlassen, diese zu »spiegeln«. Spiegelneurone werden auch als biologische Korrelate sozialer Resonanzphänomene bezeichnet, die sich für das Mitfühlen, die Empathiefähigkeit und somit ein gegenseitiges Verstehen mitverantwortlich zeichnen. Brisch (2009) führt die Entwicklung von Feinfühligkeit und im weiteren Sinne von Empathiefähigkeit auf die Spiegelneurone zurück. Diese werden in Zusammenhang mit der Entstehung von Bindungen deutlich, da durch die Beobachtung des Erlebens und Verhaltens eine Aktivierung der Spiegelneurone erfolgt und somit ein Mitgefühl entsteht und wiederum die Fürsorge aktiviert wird (Brisch 2009, S. 44f).

> »Für die Beziehung zwischen Mensch und Tier könnte das Konzept der Spiegelneurone bei Übertragbarkeit so positive Effekte wie Beruhigung oder auch Verbesserung der Stimmung durch das Tier erklären« (Beetz 2006, zit. nach Vernooij, Schneider 2013, S. 13).

Tab. 12: Psychische Wirkungen auf den Menschen

Bereiche	Wirkungen
Wohlbefinden	Bedingungslose Wertschätzung und Zuneigung, Trost, Motivation und Ermutigung, Zärtlichkeit und körperliche Nähe, Begeisterung, Fürsorge und Verantwortungsgefühl
Selbstwertgefühl und Selbstbewusstsein	Dauerhafte und zuverlässige Wertschätzung und Zuneigung, Erfahrung von Selbstwirksamkeit, Steigerung des Selbstwertgefühls durch Übernahme von Verantwortung, Gefühl des Gebrauchtwerdens
Selbstregulation und Kontrolle über Umwelt	Kontrollerfahrung durch Pflege, Versorgung, Führung, Erziehung; Selbstkontrolle, Möglichkeiten und Grenzen der eigenen Bedürfnisse und Ressourcen erfahren, emotionale Kontrolle und Verantwortungsgefühl für sich selbst und andere Lebewesen
Sicherheit, Selbstsicherheit	Bedingungslose Akzeptanz, Wertschätzung und Zuneigung, belastungsfreie Interaktionen, Abbau von Ängsten und Aggressionen
Stressreduktion, Entspannung	Körperliche Entspannung, Reduktion von Belastungen, Gelassenheit, Trost, Beruhigung, Ablenkung von angstmachenden Stressoren, Erleben von Gemeinschaft und Natur
Soziale Integration	Gemeinschaft, Geborgenheit, Nähe erleben, Gemeinsamkeit und Kooperation

Neben den physischen und psychischen Wirkungen werden nachfolgend soziale Wirkungen der Mensch-Tier-Beziehung ergänzt. Jede/r Hundebesitzer/in macht die Erfahrung, dass soziale Kontakte zustande kommen, wenn man mit dem Hund spazieren geht. Es entstehen Gespräche und auch Situationen mit nonverbaler Kommunikation, die ohne den Hund sehr wahrscheinlich nicht zustande kämen. Menschen lächeln, gehen vielleicht ängstlich lächelnd zur Seite, sprechen den Hund an oder den/die Hundebesitzer/in bzw. die Person, die den Hund ausführt. Es werden Fragen gestellt, man tauscht sich aus, die Gesprächsanlässe sind harmlos und unverfänglich. Dies gilt insbesondere dann, wenn sich zwei oder mehrere Menschen mit Hunden antreffen. Schnell sind Gespräche in Gang und soziale Kontakte entstehen. Hundebesitzer/innen berichten über eine Prävention bzw. Reduktion von Einsamkeit und Isolation (Prothmann 2008). Auch regelmäßiger Kontakt zu Tieren im Umfeld, wenn keine eigenen Tiere vorhanden sind, fördert soziale Kontakte und soziale Integration (Prothmann 2007). Ebenso fördert ein Tier, insbesondere ein Hund, auch im Kontext von Gruppen in der Psychotherapie ein unterstützendes Klima, die Anregung zu sozialem und emotionalem Lernen und die Selbstöffnung der Patienten/innen (Blesch 2015).

Tab. 13: Soziale Wirkungen auf den Menschen

Bereiche	Wirkungen
Einsamkeit und Isolation	Tiere als Sozialpartner/innen, Förderung zwischenmenschlicher Kommunikation und Kooperation, Bindung zum Tier
Nähe und Körperkontakt	Zuwendung eines Gegenübers fühlen, emotionale Wirkungen für Interaktionen, wechselseitiges Vertrauen, Bedürfnisorientierung bezogen auf das Selbst und das Gegenüber, Bindung und Fürsorge werden gefördert
Streitschlichtung und Zusammenhalt	Förderung des Familienzusammenhalts, Stärkung des Gefühls der Zusammengehörigkeit in der Gruppe, gute Atmosphäre, gegenseitiges Interesse und Anteilnahme, Selbstöffnung, gemeinsame Verantwortung und Rücksichtnahme, Arbeitsteilung und Teamfähigkeit

5

Methodische Reflexionen

Tiergestützte Pädagogik und Therapie stellt keine eigenständige Methode (Wohlfahrt, Mutschler 2017, S. 32) beruflichen Handelns dar. Tiergestützte Pädagogik und Therapie kann je nach Berufstätigkeit, theoretischen Bezugsrahmen und methodischen Handlungen ein Bestandteil des professionellen methodischen Vorgehens sein. Das nachfolgende Kapitel wird daher nicht die »methodische« Arbeit eines Pädagogik-/Therapiebegleithundeteams in den Blick nehmen. Es soll vielmehr darum gehen, das methodische Vorgehen im beruflichen Kontext vor dem Hintergrund der Methodenvielfalt in den unterschiedlichen wissenschaftlichen und beruflichen Zusammenhängen zu reflektieren und die Leser/in zum Nachdenken anzuregen.

Methodisches Handeln findet in der Berufspraxis statt, ist aber – je nach Ausbildung und wissenschaftlicher Fundierung – von unterschiedlichen Perspektiven, Konzepten, Modellen und Prinzipien geprägt. Grundsätzlich gilt für alle Berufsgruppen, dass methodisches Handeln immer wieder mit Blick auf die Zielperson(en), den situativen Kontext, die Lebenssituation der Klientel und die eigentliche Fragestellung und Zielsetzung zu überprüfen ist:

5 Methodische Reflexionen

»Somit gibt es nicht eine Methode per se, sondern es geht um die Bedeutung einer Methode für die beteiligten Personen in ihren jeweiligen Lern- und Handlungsfeldern. Erst in der stringenten, logischen und zielgerichteten Verknüpfung von Personen, Anliegen, Situationen und Methode kann erkannt werden, worin eine bestimmte Werthaftigkeit einer ganz bestimmten Methode besteht im Rahmen einer ganz bestimmten Konzeption oder eines Konzeptes verortet ist« (Greving 2013, S. 22).

Greving (a. a. O.) bezieht diese Aussagen vorwiegend auf die Heilpädagogik, sie können gleichermaßen für klientenorientierte bzw. personenbezogene Berufe im Sozialwesen, im Gesundheitssektor und angrenzenden Handlungsfeldern übertragen werden, wenn die tiergestützte Pädagogik und Therapie als eine unterstützende Intervention im Rahmen einer Methode bzw. als Bestandteil eines methodischen Vorgehens verstanden wird. Die Fortbildung zum Pädagogik-/Therapiebegleithundeteam ermöglicht den Absolventen/innen eine Integration von Übungen mit dem Hund in das professionelle Handeln. Somit wird dieses Vorgehen zu einer Erweiterung bzw. Ergänzung mit entsprechend konkreten Übungen in das geplante und somit gezielte Handlungswissen integriert und wird zu einem Prozess in dem jeweiligen pädagogischen bzw. therapeutischen Setting. Dabei sollen die von Greving (a. a. O.) genannten Aspekte erkannt und beachtet werden, denn erst dadurch wird der Wert der tiergestützten Pädagogik und Therapie als Bestandteil methodischen Handels deutlich und sollte in das jeweils spezifische pädagogische bzw. therapeutische Konzept der Einrichtung bzw. professionellen Tätigkeit und Darstellung integriert werden.

Methodische Reflexionen und konzeptionelle Handlungen stehen immer auch in Zusammenhang mit Professionalisierung. Und die tiergestützte Pädagogik und Therapie versteht sich als Querschnittsthema für die Handlungsfelder und Professionen in unterschiedlicher Weise und mit differierenden Zielsetzungen und konzeptionellen Grundlagen.

Vor diesem Hintergrund haben die verschiedenen Aus-, Fort- und Weiterbildungen sowie die unterschiedlichen Verbände mit Blick auf die tiergestützte Pädagogik und Therapie eine besondere Bedeutung. Sie sind auf nationaler, europäischer und internationaler Ebene organsiert. Sie grenzen die professionelle Arbeit mit Begriffsdefinitionen, Standards und Qualitätsvorgaben von ehrenamtlicher Tätigkeit ab. Sie verdeutlichen u. a. Ziele und Definitionen, formulieren Voraussetzungen für Mensch und Tier(schutz), zertifizieren nach bestimmten Kriterien die Einrichtungen, Aus-, Fort- und Weiterbildungsangebote sowie die Arbeit von Einzelpersonen, die entsprechend tätig sind, vernetzen ihre Mitglieder, bieten in den Mitgliedsinstituten Fort- und Weiterbildungen an, richten Fachtagungen und Kongresse aus etc. und scheinen in Teilen miteinander zu konkurrieren bzw. sich zu ignorieren (z. B. Berufsverband Tiergestützte Therapie und Pädagogik und Fördermaßnahmen e. V., Europäischer Dachverband für tiergestützte Therapie [ESAAT: European Society for Anmimal Assisted Therapy], Internationale Gesellschaft für tiergestützte Therapie [ISAAT: Society for Anmimal Assisted Therapy], Therapiebegleithunde Deutschland e. V.: weiterführende Informationen auch nachfolgend unter »Nützliche Adressen«). Dabei werden nicht nur die Voraussetzungen, Rahmenbedingungen und Qualitätskriterien für die Personen und Einrichtungen in den Blick genommen, sondern vor allem auch Bedingungen und Leitlinien für die Haltung, den Umgang und den Einsatz der Tiere.

Wohlfahrt und Mutschler (2017) postulieren, dass eine Fortbildung zum Pädagogik-/Therapiebegleithundeteam für eine gezielte Einbindung des Hundes in den therapeutischen Prozess aufgrund unzureichender theoretischer Grundlagen nicht ausreiche (S. 147), sondern lediglich eine Fortbildung in einem von ISAAT bzw. ESAAT akkreditierten Institut dazu befähigen würde. Vor dem Hintergrund, dass Wohlfahrt selbst zu dem Zeitpunkt Präsident des ESAAT ist, erscheint dies als eine interessante Feststellung. Die Fachausbildung des ESAAT geht eher in die Richtung, dass entsprechend qualifizierte Personen professionell mit Tieren arbeiten und langfristig ein eigenes Berufsbild entsteht.

Die Grundidee des M.I.T.T.T. ist jedoch eine andere. Qualifizierte Personen sollen in ihrem jeweiligen Beruf bzw. Handlungsfeld den Hund einbinden. Es geht nicht darum, eine eigenständige Berufstätigkeit für Tiergestützte Therapie und Pädagogik im Sinne des eigenständigen Berufsbildes zu entwickeln. Vielmehr sollen erfahrene Personen mit einer Qualifikation im Gesundheits- und/oder Sozialwesen nach der Fortbildung zum Pädagogik-/Therapiebegleithundeteam ihren Hund mit entsprechenden Übungen und Aufgaben für die jeweils spezifische Klientel einsetzen können. Damit wird ein anderer Ansatz verfolgt. Die in diesem Buch beschriebenen Inhalte bzw. theoretischen Bezüge der Fortbildung des Münsteraner Instituts für therapeutische Fortbildung und tiergestützte Therapie (M.I.T.T.T.), die eben nicht durch ISAAT und ESAAT zertifiziert ist, dürften die Annahme widerlegen, dass eine entsprechende Fortbildung nicht ausreiche. Der übergeordnete Berufsverband des M.I.T.T.T. namens Therapiehunde Deutschland e. V. (TBD e. V.) wurde von Dozenten/innen des M.I.T.T.T. gegründet und verbindet die Professionellen, die speziell mit ihren qualifizierten Hunden ihre pädagogische und therapeutische Arbeit bereichern. Der TBD e. V. stellt Leitlinien für die verschiedenen Berufsgruppen und

Handlungsfelder auf. Diese werden im Rahmen der Fortbildung vertieft und auf die jeweilige Zusammensetzung der Gruppe (im Sinne der beruflichen Qualifikation der Teilnehmer/innen) abgestimmt. Diese Vertiefung des methodischen Vorgehens in unterschiedlichen Handlungsfeldern ist eine gewinnbringende Anregung, dient dem fachlichen und auch berufsübergreifenden Austausch und erweitert somit den Horizont durch eine inhaltliche und methodische Vertiefung und Verbreiterung von Wissen, Fähigkeiten und Fertigkeiten der Teilnehmer/innen. Nicht zuletzt besteht ein Teil der Abschlussprüfung in einer Kombination aus Film und Fachvortrag, d. h. es wird praktisches Handeln im Beruf gezeigt und in einen theoretischen Bezugsrahmen gesetzt (Kap. Prüfungsordnung). Der Film zeigt die konkrete Arbeit des jeweiligen potentiellen Pädagogik-/Therapiebegleithundeteams in der eigenen Praxis, Einrichtung bzw. im Handlungsfeld und stellt somit die Einbindung des Hundes in pädagogische bzw. therapeutische Prozesse dar. Der Film wird durch einen Fachvortrag der potentiellen Absolventen/innen dieser Fortbildung des M.I.T.T.T. untermauert und beleuchtet theoretische, konzeptionelle Bezüge, verdeutlicht u. a. die Zielsetzungen des methodischen Vorgehens und beinhaltet zum Abschluss eine Selbstreflexion zur praktischen Arbeit. Die Filme und Fachvorträge werden vor den Teilnehmer/innen der Fortbildungsgruppe und den Prüfern/innen präsentiert und reflektiert. Darüber hinaus ist eine Prüfungsklausur zu bestehen. Sie dauert 90 Minuten und es wird theoretisches Wissen mittels offener Fragen erfasst. Und es erfolgt die praktische Prüfung, in der das potentielle Pädagogik-/Therapiebegleithundeteam entsprechende Übungen zeigt, die teilweise als Pflichtübungen vorgegeben werden, teilweise auch aus einem Pool von Übungen wählbar sind (▶ Kap. 2.3).

Für die methodische Reflexion der professionell Tätigen des Pädagogik-/Therapiebegleithundeteams gilt es, die Bedeutung der Fragestellung und Zielsetzung für die Arbeit in das Gesamtkonzept ihres beruflichen Handels einzubinden und in Bezug auf die konkrete Situation bzw. Interaktion mit der Zielperson zu planen, durchzuführen, zu reflektieren und zu evaluieren. Dazu werden je nach Berufsgruppe und Handlungsfeld sowie Zielperson (en) pädagogischen bzw. therapeutischen Handelns teilweise unterschiedliche Grundlagen genutzt. Im psychologischen bzw. psychotherapeutischen und medizinischen Bereich werden z. B. die Internationale Klassifikation der Krankheiten und verwandter Gesundheitsprobleme (abgekürzt engl. ICD: International Classification of Diseases and Related Health Problems) und/oder die ICF herangezogen. Die Internationale Klassifikation der Funktionsfähigkeit, Behinderung und Gesundheit (engl. ICF: International Classification of Functioning, Disability and Health) ist eine Klassifikation der Weltgesundheitsorganisation (WHO), sie ist häufiger Grundlage in den therapeutischen Handlungsfeldern (z. B. Ergo-, Physiotherapie, Logopädie), wird oftmals im Handlungsfeld Rehabilitation und auch gelegentlich im Pflegebereich zugrunde gelegt. Auch in sozialen und heilpädagogischen Handlungsfeldern dient die ICF häufig als Systematisierungsgrundlage. Die Dokumentationssysteme bzw. Art und Umfang der Dokumentation von Planung, Durchführung und Evaluation stellt sich ohnehin in den Berufen und in einzelnen Einrichtungen unterschiedlich dar. Der Nutzen dieser Grundlagen wird auch kontrovers diskutiert, sollte je nach Beruf, Handlungsfeld und methodischer Reflexion auf die Passgenauigkeit überprüft werden und ggf. als Orientierung dienen, Problemlagen und Interaktionen mit der Klientel zu systematisieren und weiter herunterbrechen zu können. Dies ist notwendig, wenn die tiergestützten pädagogischen und therapeutischen Maßnahmen geplant (Ziele formulieren), durchgeführt (Maßnahmen planen und durchführen) und evaluiert (Ergebnisse überprüfen) werden. Damit zeigt sich, dass eine zielgerichtete Planung und Dokumentation der Maßnahmen und Methoden mit Blick auf die Qualitätssicherung und -entwicklung notwendig ist und methodisches Handeln, wie oben bereits beschrieben, in das Konzept der professionell Handelnden integriert bzw. im Rahmen des Konzeptes der Einrichtung verortet wird.

Am Beispiel der Ergotherapie wird nachfolgend aufgezeigt, vor welchem Hintergrund tiergestützte Therapie mit einem Begleithund als methodisches Handeln im Konzept der Sensorischen Integrationstherapie (SI) nach A. Jean Ayres (1920–1989) verortet werden kann (Schaefgen 2007).

Die Sensorische Integrationstherapie ist eine neurophysiologische Therapieform und ein theoretisch fundiertes Konzept. Sie bezieht sich auf die Sinnessysteme des Menschen und seine Wahrnehmungsverarbeitung sowie auf Störungen der Sensorischen Integration. Ein Fokus liegt auf der Spielentwicklung bei Kindern mit dem Ziel, die Sensorische Integration zu fördern und zu verbessern. Schaefgen (2007) hat die Befunderhebung, die Interpretation von Befunden und die Planung der Behandlung in ihrem Buch ausgearbeitet, verweist auf die Bedeutung von Behandlungszielen. Darüber hinaus verdeutlicht sie die Therapieziele im Detail, stellt die Bedeutung der Elternarbeit und der interdisziplinären Zusammenarbeit in den Kontext des Konzepts und beschreibt des Weiteren zahlreiche Fallbeispiele.

Die SI bezieht sich auf die Sinne, die der Aufnahme von Sinnesinformationen über den je eigenen menschlichen Körper und Informationen aus der Umwelt dienen (Sehen, Hören, Riechen, Schmecken, Gleichgewicht,

Somatische Sensibilität; van der Berg 2005 zit. nach Schaefgen 2007, S. 48). Vereinfacht gesagt, erfolgt diese Wahrnehmung durch die Informationsaufnahme durch die »Innen- und Außenfühler«, eine Einteilung in Körpersinne (Nahsinne) und Umweltsinne (Fernsinne) (a. a. O., S. 49). Funktioniert die Sensorische Integration, verläuft die Zusammenarbeit der Sinne eines Menschen problemlos und die Aufnahme und Interpretation von Informationen des eigenen Körpers und aus der Umwelt gelingt und entsprechende Reaktionen darauf durch Handlungen sind möglich. Zusammengefasst bedeutet Sensorische Integration »(...) die bestmögliche Verarbeitung und Beantwortung von Sinnesinformationen für die angestrebte Handlung« (Schaefgen 2000, S. 21).

Die Körpersinne (Nahsinne, Innenfühler) liefern Informationen über den Menschen für ihn selbst und sind sensorisch angelegt u. a. in der Haut, den inneren Organen, Muskeln, Sehnen, Gelenken und dem Innenohr (sacculus ultriculus). Die Umweltsinne (Fernsinne, Außenfühler) liefern dem Menschen dagegen Informationen aus der Umwelt und die Sensoren sind in Ohr, Haut, Nase, Zunge und Auge vorhanden (Schaefgen 2007, S. 49). Im Wesentlichen werden der SI eine gute Wahrnehmung und Verarbeitung von Eigen- und Tiefenwahrnehmung, Gleichgewicht, Berührung und eine Koordination mit den anderen Sinnessystemen zugeschrieben. Gezielte Angebote sollen insbesondere Kindern helfen, aktiv zu werden, Handlungen zu planen und Bewegungen zu koordinieren, Sicherheit und Vertrauen zu erlangen, ihre Neugier zu wecken und die Umwelt zu erforschen, den Körper im Raum aufzurichten und in die passende Lage zu bringen, Augen und Hände miteinander zu koordinieren und Sprache, soziales Miteinander, Selbstsicherheit und Autonomie zu erfahren. Dazu werden entsprechende Reiz- und Spielangebote entwickelt, um die Sinne, deren Wahrnehmung und Interpretation zu fördern. Nachfolgend werden die Sinne den Sensorischen Systemen in verkürzter Form zugeordnet, um die konzeptionellen Grundlagen anzudeuten.

Die gelingende Zusammenarbeit der Sinne und ihrer Systeme ist auch eine wichtige Voraussetzung für ein Empfinden von Wohlbefinden, psychischer Stabilität und dem Initiieren von Lernprozessen sowie kognitiven Fähigkeiten wie z. B. Konzentration, Ausdauer, Gedächtnis, Sprachentwicklung.

> »Alle Wahrnehmungsbereiche tragen zur Handlungssicherheit bei und vermitteln das Gefühl von Kompetenz und Selbstsicherheit. Motorische Planung und Praxie[7] schaffen die Grundlage für die Lösung von Problemen. Eine gute Problemlösung verschafft Selbstbewusstsein und ist damit eine direkte Folge guter Praxie« (Schaefgen 2007, S. 84).

Tab. 14: Nah- und Fernsinne in Anlehnung an Schaefgen (2007, S. 49)

Körpersinne = Innenfühler, Sinnesorgan, Perzeption, Funktion und sensorisches System	Fernsinne = Außenfühler Sinnesorgan, Perzeption, Funktion und sensorisches System
Haut zählt zum taktil-protopathischem System; Oberflächensensibilität, Berührungs- und Vibrationsempfindung (passiv)	Ohr zählt zum auditivem System; Hören
Innere Organe zählen zum viszeralen System; vegetative Regulation	Haut zählt zum taktilen-epikritischen System; Tasten (aktiv)
Muskeln, Sehnen und Gelenke zählen zum propriozeptivem, tiefensensiblen System; Schwerkraftsicherheit, Stellungssinn, Tonusregulation, Kinästhesie, Kraftdosierung	Nase zählt zum olfaktorischen System; Riechen
Gleichgewichtssinn (Innenohr) zählt zum Vestibulärsystem und bezieht sich auf die Stellung des Kopfes im Raum	Zunge zählt zu gustatorischen System; Schmecken
	Auge zählt zum visuellen System; Sehen

Für die Behandlung ist zunächst eine umfangreiche, ergotherapeutische Befunderhebung angezeigt, aus der eine konkrete Planung hervorgeht (Schaefgen 2007, S. 144ff). Die Behandlungsplanung ist eine ganzheitlich orientierte Planung, die sowohl physische, die psychische und mentale als auch die spirituellen Dimensionen einbettet. Werden dann Ziele für die Behandlung formuliert, gilt es, diese in einer abgestuften Reihenfolge für jede Behandlungseinheit in den Blick zu nehmen. Diese Stufen beziehen sich zunächst auf

- das körperliche und seelische Wohlbefinden der Klientel,
- danach steht die Sicherheit im Vordergrund.
- Darauf aufbauend folgt die Entwicklung von Vertrauen der Klientel,
- um dann die Entdeckerlust bzw. das Lernen zu fördern. Diese Stufen stehen dann wiederum in Zusammenhang mit den o.g. Dimensionen der therapeutischen Arbeit.

---

7 Zielgerichtetes und zweckmäßiges Handeln, welches auf Bewegungserfahrung, Bewegungsplanung fußt. Damit einher geht eine zeitliche und räumliche Koordination von Bewegungsabläufen.

Somit entsteht ein Kreislauf der Kompetenzentwicklung (Modulationsmodell), der in der Planung mit Blick auf die Stufen und Dimensionen in Gang gesetzt wird (Modell nach Braic Royeen zit. nach Schaefgen 2007, S. 218f).

Werden die Ziele für die Arbeit eines Pädagogik-/Therapiebegleithundeteams im ergotherapeutischen Handlungsfeld vor diesem Hintergrund systematisiert, wird der Begleithund insbesondere hilfreich sein, um die Stufen der Entwicklung von Vertrauen und Sicherheit leichter erreichen zu können. Gemeinsam mit dem Hund bzw. durch die Übungen mit dem Hund soll Sicherheit und Vertrauen gestärkt werden, so dass die Klientel sich mehr bzw. etwas Neues zutraut und damit die Neugier gefördert wird.

Der Pädagogik-/Therapiebegleithund wird somit als Motivator fungieren, gibt Sicherheit und ist Begleiter in der Herausforderung, Neues zu lernen. Er kann dann z. B. in entsprechende Spiele für die Förderung der Geschicklichkeit oder des Gleichgewichts eingebunden werden. Bei den konkreten Zielen werden dann je nach Ausgangslage bei den Übungen mit Blick auf die physische Dimension die Körper- und Fernsinne geschult, das Empfinden des eigenen Körpers (Körperimago), das Körperschema (Bewegungen nachvollziehen), die Körperbegriffe (Körperteile benennen), die Raum-Lage-Orientierung und die Körperkoordination beachtet. Im psychischen (sozial-emotionalen) Bereich kann es darum gehen, Vertrauen und Selbstwertgefühl aufzubauen, Ängste zu überwinden, Verantwortung zu fördern, Kontakt zum Pädagogik-/Therapiebegleithundeteam aufzunehmen, Beziehungen zu gestalten und sich darauf einzustellen und kooperatives Verhalten zu üben (z. B. durch Regelakzeptanz). Im mentalen (kognitiven) Bereich kann es um die Förderung von Konzentrations- und Reaktionsfähigkeit, die Lern- und Leistungsbereitschaft, Ausdauer und Merkfähigkeit, sowie Sprachverständnis, Begriffsbildung, Sprechbereitschaft und das Entwickeln von Übertragungsfähigkeit gehen. Die spirituelle Dimension meint im weitesten Sinne eine Stärkung der Auseinandersetzung mit Sinn- und Wertfragen. Auch diese kann in den Übungen und der Reflexion des Verhaltens gefördert werden.

In anderen Handlungsfeldern werden wiederum berufs- und behandlungsspezifische Konzepte vorhanden sein, auf deren Basis die hundegestützten pädagogischen bzw. therapeutischen Maßnahmen eingebunden werden.

In Bezug auf die methodische Reflexion geht es neben der berufsspezifischen Einbettung des Hundes in das methodischen Handelns auch um eine übergeordnete Ebene, die sich auf die verwendeten Begrifflichkeiten und Kategorien tiergestützter Interventionen bezieht: Es handelt sich dabei um die Frage der Begrifflichkeiten, welche die tiergestützten Interventionen in Aktivität, Förderung, Pädagogik und Therapie differenziert und welche Zielsetzungen seitens einiger Autoren/innen bzw. Verbände damit verbunden werden (▶ Kap. 3.2). Dabei ist nicht immer deutlich, welche Perspektive für die Abgrenzungen bzw. Kategorisierung im Vordergrund steht. Ist es die jeweilige Qualifikation der Handelnden, sind es die damit verbundenen Ziele der tiergestützten Interventionen oder ist es die Perspektive der Klientel? Teilweise sind die Kriterien nicht deutlich bzw. trennscharf.

Problematisch erscheint vor allem die Diskussion um die Streichung des Begriffs der tiergestützten Förderung im Kontext der Begrifflichkeiten. Dies, obgleich insbesondere in der Heilpädagogik, also der Arbeit mit Menschen mit Behinderungen, der Begriff Förderung als unverzichtbarer Bestandteil neben der Pädagogik, Bildung etc. im wissenschaftlichen Diskurs zu betrachten ist (Greving, Ondracek 2009, S. 183). Auch im breiten Spektrum der tiergestützten Arbeit mit dem Pferd ist die »Heilpädagogische Förderung mit dem Pferd« durch die Begrifflichkeiten des Deutschen Kuratoriums für therapeutisches Reiten lange Zeit etabliert (Gäng 2015). Dennoch argumentieren Vernooij und Schneider mit der Problematik der Überschneidungen in der Praxis und verdeutlichen die Zusammenhänge von Entwicklung, Lernen im Bereich emotionaler bzw. sozialer Kompetenzen, Persönlichkeitsbildung und Entwicklung von Lebensgestaltungskompetenz (Vernooij, Schneider 2013, S. 48f). Eben diese Argumentation führt wiederum zu der Frage, wie sinnvoll die übrigen Abgrenzungen dann sind bzw. nach welchen Kriterien sie eine bestimmte Form bilden. Diese Schwierigkeiten bzw. Unklarheiten hinsichtlich der Abgrenzungsversuche tiergestützter Interventionen entstehen angesichts der Vielfalt von Handlungsfeldern, Einsatzmöglichkeiten und der Vielzahl von Berufsgruppen. Des Weiteren werden zusätzlich noch die Form »Tiergestützte Didaktik« definiert, die sich auf die Anwendung in der Schule konzentriert und damit auf Lehr-/Lernprozesse fokussiert. Aber auch hier erscheint eine Abgrenzung zu Tiergestützter Pädagogik schwammig, der dann als Obergriff bezeichnet wird (a. a. O.). Unter erziehungswissenschaftlicher und heilpädagogischer Perspektive besteht Diskussionsbedarf mit Blick auf eine Subsummierung der tiergestützten Förderung unter die Kategorie Pädagogik und der Kriterien mit Blick auf die Zielsetzungen pädagogischen Handelns.

Vor dem Hintergrund der bisherigen Überlegungen wird deutlich, dass keine Einigkeit der Verbände besteht und z. B. die Berufsgruppe der Heilpädagogen/innen nicht explizit benannt wird, wenngleich diese explizit für die Zusammenarbeit mit Menschen mit Behinderungen in unterschiedlichen Handlungsfeldern qualifiziert sind. Es scheint sich ein Mangel aufzutun, der sich in einem handlungsfeldübergreifenden Verständnis von tiergestützten Interventionen zeigt, hauptsächlich seitens der psychologischen Wissenschaft beforscht wird. Dabei wäre eine größere (wechselseitige) Akzeptanz und ggf. eine verstärkte Kooperation der verbandlichen Strukturen bedeutsam, um ein übergreifendes Grundverständnis von effektiven tiergestützten Interventionen, eine Weiterentwicklung des methodischen Handelns durch die berufsübergreifende und interdisziplinäre wissenschaftliche Diskussion zu erreichen. Damit einher ginge dann auch eine wissenschaftliche Überprüfung tiergestützter Maßnahmen aus entsprechender wissenschaftlicher Disziplin, die wiederum zu mehr Evidenzbasierung in den unterschiedlichen Handlungsfeldern führen würde (Saumweber 2009).

Grundsätzlich sollte jedoch für alle professionell Tätigen in einem Pädagogik-/Therapiebegleithundeteam die Werthaftigkeit der Methode (Greving 2013, S. 22) in der Berufspraxis durch die Einbindung hundegestützter Übungen als Bestandteil methodischen Handelns und der konzeptionellen Einbettung als notwendige Voraussetzung für die Akzeptanz der Arbeit deutlich geworden sein. Die tiergestützten Interventionen werden zukünftig im Rahmen professionellen Handelns zunehmend mehr an Bedeutung gewinnen und auf der Basis von Qualitätssicherung und -entwicklung zu betrachten sein.

6

Qualitätssicherung und -entwicklung

An dieser Stelle soll nur zusammenfassend auf die Bedeutung von qualitätsvoller Arbeit eingegangen werden. Qualität beschreibt die Güte und umfasst Gütekriterien, die einem Mindeststandard genüge tragen. Wie gut ist die geleistete Arbeit? Was bedeutet »gute« Arbeit für mich, für meine Kollegen/innen, die Einrichtung, den Träger der Einrichtung, den Berufsverband, den Kostenträger etc.? Wovon hängt diese »gute« Arbeit ab? Wie können wir »gute« Leistungserbringung kontinuierlich sichern und weiterentwickeln? Wer beurteilt »gute Arbeit«? Um diese Fragen zumindest ansatzweise beantworten zu können, soll nachfolgend auch auf die Bedeutung von Konzeptentwicklung als Strategie hingewiesen werden und ein Schlaglicht auf die Qualitätssicherung und -entwicklung professsioneller Arbeit gelegt werden.

Konzeptentwicklung ist eine Strategie, die im Sinne der o.g. Überlegungen zu methodischem Handeln (▶ Kap. 5) zu einer besseren Akzeptanz und Qualität der Arbeit eines Pädagogik-/Therapiebegleithundeteams dienen soll. Die Entwicklung eines Konzeptes beinhaltet folgende Arbeitsschritte:

1. Bedarfsanalyse
2. Problemhintergrund (definierte Ausgangssituation)
3. Zielsetzungen
4. Leistungsbeschreibung (Leistungsvereinbarung, wie ggf. das Verhältnis von Preis und Leistung)
5. Methodisches Vorgehen/Maßnahmen im Überblick (planerische Komponente)
   - Entwicklung
   - Implementation/Umsetzungsschritte in der Praxis
6. Evaluation der Ergebnisse

Die Debatte um Qualität und Konzeptentwicklung dient der Legitimation der Arbeit »nach außen« und »nach innen«. Dabei zeigen die Diskussionen Spannungsfelder auf, wie z. B. professionelle Arbeit zwischen den Polen

- professioneller Autonomie und Kontrolle von außen,
- formalisierte Vorgehensweisen und professionsbezogene Sprache einerseits und »Eigensinn« der Profession andererseits,
- Professionalisierung (Selbstverständnis, Selbstvergewisserung, Transparenz, Maßstäbe, Standards) und Selbstkontrolle (versus Außenkontrolle),
- berufsübergreifende Ebene wie Ökonomisierung und Finanzierung und wissenschaftlich basierter Tätigkeit sowie
- Kostendämpfung im Gesundheits- und Sozialwesen durch Ressourcenabbau und zunehmender Bedarf an gesundheitsbezogener, pädagogischer und therapeutischer Methodenvielfalt.

Mit Blick auf »gute« soziale, pädagogische und gesundheitsbezogene Dienstleistungen werden die adressatenbezogenen, die organisations- und die fachbezogenen Perspektiven eingebunden. Je nach Handlungsfeld, Trägern und Einrichtungen existieren unterschiedliche rechtliche Grundlagen und Qualitätsmanagementsysteme. Dabei kann Qualitätssicherung ökonomisch geprägt sein, wie z. B. im Gesundheitswesen durch das SGB V. Qualitätsentwicklung zeigt sich z. B. auch geprägt durch § 78 SGB VIII Jugendhilfe und Personal- und Organisationsentwicklung oder die Qualitätsprüfung im Bereich der Altenpflege z. B. im SGB XI durch Prüfungen des MDK (Medizinischen Dienst der Krankenversicherungen) im Gesundheitswesen.

6 Qualitätssicherung und -entwicklung

»Qualitätsmanagement (QM) hat sich in Organisationen der Sozialen Arbeit als Instrument einer strategischen Unternehmensentwicklung bewährt, weil damit sowohl Fragestellungen der Leitidee der Organisation, der Geschäftsfelder und des Portfolio sowie der inneren Organisations- und Führungsstrukturen wie auch der Steuerung des operativen Handelns zu klären sind« (Meurer/Wittenius 2004, S. 44 zit. nach Merchel 2010, S. 15).

Die Dimensionen in der Qualitätsdebatte beziehen sich in der Regel auf die Planungs-, Struktur-, Prozess- und Ergebnisqualität nach einem althergebrachten Modell nach A. Donabidian, welches bereits in den 1960er Jahren in den medizinischen und pflegerischen Bereich eingeführt worden ist (Badura, Siegrist 1999), wobei die Planungsqualität als vierte Dimension erst später hinzugekommen ist. Wohlfahrt und Mutschler (2007) übertragen einige Kennzeichen der Qualitätsdimensionen auf die tiergestützten Interventionen. Sie werden noch durch das Risikomanagement ergänzt (Wohlfahrt, Mutschler, Bitzer 2013, S. 10–15). Dabei beinhalten einige Ideen die Arbeitsschritte, die für die oben genannte Konzeptentwicklung gefordert werden. So bezieht sich die Qualität der Planung auf die Bedarfsanalyse, die Bedürfnisse und Bedarfe der Zielgruppe bzw. Zielperson(en) sowie die Evidenzbasierung professionellen Handelns im Sinne einer wissenschaftlich fundierten, theoriegestützten Planung und darüber hinaus der Einbeziehung vorhandener Projekterfahrungen (Wohlfahrt, Mutschler, S. 199ff).

Aspekte von Strukturqualität spiegeln sich in den nachfolgenden Fragen wieder: Sind der organisatorische und institutionelle Rahmenbedingungen angemessen? Sind die personellen und finanziellen Ressourcen angemessen? Gibt es eindeutige Aufgabenzuordnungen und Verantwortlichkeiten? Wie gestalten sich die technischen Voraussetzungen? Sprich: Welche rechtlichen und organisatorischen Voraussetzungen sind für die tiergestützten Interventionen vorhanden, wenn diese in die konzeptionellen und methodischen Grundlagen eingebettet werden?

Typische Fragen zur Prozessqualität wären z. B. folgende: Wird das Vorgehen wie geplant umgesetzt? Gibt es Probleme mit der Kommunikation oder dem Informationsfluss? Welche Hindernisse lassen sich identifizieren? Welche förderlichen Bedingungen sind vorhanden? Wie gestaltet sich die Klientenorientierung? Welche Maßnahmen erfolgen zum Schutze des Tieres und der Klientel? Wie gestaltet sich das Hygienekonzept? Wie gestalten sich die Maßnahmen und Projekte in der Durchführung und wie gestaltet sich die Koordinierung?

Und die Ergebnisqualität bezieht sich schließlich auf die Frage, ob mit der Intervention (bzw. den konkreten Zielen) auch das erreicht wurde, was in der Planung angestrebt worden ist. Dazu verdeutlicht die Evaluation die Ziele der Maßnahmen mit den Ergebnissen, die den tiergestützten Interventionen zuzuordnen sind. Damit folgt die Ergebnisqualität einem SOLL-/IST-Vergleich und bezieht die Beschreibung der Veränderungen hinsichtlich des Gesundheitszustandes, der persönlichen Ressourcen, der Persönlichkeitsentwicklung, der Lern- und Alltagskompetenzen, der Lebensqualität und der Lebensgestaltungskompetenzen etc. ein (a. a. O., S. 200).

Das Risiko- bzw. Gefährdungsmanagement sollte die Unfallgefahren von Mensch und Tier in den Blick nehmen, wie z. B. die erforderlichen Ausschlusskriterien bzw. Kontraindikationen für die Zusammenarbeit mit dem Hund, die Voraussetzungen und die Fürsorge für den Hund im Sinne seiner physischen wie seelischen Gesundheit (Tierschutz und Tierethik) etc. Für ein Gefährdungsmanagement liegt eine hilfreiche Checkliste vor (Wohlfahrt, Mutschler 2013, S. 208f). Je nach Handlungsfeld, Einrichtung und Klientel gilt es, die jeweils geltenden Voraussetzungen, Rahmenbedingungen und Pläne auszuarbeiten.

Die Einbettung konzeptioneller Grundlagen in das Qualitätsmanagement ist somit grundsätzlich Teil einer strategischen Unternehmensentwicklung. Für die tiergestützte Pädagogik und Therapie haben Wohlfahrt und Mutschler (2017) eine weitere Checkliste zu Qualitätskriterien erstellt (S. 200–203), die sich an vorab ausführlich beschriebenen Qualitätskriterien (Olbrich, Wohlfahrt 2014) orientiert und für die Umsetzung in der Praxis ein hilfreiches Instrument darstellt. Auch diese kann den jeweils erforderlichen Arbeitsbedingungen entsprechend angepasst werden.

Zum Abschluss sollen noch Hinweise auf rechtliche Grundlagen erfolgen, die für tiergestützte Interventionen je nach Handlungsfeld entsprechend zu berücksichtigen sind. Diese sind in der Entwicklung eines Konzeptes und für die praktische Arbeit bedeutsam und werden nachfolgend kurz benannt: Tierschutzgesetz, Straßenverkehrsordnung, Heilpraktikergesetz, Arbeitsschutzgesetz, Infektionsschutzgesetz (vor allem Hygieneplan), Biostoffverordnung, Gefahrstoffverordnung (Reinigungs- und Desinfektionsmittel) (Wohlfahrt, Mutschler 2017, S 204ff). Je nach Handlungsfeld und Einrichtung sind ggf. weitere rechtliche Grundlagen zu betrachten.

Um Qualitätssicherung und -entwicklung leisten zu können, ist eine Evaluation bzw. Überprüfung der Planung, Strukturen, Durchführung und Dokumentation regelmäßig erforderlich. Dies ist ein Beitrag, der von allen Praktikern/innen geleistet werden sollte, um die Professionalisierung therapeutischer und pädagogischer Arbeit gemeinsam mit einem qualifizierten Hund im Team voranzubringen. Darüber hinaus wäre ein gemeinsam von Wissenschaft und Praxiseinrichtungen entwickeltes, erprobtes und wissenschaftlich evaluiertes Rahmenkonzept für unterschiedliche Handlungsfelder und Übungen wünschenswert. Eine entsprechende Art von Forschungsdesign und Vorgehen ist allerdings sehr zeit- und kostenaufwendig und müsste außerdem (berufs-)politisch für das Gesundheits- und Sozialwesen gewollt sein. Darüber hinaus wäre eine Kooperation mehrerer Wissenschaftler/innen (aus unterschiedlichen Wissenschaftsdisziplinen) bzw. Forschungsinstitute unabhängig von Verbandsinteressen sowie eine umfangreiche finanzielle Forschungs- und Praxisförderung notwendig, die im Vergleich zu anderen Arbeitsbereichen illusionär zu sein scheint (vgl. z. B. Ministerium für Arbeit, Gesundheit und Soziales NRW 2007a und b).

Für die qualitätsgesicherte Weiterentwicklung gelten insbesondere für die Pädagogik-/Therapiebegleithundeteams, die Mitglieder im Berufsverband Therapiebegleithunde Deutschland e.V. (TBD e.V.) sind, die entsprechenden Leitlinien für die Handlungsfelder des Berufsverbandes und die im Rahmen der Fortbildung des Münsteraner Instituts für therapeutische Fortbildung und tiergestützte Therapie (M.I.T.T.T) vermittelten Rahmenbedingungen, Inhalte und Kompetenzen. Darüber hinaus erfolgt eine regelmäßige Überprüfung der Absolventen/innen des M.I.T.T.T. bzw. eines jeden Pädagogik-/Therapiebegleithundeteams in einem zeitlichen Rhythmus von zwei Jahren durch den TBD e.V.

7

Literaturverzeichnis

Agsten, L., Führing, P., Windscheif, M. (2011): Praxisbuch Hupäsch. Ideen und Übungen zur Hundestützten Pädagogik in der Schule. Norderstedt: Books on Dmeand gmbh.

Badura, B., Siegrist, J. (1999) (Hrsg.): Evaluation im Gesundheitswesen. Weinheim, München: Juventa.

Beetz, A. (o. J.): Handout zur Einführung in die Weiterbildung Tiergestützte Pädagogik und Therapie. Tiere in der Therapie – Wissenschaftliche Grundlagen. Quelle: https://www.eag-fpi.com/wp-content/uploads/2014/10/Tiere-in-der-Therapie-%E2¬%80%93-Wissenschaftliche-Grundlagen.pdf (Stand 11.05.2017).

Beetz, A. (2003): Bindung als Basis sozialer und emotionaler Kompetenzen. In: Olbrich, E., Otterstedt, C. (Hrsg.) (2003): Menschen brauchen Tiere. Stuttgart: Kosmos. S. 76–84.

Beetz, A., Uvnäs-Moberg, K., Julius, H., Kotrschal, K. (2012a): Psychosocial and psychophysiological effects of human-animal interactions: The possible role of oxytocin. Frontiers in Psychology / Psychology for Clinical Settings, doi:10.3389/fpsyg.2012.00234. Quelle: https://www.ncbi.nlm.nih.gov/pmc/articles/PMC3408111/ (Stand 11.05.2017).

Beetz, A. (2012): Bindung als Basis sozialer und emotionaler Kompetenzen. In: Greiffenhagen, S.; Buck-Werner, O. (2012b): Tiere als Therapie. Neue Wege in Erziehung und Heilung. 3. Auflage. Nerdlen, Daun: Kynos. S. 76–84.

7 Literaturverzeichnis

Beetz, A. (2006): Das Konzept der Spiegelneuronen als Grundlage von Empathie. Vortrag am 2. D.A.Ch.-Symposium, Ismaning, Deutschland, 5.–6. Mai 2006.

Berufsverband Therapiebegleithunde Deutschland e. V. (2013): Leitlinien für Pädagogik-/Therapiebegleithunde im beruflichen Einsatz. 2. Auflage 2013. Eigenverlag.

Blesch, K.S. (2015): Tiergestützte Gruppenpsychotherapie. Zeitschrift für Theorie und Praxis der Gruppenanalyse.51 Jg. Heft 2.

Bowlby, J. (2008): Bindung als sichere Basis. Grundlagen und Anwendung der Bindungstheorie. München: Ernst Reinhardt.

Bowlby, J. (2009): Bindung. In: Grossmann, K. E., Grossmann, K. (Hrsg.). Bindung und menschliche Entwicklung. John Bowlby, Mary Ainsworth und die Grundlagen der Bindungstheorie. Stuttgart: Klett-Cotta.

Brisch, K. H. (2009): Bindungsstörungen. Von der Bindungstheorie zur Therapie. Stuttgart: Klett-Cotta.

Brisch, K.H., Hellbrügge, T. (Hrsg.) (2012): Bindung und Trauma. Risiken und Schutzfaktoren für die Entwicklung von Kindern. Stuttgart: Klett-Cotta.

Bundesjustizministerium (2013): Straßenverkehrs-Ordnung vom 6. März 2013 (BGBl. I S. 367), die zuletzt durch Artikel 2 der Verordnung vom 17. Juni 2016 (BGBl. I S. 1463) geändert worden ist« Neufassung gem. V v. 6.3.2013 I 367, in Kraft getreten am 1.4. 2013 Stand: zuletzt geändert durch Art. 2 V v. 17.6.2016 I 1463. Quelle: https://www.gesetze-im-internet.de/stvo_2013/__22.html (Stand 20.10.2016).

Bundespsychotherapeutenkammer (Hrsg.) (2008): Zahlen und Fakten. Psychotherapeuten in Deutschland. BPtK-Spezial.

Dahl, D. (2012): Therapiebegleithunde in der Logopädie. In: Forum Logopädie. Heft 2. S. 26–33.

Davison, G.C., Neale, J.M., Hautzinger, M. (2007): Klinische Psychologie. Weinheim: Beltz.

DBSH (o. J.): Qualitätskriterien des DBSH. Grundraster zur Beurteilung der Qualität in den Handlungsfeldern Sozialer Arbeit. Quelle: http://www.dbsh.de/Qualit_tskriterien.doc. (Stand: 4.10.2012).

Deutsche Alzheimer Gesellschaft e. V. (2016): Quelle: https://www.deutsche-alzheimer.de/fileadmin/alz/pdf/factsheets/infoblatt1_haeufigkeit_demenzerkrankungen_dalzg.pdf (Stand 31.01.2017).

Deutsche Gesellschaft für Neurologie (DGN) (Hrsg.) (2016): Leitlinien für Diagnostik und Therapie in der Neurologie. Idiopathisches Parkinson-Syndrom. DGN S3 – Leitlinie Idiopathisches Parkinson-Syndrom – Kurzversion.pdf. Quelle: https://www.dgn.org/images/red_leitlinien/LL_2016/PDFs_Download/ 030010_LL_kurzfassung_ips_2016.pdf (Stand: 21.03.2017).

Dülks, R. (2003): Heilpädagogische Entwicklungsförderung von Kindern mit psychosozialen Auffälligkeiten. In: Zeitschrift Praxis der Kinderpsychologie und Kinderpsychiatrie. Heft 52, S. 182–193.

Eurich, C. (2000): Die Kraft der Friedfertigkeit. Gewaltlos leben. München: Kösel.

Feddersen-Petersen, D. U. (2013): Hundepsychologie. Sozialverhalten und Wesen, Emotionen und Individualität. Stuttgart: Kosmos.

Fornadi, F., Csoti, I. (2012): Differentialdiagnose der Parkinson-Krankheit. Gertrudis-Klinik Parkinson-Zentrum GmbH. Quelle: http://www.parkinson-web.de/content/¬untersuchungen/differenzialdiagnose/index_ger.html (Stand: 21.03.2017).

Friedlein, N. (2014): Wahrnehmungsförderung nach Félicié Affolter aus heilpädagogischer Sicht. Hamburg: disserta Verlag.

Gäng, M. (2015): Heilpädagogisches Reiten und Voltigieren. München: Reinhardt.

Ganser, G. (2015): Therapiebegleithunde öffnen Kinderseelen. In: Forschungskreis Heimtiere in der Gesellschaft (Hrsg.) Mensch und Tier. Ausgabe 04/2015. S. 2.

Ganser, G. (2017): Hundegestützte Psychotherapie. Einbindung des Hundes in die psychotherapeutische Praxis. Stuttgart: Schattauer.

Gellert, M. (2010): Teamarbeit, Teamberatung, Teamentwicklung. 4. Auflage. Meezen: Limmer.

Greiffenhagen, S., Buck-Werner, O. (2012): Tiere als Therapie. Neue Wege in Erziehung und Heilung. 3. Auflage. Nerdlen, Daun: Kynos.

Härter M., Bermejo I., Schneider F. et al. (2003): Versorgungsleitlinien zur Diagnostik und Therapie depressiver Störungen in der hausärztlichen Praxis. In: Zeitschrift für ärztliche Fortbildung und Qualitätssicherung. Heft 97. S. 16–35.

Hagencord, R. (2005): Diesseits von Eden. Verhaltensbiologische und theologische Argumente für eine neue Sicht der Tiere. Regensburg: Pustet.

Hagencord, R. (Hrsg.) (2010): Wenn sich Tiere in der Theologie tummeln. Regensburg, Pustet.

Hellweg, P., Zentek, J. (2005): Risikofaktoren im Zusammenhang mit der Magendrehung des Hundes. In: Beitrag aus der Zeitschrift KLEINTIERPRAXIS 50, Heft 10, Seite 611–620, Verlag und Herausgeber: M. & H. Schaper (Alfeld/Hannover), E-Mail: info@schaper-verlag.de. Quelle: http://www.tierfreunde-niederbayern.de/im¬agesdauer/Magendrehung.pdf. (Stand: 06.07.2017).

Haupt, T. (2011): Führen von Schutzhunden. Norderstedt: Books on Demand GmbH.

ICD: International Classification for Deseases (2017): http://www.icd-code.de/icd/¬code/F32.1.html; (Stand: 02.03.2017).

Institut für Therapieforschung (ITF) (2016): Suchthilfe in Deutschland 2015. Jahresbericht der Deutschen Suchthilfestatistik (DSHS). München.

Jäger, W. (2003): Das Sakrament des Augenblicks. In: Lewkowicz, M., Lob-Hüdepohl, A., (Hrsg.): Spiritualität der sozialen Arbeit. Freiburg: Lambertus.

Julius, H., Beetz, A., Kotrschal, K., Turner, D., Uvnäs-Moberg, K. (2014): Bindung zu Tieren. Göttingen: Hogrefe.

Jung C., Pörtl, D. (2016): Tierisch beste Freunde. Mensch und Hund – von Streicheln, Stress und Oxytocin. Stuttgart: Schattauer.

Kahlisch, A. (2015): 77 Arbeitsideen für den Besuchs- und Therapiehundeeinsatz. Nerdlen, Daun: Kynos.

Krekel, S., Jösch, J. (2014): Tiere als Co-Therapeuten in der Suchtrehabilitation. In: Praxis Ergotherapie. Heft 5. S. 250–254.

Lausberg, F. (1999): Erste Hilfe für den Hund. Stuttgart: Kosmos.

Menke, M. (2015): Gesundheit, Pflege, Altern. Stuttgart: Kohlhammer.

Merchel, J. (2010): Qualitätsmanagement in der Sozialen Arbeit. Weinheim, München: Juventa.

Metz, J.B. (1996): Im Eingedenken fremden Leids. Zu einer Basiskategorie christlicher Gottesrede. In: Metz, J.B., Reikerstorfer, J., Werbick, J. (Hrsg.): Gottesrede. Münster: LIT.

Ministerium für Arbeit, Gesundheit und Soziales (MAGS) NRW (Hrsg.) (2007a): Referenzmodelle. Qualitätsverbesserung in der vollstationären Pflege. Leitfaden zur praktischen Umsetzung des Referenzkonzepts. Nr. 5. Düsseldorf.

Ministerium für Arbeit, Gesundheit und Soziales (MAGS) NRW (Hrsg.) (2007b): Vom Referenzmodell zum Referenzkonzept. Abschlussberichte der Institute 2004–2006. Nr. 6. Düsseldorf.

Niehoff, D. (2015): Methoden in der Heilpädagogik und Heilerziehungspflege/Basale Stimulation und Kommunikation. 4. Auflage. Köln: Bildungsverlag EINS.

Olbrich, E., Ford, G. (2003): Tiere und alte Menschen. In: Olbrich, E.; Otterstedt, C. (Hrsg.): Menschen brauchen Tiere. Stuttgart: Kosmos. S. 304–317.

Olbrich, E., Otterstedt, C. (Hrsg.) (2003): Menschen brauchen Tiere. Stuttgart: Kosmos.

Olbrich, E. (2003): Biophilie: Die archaischen Wurzeln der Mensch-Tier-Beziehung. In: Olbrich, E.; Otterstedt, C. (Hrsg.): Menschen brauchen Tiere. Stuttgart: Kosmos. S. 68–76.

Olbrich, E., Wohlfarth, R. (2014): Qualitätsentwicklung und Qualitätssicherung in der Praxis tiergestützter Interventionen. Wien, Zürich: ESAAT, ISAAT.

Oßwald, N., Will, R. (2010): Versunken in der Tiefe des Gehirns. In: Zeitschrift Physiopraxis, Heft 4, S. 24–27.

Papst Franziskus (2015): Enzyklika Laudato si'. Über die Sorge für das gemeinsame Haus. Deutsche Bischofskonferenz (Hrsg.). Rom/Bonn: Libreria Editrice Vaticana.

Precht, R. D. (1996): Haben Tiere Rechte? Über die Ordnung der Schöpfung und die Unordnung der Moral. In: DIE ZEIT Nr. 18, S. 44.

Prothmann, A. (2007): Tiergestützte Kinderpsychotherapie. Frankfurt a. M.: Peter Lang.

Prothmann, A. (2008): Wie Tiere uns gesünder machen. Teil 2 – Effekte der tiergestützten Therapie. In: hundkatzepferd. Heft 4. S. 28–29.

Prothmann, A., Bienert, M., Henning, K., Ettrich, C. (2005): Tiergestützte Therapie – ein neuer Therapieansatz bei Kindern und Jugendlichen mit psychosomatischen Störungen? In: Zeitschrift Psychosomatik. Nr. 5. S. 299–303. Schattauer GmbH.

Pryor, K. (2006): Positiv bestärken – sanft erziehen. Stuttgart: Kosmos.

Putsch, A. (2013): Spurwechsel mit Hund – Soziales Lernen in der Jugendhilfe. Kynos-Verlag.

Rahner, K. (1984): Gebete des Lebens. Freiburg: Herder.

Retzlaff, B. (2002): Zur Schule mit Jule: Sozialpartner Hund im Unterricht. In: Tiere in der Schule. Kurzfassungen der Vorträge der Veranstaltung am 30. April 2002. Berlin: Tiere helfen Menschen e. V.

Robert-Koch-Institut (Hrsg.) (2010a): Daten und Fakten: Ergebnisse der Studie »Gesundheit in Deutschland aktuell 2010«. Beiträge zur Gesundheitsberichterstattung des Bundes. RKI, Berlin.

Robert-Koch-Institut und das Statistisches Bundesamt (Hrsg.) (2010): Beiträge zur Gesundheitsberichterstattung des Bundes: Heft 51: Depressive Erkrankungen. Ber-

7 Literaturverzeichnis

lin. Quelle: http://www.gbe-bund.de/gbe10/abrechnung.prc_abr_test_logon?p_uid=¬gast&p_aid=0&p_knoten=FID&p_sprache=D&p_suchstring=13165#Kap5.5 (Stand 01.06.17).

Robert-Koch-Institut und das Statistisches Bundesamt (Hrsg.) (2008): Beiträge zur Gesundheitsberichterstattung des Bundes: Lebensphasenspezifische Gesundheit von Kindern und Jugendlichen in Deutschland (KIGGS). Berlin.

Rogers, C. R. (2012): Therapeut und Klient. 21. Auflage. Fischer

Rugaas, T. (2001): Calming Signals. Die Beschwichtigungssignale der Hunde. animal Learn. Bernau.

Saumweber, K., Beetz, A. (2007): Die Bedeutung der tiergestützten Pädagogik im Rahmen einer bindungstheoretisch orientierten Arbeit. In: Mensch-Tier-Kongress-2007-GbR (Hrsg.) (2007). Berlin. S. 127–128.

Schaefgen, R. (2007): Praxis der Sensorischen Integrationstherapie. Erfahrungen mit einem ergotherapeutischen Konzept. Stuttgart: Thieme.

Schaefgen, R. (2000): Sensorische Integration: Sich mit seinen Sinnen sinnvoll sichern. Eine Elterninformation zur sensorischen Integrationstherapie. Hamburg: Phänomen.

Schroer, S. (2010): Alttestamentliche Tierethik als Grundlage einer theologischen Zoologie. In: Hagencord, R. (Hrsg.): Wenn sich Tiere in der Theologie tummeln. Regensburg, Pustet.

Schwarzkopf, A., Olbrich, E. (2003): Lernen mit Tieren. In: Olbrich, E.; Otterstedt, C. (Hrsg.) (2003): Menschen brauchen Tiere. Stuttgart: Kosmos. S. 253–272.

Statistisches Bundesamt (2017): Pflegestatistik 2015 – Pflege im Rahmen der Pflegeversicherung. Wiesbaden.

Statistisches Bundesamt (2012): Gesundheit im Alter. Quelle: https://www.destatis.de¬/DE/Publikationen/Thematisch/Gesundheit/Gesundheitszustand/GesundheitimAl¬ter0120006109004.pdf?__blob=publicationFile (Stand:31.01.2017).

Steinbach, A., Donis J. (2011): Langzeitbetreuung Wachkoma. Eine Herausforderung für Betreuende und Angehörige. 2. Auflage. Wien, New York: Springer.

Stragies, P. (2007): »Nika« – Hunde öffnen Welten© bei und für Menschen mit Demenz und ihren Angehörigen. In: Mensch-Tier-Kongress-2007-GbR (Hrsg.) (2007). Berlin. S.74.

Teigeler, B. (2007): Leben mit Wachkoma. In: Die Schwester Der Pfleger. 46. Jhg. Heft 2, S. 140–143.

Vannek-Gullner A. (2003): Tiergestützte Heilpädagogik – ein individualpsychologischer Beitrag zur Verbesserung der Lebensqualität verhaltensauffälliger Kinder. In: Olbrich, E.; Otterstedt, C. (Hrsg.): Menschen brauchen Tiere. Stuttgart: Kosmos. S. 273–280.

Watzlawick, P., Beavin, J. H., Jackson, D.D. (2011): Menschliche Kommunikation: Formen, Störungen, Paradoxien. 12. Auflage. Bern: Hans Huber.

Weber, A., Schwarzkopf, A. (2003): Heimtierhaltung – Chancen und Risiken für die Gesundheit. Robert-Koch-Institut (Hrsg.): Themenheft Gesundheitsberichterstattung des Bundes. Heft 19. Quelle: https://www.rki.de/DE/Content/Gesundheitsmo¬nitoring/Gesundheits-berichterstattung/GBEDownloadsT/heimtierhaltung.pdf?__b¬lob=publicationFile. (Stand: 13.07.2017).

Weinberger, S. (2011): Klientenzentrierte Gesprächsführung. 13. Auflage. Weinheim, München: Juventa.
Weltgesundheitsorganisation (2017): http://www.euro.who.int/de/health-topics/non-communicable-diseases/pages/news/news/2012/10/depression-in-europe/depression-definition. (Stand: 02.02.2017).
Wohlfarth, R. (2015): Tiere erleichtern den Zugang zu Patienten. In: Forschungskreis Heimtiere in der Gesellschaft (Hrsg.) Mensch und Tier. Ausgabe 04/2015. S. 1.
Wohlfarth, R. (2016): Grundschüler lesen besser mit Hund. In: Forschungskreis Heimtiere in der Gesellschaft (Hrsg.) Mensch und Tier. Ausgabe 01/2016. S. 4.
Wohlfarth, R., Mutschler, B., Bitzer, E. (2013): Freiburger Institut für Tiergestützte Therapie (Hrsg.): Wirkmechanismen tiergestützte Therapie. FITT – Forschungsbericht 4/2013.Quelle: http://www.tiere-begleiten-leben.de/fileadmin/medien/tiere-begleiten-leben/Forschung/Forschungbericht_4_Wirkmechanismend_Tgt.pdf. (Stand 17.05.2017).
Wohlfahrt, R., Mutschler, B. (2016): Praxis der hundegestützten Therapie. Grundlagen und Anwendung. München, Basel: reinhardt.
Zieger, A. (2002): »Der Wachkoma-Patient als Mitbürger«. Lebensrecht und Lebensschutz von Menschen im Wachkoma und ihren Angehörigen in der Solidargemeinschaft. http://www.azieger.de/Dateien/Publikationen-Downloads/Memorandum.pdf (Stand: 27.03.2017).
Zieger A. (2006): Projekt Tierbesuch und tiergestützte Therapie für Schwerst-Schädel Hirngeschädigte (insbesondere Wachkoma). Vortrag Rainer Wolf-Stiftung, Eschwege. Quelle: http://www.a-zieger.de/Dateien/Vortraege/FolienVortragEschwege_R2006.pdf (Stand 28.03.2017).
Zieger, A. (2009): Ansprechbarkeit im Koma. Forschungsergebnisse und klinische Erfahrungen. Vortrag im Zentrum für Rehabilitationsmedizin am 27. November 2009. Quelle unter: http://www.a-zieger.de/Dateien/Vortraege/FolienHamburgBUK_RR2009.pdf (Stand: 27.03.2017).
Ziegler, J. (2011): Hunde würden länger leben, wenn … Totgeimpft, fehlernährt, medikamentenvergiftet. Eine Insiderin packt aus. München. mvg-Verlag.
Zieschang, T., Bauer, M. (2017): Menschen und Demenz. In. Zeitschrift für Gerontologie und Geriatrie. Band 50. Heft 1. S. 1–3.

8

Nützliche Adressen

M.I.T.T.T.: Münsteraner Institut für Tiergestützte Fortbildung und Tiergestützte Therapie
Südstraße 31, D-48477 Hörstel (Kreis Steinfurt)
www.mittt.de

Berufsverband Therapiebegleithunde Deutschland e. V. (TBD e. V.)
Guido Huck, Südstraße 31, D-48477 Hörstel (Kreis Steinfurt)
www.tbdev.de

Institut für Theologische Zoologie
Dr. Rainer Hagencord, Nünningweg 133, D-48161 Münster
www.theologische-zoologie.de

Tiere helfen Menschen e. V.
Simone Kilian, Flürleinstraße 3b, D-97076 Würzburg
www.thmev.de

Deutscher Berufsverband für Therapie- und Behindertenbegleithunde e. V. (DBTB e. V.)
Geschäftsstelle, Am Bahnhof 6, D-59514 Welver-Borgeln
www.dbtb.info

Tiergestützte Pädagogik und Therapie (paeddog)
Anita und Karl Mayer, Luisenstraße 4, D-75056 Sulzfeld
www.paeddog.de

ESAAT- European Society for Animal Assisted Therapy
Europäischer Dachverband für tiergestützte Therapie
Veterinärmedizinische Universität Wien, Veterinärplatz 1, A-1210 Wien
www.esaat.org

Giftinformationszentren bei Vergiftungserscheinungen, wobei der/die Tierarzt/Tierklinik **immer** erster Ansprechpartner ist:
Gemeinsames Giftinformationszentrum der Länder Mecklenburg-Vorpommern, Sachsen, Sachsen-Anhalt und Thürigen (GGIZ)
Nordhäuser Str. 74, D- 99089 Erfurt
Tel. +49-361-73 07 30
E-Mail: ggiz@ggiz-erfurt.de
http://www.ggiz-erfurt.de

Giftinformationszentrum Rheinland-Pfalz/Hessen
Langenbeckstraße 1, D- 55131 Mainz
Tel. 06131-1 92 40 oder 06131-23 24 66
E-Mail: mail@giftinfo.uni-mainz.de
http://www.giftinfo.uni-mainz.de

Giftnotruf
Ismaninger Straße 22, D- 81675 München
Tel. 089-1 92 40
E-Mail: Tox@lrz.tum.de
http://www.toxinfo.med.tum.de

Österreich:
Vergiftungsinformationszentrale
Stubenring 6, A-1010 Wien
Tel. (+43) 01-406 43 43

8 Nützliche Adressen

E-Mail: Viz@meduniwien.ac.at
http://www.goeg.at/de/VIZ

Schweiz:
Schweizerisches Toxikologisches Informationszentrum (STIZ)
Freiestrasse 16, CH-8032 Zürich
Tel. (+41) 44 251 51 51
E-Mail: Info@toxi.ch
http://toxinfo.ch/

Informationen im Internet zu ausgelegten Giftködern auch in Deutschland:
GiftköderRadar GmbH
Hoffmannshöhe 5, A- 6600 Reutte/Tirol
www.giftkoeder-radar.com